王书华 主编·第二卷

晋商史研究文库·第一辑

晋商与经济带——清末民初西北—京津冀经济带的形成研究

乔南 著

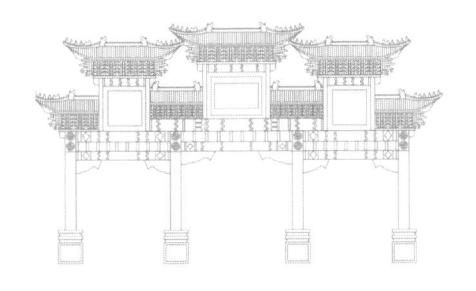

中国社会科学出版社

目　　录

绪　论 ……………………………………………………………（1）
　第一节　概念界定及范围确定 ………………………………（1）
　第二节　学术史回顾 …………………………………………（2）
　第三节　研究对象及研究目的和意义 ………………………（28）
　第四节　研究内容与框架 ……………………………………（29）

第一章　经济概况及晋商贸迁的基础 ………………………（32）
　第一节　京津冀的政区沿革及资源环境 ……………………（32）
　第二节　西北行政区划及自然环境 …………………………（33）
　第三节　山西地区的行政区划与自然环境 …………………（39）
　第四节　清代及民国时期西北—京津冀地区的经济概况 ……（44）
　第五节　晋商贸迁的基础 ……………………………………（52）

第二章　西北—京津冀地区的商路 …………………………（56）
　第一节　山西的官道与商路 …………………………………（57）
　第二节　黄河水道 ……………………………………………（65）
　第三节　陆路交通网 …………………………………………（70）
　第四节　晋商对商路的疏通 …………………………………（78）

第三章　大宗商品的运销 (86)
　第一节　棉布与绸缎 (86)
　第二节　皮毛牲畜商品 (92)
　第三节　粮食 (99)
　第四节　烟草、木材、盐及其他杂货 (103)
　第五节　茶叶 (109)
　第六节　山西北部城镇中的大宗商品运销 (111)

第四章　晋商与西北—京津冀地区的行社组织 (118)
　第一节　城市中的晋商行会及职能 (118)
　第二节　晋商与近代商会 (133)
　第三节　晋商会馆的作用 (144)

第五章　西北—京津冀地区的山西票号 (148)
　第一节　遍布海内外的山西票号 (149)
　第二节　西北—京津冀地区的山西票号 (152)
　第三节　山西票号的作用 (159)

第六章　晋商与西北—京津冀地区的商业城镇 (161)
　第一节　晋商与京津冀的城市商业 (161)
　第二节　晋商与西北商业城镇 (167)
　第三节　西北—京津冀商路上的山西商业城镇 (186)

第七章　晋商与西北—京津冀商品通道的建立 (208)
　第一节　超省域商业中心出现 (209)
　第二节　山西境内的众多税关 (218)
　第三节　近代西北皮毛市场系统 (222)
　第四节　晋商在西北—京津冀商品通道形成中的作用 (231)

绪　　论

第一节　概念界定及范围确定

历史上的"丝绸之路"是指起始于古代中国，连接亚洲、非洲和欧洲的古代商业贸易路线。其国内段是：长安—宝鸡—天水—兰州—武威—张掖—酒泉—敦煌—哈密—巴里坤—喀什，而后逾葱岭，进入中亚。其地域范围包含了陕、甘、宁、青、新等西北五省。"环渤海经济圈"是当代名词，包含京津冀、辽东半岛、山东半岛。为了使本书研究的问题更为聚焦，得到的结论更为准确，我们将研究范围进行合理集中。亦即对清代、民国山西在连接"西北"及"京津冀"两个经济区的众多问题进行讨论，着重对晋商以及山西在清代、民国这一时段中，在形成"西北—京津冀"商品通道的过程及作用进行考察，并为当代山西经济发展提出借鉴。

"西北"一词最早在宋代文献中即已出现，《元史·地理志》中有"西北地附录"，较正式地将西北作为一个独立的地理区域来划分。入清以后，有关西北的概念运用就更普遍，道光年间魏源著有《西北边域考》。民国开发西北，有关论著以及调查报告更加多样，对于西北地区的认识也有所不同。今天我们所谓西北，均指陕、甘、宁、青、新五省，已成为约定俗成的地域划分，因此本书也以今天西北五省的划分为区域界定，所涉内容以此为准。

京津冀是现代名词，主要指当代中国的"首都经济圈"。根据所讨论的具体内容，本书所讨论的京津冀地区包括京师、天津、北直隶、山西。因研究需要，这里要对山西的地域范围单独加以确定。清代的山西，分为冀宁道、河东道、雁平道、归绥道等4道。地理位置与今基本相同，但包含内蒙古土默特部地区，现今的呼和浩特、包头、丰镇等地也隶属山西。1913年，归绥道划归绥远特别区管辖。彼时的山西剩下3道、105县，与当代山西省范围基本相似。1927年废除道的建置。

第二节　学术史回顾

一　京津冀区域经济史的研究

京津冀地区所在的华北，长期为中国的政治核心区和主要农耕区之一；近代是该区域传统农牧业经济受外来生产方式冲击而变化显著的历史阶段。几种因素的叠加，使得京津冀近代经济发展研究的意义更为凸显，研究成果丰硕，可以概括为点、线、面三个层级。

（一）"点"的研究

主要是指以一个城市或较小区域为考察对象的微观研究。其中，又以对城市、特别是对通商口岸城市的研究为多。以对近代天津的研究为例，早在日本明治四十二年（1909）就在日本出版了由日本中国驻屯军司令部主编的《天津志》①，全面汇集了清朝末年，天津的地理环境、建置沿革、户口、市政、交通、金融工商、国内外贸易等状况。20世纪20年代英国学者雷穆森（O. D. Rasmussen）著有《天津——插图本史纲》②一书，记述了天津从开埠至1924年间的政治、军事、外交、文化、社

---

① 日本中国驻屯军司令部主编：《天津志》，侯振彤等译，中译本改名为《二十世纪初的天津概况》，天津市地方史志编委会总编室，1986年。
② ［英］雷穆森：《天津——插图本史纲》，许逸凡、赵地译，《天津历史资料》第2期，天津市历史研究所，1964年。

会等方面的基本情况。这一时期,不少留学归国的中国学者撰写出《天津地毯工业》①《天津之粮食业及磨坊业》②《天津棉花运销概况》③等多部著作,对天津的工商业发展进行全新的解析。

20世纪80年代以后,罗澍伟主编的《近代天津城市史》④、姚洪卓著《近代天津对外贸易(1861—1948)》⑤、宋美云著《近代天津商会》⑥、张利民主编的《解读天津600年》⑦、刘海岩著《空间与社会——近代天津城市的演变》⑧、庞玉洁著《开埠通商与近代天津商人》⑨等著作从各个方面对近代天津的经济发展做出了很有价值的探索。这一时期,国外学者也对近代天津的发展产生浓厚兴趣,美国学者关文斌著《文明初曙——近代天津与社会》⑩、日本学者吉泽诚一郎著《天津の近代—清代都市における政治文化と社會統合》⑪、日本学者佐藤宪行著《清代ハルハ・モンゴルの都市に關する研究—18世紀末から19世紀半ばのフルを例に》⑫等著作均资料翔实,视角独特,具有较高的史料和学术价值。

另外,20世纪90年代以后,天津市地方志编修委员会陆续编著了一套《天津通志》,如《金融志》⑬《港口志》⑭《外贸志》⑮等,分别

---

① 南开大学社会经济研究委员会编:《天津地毯工业》,1930年。
② 南开大学经济学院编:《天津之粮食业及磨坊业》,1932年。
③ 南开大学经济研究所编:《天津棉花运销概况》,1934年。
④ 罗澍伟主编:《近代天津城市史》,中国社会科学出版社1993年版。
⑤ 姚洪卓:《近代天津对外贸易(1861—1948)》,天津社会科学院出版社1993年版。
⑥ 宋美云:《近代天津商会》,天津社会科学院出版社2002年版。
⑦ 张利民主编:《解读天津600年》,天津社会科学院出版社2003年版。
⑧ 刘海岩:《空间与社会——近代天津城市的演变》,天津社会科学院出版社2003年版。
⑨ 庞玉洁:《开埠通商与近代天津商人》,天津古籍出版社2004年版。
⑩ [美]关文斌:《文明初曙——近代天津与社会》,天津人民出版社1999年版。
⑪ [日]吉泽诚一郎:《天津の近代—清代都市における政治文化と社會統合》,名古屋大学出版会2009年版。
⑫ [日]佐藤宪行:《清代ハルハ・モンゴルの都市に關する研究—18世紀末から19世紀半ばのフルを例に》,东京学术出版会2009年版。
⑬ 天津市地方志编修委员会编:《天津通志·金融志》,天津社会科学院出版社1995年版。
⑭ 天津市地方志编修委员会编:《天津通志·港口志》,天津社会科学院出版社1999年版。
⑮ 天津市地方志编修委员会编:《天津通志·外贸志》,天津社会科学院出版社2001年版。

记述了天津自明代建城一直到20世纪90年代相关领域的发展状况。《金融志》包括货币、机构、银钱银行保险业务、市场、人物5篇；《港口志》包括港区的变迁、港口建设、设施与设备、运输与装卸、腹地与集疏运、港口管理、名录7篇；《外贸志》包括管理机构、出口货源、出口贸易、进口贸易、外贸服务、业务管理、外贸企业、教育科研、名录9篇。在不少版块的开头部分，都有或多或少的回溯性研究。它们虽然较为简单，但还是颇有启发和资料价值的。类似的书籍，还有天津市档案馆编的《近代以来天津城市化进程实录》①，分城建、商贸、工业、交通、金融、人文6个方面，详细展现了天津150余年特别是近代90年间的城市发展脉络和建设成就。该书作为集体协作的成果，共112万字，史论结合，概述部分简洁明了，资料部分辑录很有条理，是研究天津近代城市发展的有益参考。

北京是全国经济文化中心，韩光辉对清代北京的赈恤机构进行了考察；②郭松义对清代北京的山西商人进行了研究；③章永俊对清代北京的典当业进行了分析。④秦皇岛是渤海湾西岸，长期隶属于天津的口岸城市，因港口条件的优越而在区域经济发展中占有重要的地位。原创性较强的研究，有编写组集体编著的《秦皇岛港史（古、近代部分）》⑤一书，是考察该港口城市和冀东近代变迁不可多得的重要出版物。唐山是随着近代交通与工业发展对能源需求的不断增加而迅速兴起的矿业城市，南开大学经济研究所经济史研究室编写的《旧中国开滦煤矿的工资制度和包工制度》⑥，为了解华北煤炭采掘工业的现代化进程和内部

---

① 天津市档案馆编：《近代以来天津城市化进程实录》，天津人民出版社2005年版。
② 韩光辉：《清代北京赈恤机构时空分布研究》，《清史研究》1996年第4期。
③ 郭松义：《清代北京的山西商人——根据136宗个人样本所作的分析》，《中国经济史研究》2008年第1期。
④ 章永俊：《清代北京的典当》，《北京史学》2019年第7期。
⑤ 秦皇岛港史编审委员会编：《秦皇岛港史（古、近代部分）》，人民交通出版社1985年版。
⑥ 南开大学经济研究所经济史研究室编：《旧中国开滦煤矿的工资制度和包工制度》，天津人民出版社1983年版。

运作机制，提供了详尽的资料。石家庄原本只是正定县境内一个800余人的小村子。1905年京（北京）汉（汉口）铁路建成通车，并于1907年与正（正定）太（太原）铁路交会后，它开始成为河北平原重要的现代铁路枢纽，李惠民所著《近代石家庄城市化研究（1901—1949）》①，全方位地阐释了石家庄城市化的近代模式。

（二）"线"的研究

对某一区域城市网络的研究，称为"线"的研究。这方面较早的经济史研究成果，当数王玲所著《北京与周围城市关系史》②，直接或间接地成为此后众多"首都经济圈"支持者著书立说的一个依据。张利民所著《华北城市经济近代化研究》③亦是京津冀城市体系变迁研究领域的典范之作。

（三）"面"的研究

所谓"面"的研究即对某一地域空间范围内的经济现象进行全方位考察。20世纪20年代，日本学者吉野美弥雄著有《利用す可き天津を中心こせる北支那の物産》④，对我们研究地域的物产的产地、加工、运销概况，及其与北方经济中心城市天津之间的贸易关系进行了深入探讨。20世纪30年代的相关著作，有日本学者田中忠夫著的《华北经济概论》⑤，叙述了1927—1933年间河北、山东、山西、察哈尔、绥远5省的经济发展状况。1939年，中华书局陆续出版了葛绥成等编的《中国地理新志（黄河和沽河流域部分）》⑥、周宋康编的《山西》⑦等新方

---

① 李惠民：《近代石家庄城市化研究（1901—1949）》，中华书局2010年版。
② 王玲：《北京与周围城市关系史》，北京燕山出版社1988年版。
③ 张利民：《华北城市经济近代化研究》，天津社会科学院出版社2004年版。
④ ［日］吉野美弥雄：《利用す可き天津を中心こせる北支那の物産》，日本大三岛开文堂1924年版。
⑤ ［日］田中忠夫：《华北经济概论》，北京出版社1936年版。
⑥ 葛绥成等编：《中国地理新志（黄河和沽河流域部分）》，中华书局1935年版。
⑦ 周宋康编：《山西》，中华书局1939年版。

志类著作，包括当时京津冀经济地理内容。20世纪50年代以后，从翰香主编的《近代冀鲁豫乡村》①是研究该领域的最有分量的原创性学术成果之一。日本学者久保亨著《中國經濟100年のあゆみ—統計資料で見る中國近現代經濟史》②、李正华著《乡村集市与近代社会——20世纪前半期华北乡村集市研究》③、刘建生等《山西近代经济史（1840—1949）》④、黄鉴晖著《山西票号史》⑤、美国学者马若孟著《中国农民经济——河北和山东农民的发展（1890—1949）》⑥、美国学者黄宗智著《华北的小农经济与社会变迁》⑦、徐永志著《开埠通商与津冀社会变迁》⑧、日本学者内山雅生著《二十世纪华北农村社会经济研究》⑨、顾琳著《中国的经济革命——二十世纪的乡村工业》⑩、张利民等合著的《近代环渤海地区经济与社会研究》⑪ 等著作都做出了探索北方经济与社会协调发展的成功尝试。

美国学者彭慕兰著《腹地的构建：华北内地的国家、社会和经济（1853—1937）》⑫，王建革著《传统社会末期华北的生态与社会》⑬，张

---

① 从翰香主编：《近代冀鲁豫乡村》，中国社会科学出版社1995年版。
② [日] 久保亨：《中國經濟100年のあゆみ—統計資料で見る中國近現代經濟史》，日本福冈久留米市创研出版1995年版。
③ 李正华：《乡村集市与近代社会——20世纪前半期华北乡村集市研究》，当代中国出版社1998年版。
④ 刘建生等：《山西近代经济史（1840—1949）》，山西经济出版社1997年版。
⑤ 黄鉴晖：《山西票号史》，山西经济出版社2002年版。
⑥ [美] 马若孟：《中国农民经济——河北和山东的农民发展（1890—1949）》，史建云译，江苏人民出版社1999年版。
⑦ [美] 黄宗智：《华北的小农经济与社会变迁》，中华书局2000年版。
⑧ 徐永志：《开埠通商与津冀社会变迁》，中央民族大学出版社2000年版。
⑨ [日] 内山雅生：《二十世纪华北农村社会经济研究》，李恩民、邢丽荃译，中国社会科学出版社2001年版。
⑩ [日] 顾琳：《中国的经济革命——二十世纪的乡村工业》，王玉茹、张玮、李进霞译，江苏人民出版社2009年版。
⑪ 张利民等：《近代环渤海地区经济与社会研究》，天津社会科学院出版社2003年版。
⑫ [美] 彭慕兰：《腹地的构建：华北内地的国家、社会和经济（1853—1937）》，马俊亚译，社会科学文献出版社2005年版。
⑬ 王建革：《传统社会末期华北的生态与社会》，生活·读书·新知三联书店2009年版。

学军、孙炳芳著《直隶商会与乡村社会经济（1903—1937）》①，熊亚平著《铁路与华北乡村社会变迁（1880—1937）》②等著作运用翔实的历史资料，梳理了近代华北工矿业发展、市场体系建构、产业结构调整、城乡经济和社会变迁等方面的紧密关系。

与此同时，研究近代华北经济变迁的学术论文，同样大量涌现。比如许檀的论文《明清时期城乡市场网络体系的形成及意义》③，张利民的论文《近代华北港口城镇发展与经济重心的东移》④《简析近代环渤海地区经济中心重组的政治因素》⑤，樊如森的论文《华北近代经济地理格局的演变》⑥，等等，皆对京津冀华北经济发展某一层面进行了深入探讨。

二 西北经济史的研究

西北近代经济史的研究按其研究内容与特点可分为三个阶段：

第一阶段，晚清至民国年间对西北地区资源的调查。晚清时期即有一些学者对西北地区发展投入一定的关注，进入民国以后，西北实业考察团针对这一地区进行了系列调查，报告详尽、系统地对陕、甘、宁、青地区的经济社会进行了反映。这一时期报纸杂志发表了一系列有关方面的文章。均成为今天研究西北地区资源开发与经济社会发展的重要资料及前提基础。对于新疆地区的研究，在清末以前大都在零星记载中国西域地区自然和人文景观的书籍时有出现，仅有嘉庆年间祁韵士的《万里行程记》与《西陲要略》、道光年间林则徐的《荷戈纪程》、光绪年间缪祐孙的《俄游汇编》和陶保廉的《辛卯侍行记》等作为当事者谪迁或赴任途中的旅行笔记，具有很高的史料价值。较早系统考察并

---

① 张学军、孙炳芳：《直隶商会与乡村社会经济（1903—1937）》，人民出版社 2010 年版。
② 熊亚平：《铁路与华北乡村社会变迁（1880—1937）》，人民出版社 2011 年版。
③ 许檀：《明清时期城乡市场网络体系的形成及意义》，《中国社会科学》2000 年第 3 期。
④ 张利民：《近代华北港口城镇发展与经济重心的东移》，《河北学刊》2004 年第 6 期。
⑤ 张利民：《简析近代环渤海地区经济中心重组的政治因素》，《天津社会科学》2012 年第 5 期。
⑥ 樊如森：《华北近代经济地理格局的演变》，《史月学刊》2010 年第 9 期。

论述天山南北社会经济发展的是俄国驻伊犁—塔城的领事、旅行家尼·维·鲍戈亚夫连斯基，他根据自己的所见所闻和相关资料而著成《长城外的中国西部地区：其今昔状况及俄国臣民的地位》①和《新疆图志》《新疆志稿》②；《新疆四道志》《新疆地理志》③《新疆纪略》④等志书，以及苏联学者克拉米息夫著、王正旺译的《中国西北部之经济状况》⑤对于研究新疆经济的发展，也有不可或缺的原创价值。抗日战争全面爆发以后，新疆的国际环境进一步复杂化，其在中国国防上的地位更加重要。杜重远著《盛世才与新新疆》⑥、陈纪滢著《新疆鸟瞰》⑦、韩清涛编著《今日新疆》⑧、张之毅著的《新疆之经济》⑨、陈志良著《新疆的民族与礼俗》⑩、吕敢著的《新新疆之建设》⑪、卢前著《新疆见闻》⑫，都为新疆研究提供了别样视角。

第二阶段，新中国成立以后，西北近代经济史研究有一定进展，许多重要的全国性的近代经济资料汇编成册，开始出版，大大填补了此项研究资料不足的缺陷。如1954年中国科学院出版了《中国近代经济史统计资料选辑》。1957—1963年又陆续出版了中国近代的农业、工业、手工业、对外贸易、铁路等各史的资料，丰富了中国近代经济史的研究内容。此外，一些学者针对各专题研究也出版了相关的专著，如千家驹

---

① ［俄］尼·维·鲍戈亚夫连斯基：《长城外的中国西部地区：其今昔状况及俄国臣民的地位》，新疆大学外语系俄语教研室翻译，商务印书馆1980年版。
② 钟广生：《新疆志稿》，1930年铅印本，台北：成文出版社影印本1968年版。
③ 张献廷：《新疆地理志》，山东高等师范学校1914年石印本，载《中国方志丛书》第8编《西部地方》，台北：成文出版社影印本2019年版。
④ 林竞：《新疆纪略》，民国七年天山学会于日本东京铅印，新疆人民出版社2013年版，第23页。
⑤ ［苏］克拉米息夫：《中国西北部之经济状况》，王正旺译，商务印书馆1933年版。
⑥ 杜重远：《盛世才与新新疆》，生活书店1938年版。
⑦ 陈纪滢：《新疆鸟瞰》，商务印书馆1941年版。
⑧ 韩清涛编著：《今日新疆》，中央日报总社1943年版。
⑨ 张之毅：《新疆之经济》，中华书局1945年版。
⑩ 陈志良：《新疆的民族与礼俗》，文通书局1946年版。
⑪ 吕敢：《新新疆之建设》，时代出版社1947年版。
⑫ 卢前：《新疆见闻》，中央日报社1947年版。

的《旧中国公债史资料（1894—1949年）》、许道夫的《中国近代农业生产及贸易统计》、严中平的《中国棉纺织史稿》、张水良的《抗日战争时期中国解放区农业大生产运动》等。另外，中国人民政治协商会议各省市委员会的文史资料委员会，编纂了大量的各省市的文史资料集，上述文史资料大多记载了近代各省市的经济、政治、社会等方面的内容，许多调查与访谈资料在今天看来对于研究西北近代经济社会史具有极其重要的意义。

关于近代西北经济社会史研究论文有方行的《清代陕西地区资本主义萌芽兴衰条件的探索》①、李之勤的《也谈陕西"刀客"的起源》②、马长寿的《清代同治年间回民起义历史调查记录序言》，并编成《同治年间陕西回民起义历史调查记录》，对于研究这一时期陕甘回民经济及与当地汉民关系最有重要意义，到1993年由陕西省政协文史资料委员会作为《陕西文史资料》第26辑，由陕西人民出版社出版。③

第三阶段，20世纪80年代以后，西北近代经济史研究进入黄金阶段，据学者统计，自1980—2001年22年间共出版有关西北近代经济史的专著、资料集、论文集近50种，发表学术论文460余篇。研究领域涉及农业、工业、商业、金融业、交通业，以及财政税收等国民经济的各个方面。④

（一）学术专著

自20世纪80年代以后，有代表性的论著不下数十种。其中王致中、魏丽英合著的《明清西北社会经济史研究》⑤《中国西北社会经济史

---

① 方行：《清代陕西地区资本主义萌芽兴衰条件的探索》，《经济研究》1979年第6期。
② 李之勤：《也谈陕西"刀客"的起源》，《西北大学学报》（哲学社会科学版）1979年第1期。
③ 马长寿主编，西北大学历史系民族研究室调查整编：《陕西文史资料》第26辑《同治年间陕西回民起义历史调查记录》，陕西人民出版社1993年版。
④ 王荣华：《1980年以来西北近代经济史研究述评》，《宁夏大学学报》（人文社会科学版）2003年第1期。
⑤ 王致中、魏丽英：《明清西北社会经济史研究》，三秦出版社1989年版。

研究》①两部著作是通史性专著,对我国西北地区的社会经济史进行了系统研究。李清凌的《西北经济史》②抓住了这一地区各时期商业发展的时代特征。谷苞主编的《西北通史》③总体论述了西北经济史。田培栋先后撰写了《陕西通史·经济卷》④、《明清时代陕西社会经济史》⑤、《陕西社会经济史》⑥等著作,系统地对陕西社会经济发展的历史脉络进行了梳理和考察。李清凌主编的《甘肃经济史》⑦、杨重琦主编的《兰州经济史》⑧,对甘肃及兰州经济史进行了全面论述。王希隆著《清代西北屯田研究》⑨论及了清末西北屯田。党诚恩与陈宝生主编的《甘肃民族贸易史稿》⑩、杨新才编著的《宁夏农业史》⑪、徐安伦与杨旭东合著的《宁夏经济史》⑫、翟松天著的《青海经济史》(近代卷)⑬、陕甘宁边区邮政史编辑委员会编著的《陕甘宁边区邮政史》(上、下卷)⑭、中国人民银行陕西省分行与陕甘宁边区金融史编辑委员会合作编写的《陕甘宁边区金融史》⑮;黄正林撰写的《陕甘宁边区社会经济史(1937—1945)》和《陕甘宁边区乡村的经济与社会》⑯系统地研究了陕、甘、宁、青的社会经济。严艳则从历史地理的角度撰写了《陕甘宁边

---

① 王致中、魏丽英:《中国西北社会经济史研究》,三秦出版社1992年版。
② 李清凌:《西北经济史》,人民出版社1997年版。
③ 谷苞主编:《西北通史》,兰州大学出版社2005年版。
④ 田培栋:《陕西通史·经济卷》,陕西师范大学出版社1997年版。
⑤ 田培栋:《明清时代陕西社会经济史》,首都师范大学出版社2000年版。
⑥ 田培栋:《陕西社会经济史》,三秦出版社2007年版。
⑦ 李清凌主编:《甘肃经济史》,兰州大学出版社1996年版。
⑧ 杨重琦主编:《兰州经济史》,兰州大学出版社1991年版。
⑨ 王希隆:《清代西北屯田研究》,兰州大学出版社1990年版。
⑩ 党诚恩、陈宝生主编:《甘肃民族贸易史稿》,甘肃人民出版社1988年版。
⑪ 杨新才编:《宁夏农业史》,中国农业出版社1998年版。
⑫ 徐安伦、杨旭东:《宁夏经济史》,宁夏人民出版社1998年版。
⑬ 翟松天:《青海经济史》(近代卷),青海人民出版社1998年版。
⑭ 陕甘宁边区邮政史编辑委员会编著:《陕甘宁边区邮政史》(上、下卷),人民邮电出版社1996年版。
⑮ 中国人民银行陕西省分行、陕甘宁边区金融史编辑委员会编:《陕甘宁边区金融史》,中国金融出版社1992年版。
⑯ 黄正林:《陕甘宁边区社会经济史(1937—1945)》,人民出版社2006年版;《陕甘宁边区乡村的经济与社会》,人民出版社2006年版。

区经济发展与产业布局研究（1937—1950）》①，魏永理主编的《中国近代西北开发史》②、王昱和聪喆主编的《青海简史》③、李刚的《陕西商帮史》④、丁焕章主编的《甘肃近现代史》⑤、宋金寿主编的《抗战时期的陕甘宁边区》⑥、陈舜卿主编的《陕甘近代经济研究》⑦，这些学术专著也都是近年来学者相关研究的总结。刘彦群、刘建甫、胡祖源合著的《新疆对外贸易概论》⑧，马汝珩、马大正主编的论文集《清代边疆开发研究》⑨，谢香方主编的《新疆维吾尔自治区经济地理》⑩、厉声的《新疆对苏（俄）贸易史（1600—1990）》⑪、殷晴主编的《新疆经济开发史研究》⑫、米镇波的《清代西北边境地区中俄贸易——从道光朝到宣统朝》⑬ 等著作历述了新疆地区17世纪以降400年间对俄贸易的发展与变化过程，史料价值也颇高。不少著作大量运用俄文档案材料，评析尤为精当。侯扬方所撰的《中国人口史·第六卷（1910—1953年）》⑭，赵文林、谢淑君所撰的《中国人口史》⑮，路遇、滕泽之所撰的《中国人口通史》⑯，姜涛所撰的《中国近代人口史》⑰ 等专著从宏观上研究了中国近代人口数量与人口地区分布特征，均涉及西北五省的近代人口问题。

---

① 严艳：《陕甘宁边区经济发展与产业布局研究（1937—1950）》，中国社会科学出版社2007年版。
② 魏永理主编：《中国近代西北开发史》，甘肃人民出版社1993年版。
③ 王昱、聪喆主编：《青海简史》，青海人民出版社1992年版。
④ 李刚：《陕西商帮史》，西北大学出版社1997年版。
⑤ 丁焕章主编：《甘肃近现代史》，兰州大学出版社1989年版。
⑥ 宋金寿主编：《抗战时期的陕甘宁边区》，北京出版社1995年版。
⑦ 陈舜卿主编：《陕甘近代经济研究》，西北大学出版社1994年版。
⑧ 刘彦群、刘建甫、胡祖源：《新疆对外贸易概论》，新疆人民出版社1987年版。
⑨ 马汝珩、马大正主编：《清代边疆开发研究》，中国社会科学出版社1990年版。
⑩ 谢香方主编：《新疆维吾尔自治区经济地理》，新华出版社1991年版。
⑪ 厉声：《新疆对苏（俄）贸易史（1600—1990）》，新疆人民出版社1993年版。
⑫ 殷晴主编：《新疆经济开发史研究》，新疆人民出版社1992年版。
⑬ 米镇波：《清代西北边境地区中俄贸易——从道光朝到宣统朝》，天津社会科学院出版社2005年版。
⑭ 侯扬方：《中国人口史·第六卷（1910—1953年）》，复旦大学出版社2001年版。
⑮ 赵文林、谢淑君：《中国人口史》，人民出版社1988年版。
⑯ 路遇、滕泽之：《中国人口通史》，山东人民出版社2000年版。
⑰ 姜涛：《中国近代人口史》，浙江人民出版社1993年版。

(二) 学术论文

1. 人口与移民

魏丽英总结近代以来西北地区三次大的人口波动，指出主要原因则是各种社会矛盾的历史累积与天灾人祸的结果。① 石志新专文论述甘肃地区（包括今宁夏、西宁两府）经西北回乱人口锐减绝对数为1173.9万余，减少了77%。② 曹树基认为，人口损失1455.5万，损失比例为74.5%。③ 赵文林、谢淑君指出有69.9%的人口在这次战争中被消耗。④ 黄正林撰文以翔实的史料梳理了各地战争过程中的人口损耗。⑤ 路伟东认为清代存在专门的回民户籍，清廷制定回民户籍的主要目的是刑名狱讼。⑥ 卢艳香研究了民国时期青海省人口的发展。⑦ 李丽霞则研究了1928—1930年饥馑前后陕西省的人口问题。⑧ 阚耀平的论文《清代天山北路人口迁移与区域开发研究》⑨ 揭示了人口迁移与区域开发以及环境变迁之间的相互关系。童远忠的论文《刘锦棠与近代新疆的开发和建设》⑩、袁澍的论文《王树楠与近代新疆开发建设》⑪、阿依木古丽·卡吾力的论文《杨增新主政新疆的经济政策与近代中国西

---

① 魏丽英：《论近代西北人口波动的若干主要原因》，《社会科学》（兰州）1990年第6期。
② 石志新：《清末甘肃地区经济凋敝和人口锐减》，《中国经济史研究》2000年第2期。
③ 曹树基：《中国人口史·第5卷（清时期）》，复旦大学出版社2001年版，第635页。
④ 赵文林、谢淑君：《中国人口史》，人民出版社1988年版。
⑤ 黄正林：《同治回民事变后黄河上游区域的人口与社会经济》，《史学月刊》2008年第10期。
⑥ 路伟东：《掌教、乡约与保甲册——清代户口管理体系中的陕甘回民人口》，《回族研究》2010年第2期；《清代陕西回族的人口变动》，《回族研究》2003年第4期；《清代陕甘回民峰值人口数分析》，《回族研究》2010年第1期。
⑦ 卢艳香：《民国时期青海省人口统计研究》，《青海民族研究》2007年第2期。
⑧ 李丽霞：《1928—1930年饥馑陕西灾荒移民问题》，《防灾科技学院学报》2006年第4期。
⑨ 阚耀平：《清代天山北路人口迁移与区域开发研究》，博士学位论文，复旦大学，2003年。
⑩ 童远忠：《刘锦棠与近代新疆的开发和建设》，《常德师范学院学报》（社会科学版）2000年第6期。
⑪ 袁澍：《王树楠与近代新疆开发建设》，《新疆社科论坛》2001年第1期。

部开发》①、关毅的论文《略论盛世才主政时期新疆近代工矿业的发展》②、樊如森的论文《中国边疆开发政策的近代转型——以新疆为例》③，等等，均对近代天山南北地区的经济开发进行了不同侧面和程度的探析，可资研究参考。

2. 农业、畜牧业发展与农村经济

慈鸿飞撰文全面论述了1912—1949年间西北各地区农业资源的开发状况及对当今西部开发的借鉴意义。④ 黄正林则对清至民国时期黄河上游地区农作物的分布与种植业结构变迁进行了研究。⑤ 崔永红介绍了近代青海举办垦务的过程及其影响。⑥ 张保见、郭声波从环境的角度研究了近代青海农业垦殖过程。⑦ 李之勤撰有《陕西种植棉花的开端》⑧《明代陕西植棉业的发展》⑨《清代前期陕西植棉业的发展》⑩ 及《鸦片战争以后陕西植棉业的重要变化》⑪ 系列论文，全面阐述了自明及晚清民国陕西植棉业发展的历史进程及中间的变迁。常青的《近三百年陕西植棉述略》⑫，赵汝成、陈凌江的《民国时期陕西的棉花生产》⑬，张萍的《清代陕西植棉业的发展及棉花产销格局》⑭ 则从棉花生产与销售

---

① 阿依木古丽·卡吾力：《杨增新主政新疆的经济政策与近代中国西部开发》，《喀什师范学院学报》2006年第1期。
② 关毅：《略论盛世才主政时期新疆近代工矿业的发展》，《新疆师范大学》（社会科学版）2006年第1期。
③ 樊如森：《中国边疆开发政策的近代转型——以新疆为例》，复旦大学历史地理研究中心主编：《历史地理研究》第3辑，复旦大学出版社2010年版。
④ 慈鸿飞：《1912—1949年西北地区农业资源开发》，《中国经济史研究》2004年第2期。
⑤ 黄正林：《清至民国时期黄河上游农作物分布与种植结构变迁研究》，《古今农业》2007年第1期。
⑥ 崔永红：《近代青海举办垦务的经过及意义》，《青海民族学院学报》2007年第2期。
⑦ 张保见、郭声波：《青海近代的农业垦殖与环境变迁（1840—1949）》，《中国历史地理论丛》2008年第2辑。
⑧ 李之勤：《陕西种植棉花的开端》，《人文杂志》1981年第2期。
⑨ 李之勤：《明代陕西植棉业的发展》，《西北历史资料》1980年第2期。
⑩ 李之勤：《清代前期陕西植棉业的发展》，《西北历史资料》1980年第1期。
⑪ 李之勤：《鸦片战争以后陕西植棉业的重要变化》，《西北历史资料》1980年第3期。
⑫ 常青：《近三百年陕西植棉述略》，《中国农史》1987年第2期。
⑬ 赵汝成、陈凌江：《民国时期陕西的棉花生产》，《古今农业》1992年第3期。
⑭ 张萍：《清代陕西植棉业的发展及棉花产销格局》，《中国历史地理论丛》2007年第1辑。

两个方面入手。尚季芳认为,民国时期中国西部地区烟毒为祸甚烈,造成粮食减产,地方手工业凋零,民众体质被摧残等严重后果,使原本脆弱的社会生态更加恶化。① 郑磊则以陕西关中地区为中心,全面研究了20世纪二三十年代关中地区的鸦片种植情况。② 毛光远对20世纪三四十年代民国政府对甘宁青畜牧业经济的开发进行了讨论。③ 张萍研究了清代陕西的农村畜养业的发展。④ 周新会研究了青海藏族牧业区的封建经济结构,从生产力与生产关系的角度分析了这种经济结构的特征。⑤ 黄正林撰写了《民国时期宁夏农村经济研究》⑥ 和《民国时期甘肃农家经济研究——以20世纪30—40年代为中心》及续篇⑦,对这一时期宁夏、甘肃两省的相关问题进行了深入的探讨。民国西北地区农村高利贷的研究也是农村经济研究中的一个重要内容。裴庚辛讨论了民国时期甘肃小额农贷与农业生产的关系。⑧ 刘征则直接关注了民国时期甘宁青农村高利贷问题。⑨

3. 商业市场

西北区域市场研究是近年来学者投入较多的一个方面,研究成果主要集中在两个方面。一方面是对西北专业市场的研究。丁孝智针对兰州

---

① 尚季芳:《民国时期甘肃农村烟祸状况及社会影响述论》,《青海师范大学学报》(哲学社会科学版) 2009 年第 6 期。

② 郑磊:《1928—1930 年旱灾后关中地区种植结构之变迁》,《中国农史》2001 年第 1 期;《鸦片种植与饥荒问题——以民国时期关中地区为个案研究》,《中国社会经济史研究》2002 年第 2 期。

③ 毛光远:《20 世纪三四十年代民国政府对甘宁青畜牧业的开发述论》,《开发研究》2007 年第 2 期。

④ 张萍:《清代陕西农村畜养业的发展与牲畜产品输出》,《中国历史地理论丛》2009 年第 3 辑。

⑤ 周新会:《论青海藏族牧业区封建经济结构》,《青海民族学院学报》1988 年第 1 期。

⑥ 黄正林:《民国时期宁夏农村经济研究》,《中国农史》2006 年第 2 期。

⑦ 黄正林:《民国时期甘肃农家经济研究——以 20 世纪 30—40 年代为中心》(上、下),《中国农史》2009 年第 1—2 期。

⑧ 裴庚辛:《民国时期甘肃小额农贷与农业生产》,《甘肃社会科学》2009 年第 3 期。

⑨ 刘征:《民国时期甘宁青农村高利贷引发的社会问题探析》,《兰州教育学院学报》2007 年第 4 期;《民国时期甘宁青农村高利贷利率特点及其影响因素分析》,《青海民族研究》2010 年第 2 期。

市场上的两大重要商品茶叶与水烟的贸易进行了深入的探讨。① 向达之综合阐述了清末到民国兰州市场的商业发展特征，对各主要店铺、商行进行了梳理。② 刘瑞新对兰州水烟的加工和运销等情况进行了研究。③ 刘进系统考察了清末民国时期兰州城市商业及该城商业发展的近代化趋向。④ 朱普选分析了其在明清时期城镇演变过程中的作用。⑤ 研究城镇经济与市场关系的相关文章还有赵珍的《近代青海的商业、城镇与金融》、南文渊的《青海高原上的穆斯林城镇社区》等。⑥ 李建国从近代甘川交通运输入手，分析了近代甘川地区的商业发展情况。⑦ 叶志如从乾隆档案史料中收集整理了准噶尔部在肃州等地的贸易统计，对于了解乾隆时期肃州商贸市场的发展有很大帮助。⑧ 程牧研究了清代西北城市中的外贸与洋行。⑨ 黄正林研究了近代西北皮毛产地及流通市场。⑩ 朱立芸考察了近代西北的药材市场。⑪ 李晓英讨论了民国时期甘宁青的羊毛市场。⑫ 另一方面，近年来一些学者开始针对西北地区的市场体系进行考察。王致中、魏丽英在其专著《明清西北社会经济史研究》⑬ 一书中将西北市场划分为甘宁青地方市场、新疆地方市场、全国性市场、外

---

① 丁孝智：《丝路经济的明珠——兰州水烟业》，《西北师大学报》（社会科学版）1990年第3期；《近代兰州地区的茶叶贸易》，《甘肃社会科学》1990年第5期。
② 向达之：《清末至民国前期的兰州商业》，《兰州学刊》1987年第4期。
③ 刘瑞新：《兰州水烟业》，《甘肃行政学院学报》2001年第4期。
④ 刘进：《清末民国时期兰州城市商业近代化趋向述评》，《天水师范学院学报》2002年第4期。
⑤ 朱普选：《明清河湟地区城镇的形成与发展》，《西北民族研究》2005年第3期。
⑥ 赵珍：《近代青海的商业、城镇与金融》，《青海社会科学》2002年第5期；南文渊：《青海高原上的穆斯林城镇社区》，《回族研究》1994年第4期。
⑦ 李建国：《简论近代的甘川交通运输》，《文史杂志》2002年第5期；《论近代西北地区城市的特点及其影响》，《西北民族大学学报》（哲学社会科学版）2004年第1期。
⑧ 叶志如：《乾隆八至十五年准噶尔部在肃州等地贸易》，《历史档案》1984年第2期。
⑨ 程牧：《清代西北城市的外贸与洋行》，《兰州学刊》1987年第3期。
⑩ 黄正林：《近代西北皮毛产地及流通市场研究》，《史学月刊》2007年第3期。
⑪ 朱立芸：《论近代西北的药材与市场》，《开发研究》1997年第6期。
⑫ 李晓英：《民国时期甘宁青的羊毛市场》，《兰州大学学报》（社会科学版）2010年第1期。
⑬ 王致中、魏丽英：《明清西北社会经济史研究》，三秦出版社1989年版。

贸市场四种类型。魏丽英阐述了商路与甘宁青新市场分布格局的关系。①樊如森对西北初级市场进行了研究。②杜常顺则系统考察了明清时期黄河上游的民族贸易市场。③张萍利用历史商业地理的一些理论与方法研究了明清时期西北地区的东大门——陕西省域的市场体系及其空间发展过程。④夏阳则对近代甘肃市场初步发育的主要条件和发育的基本状况进行了研究。⑤马安君则认为民国时期青海的城镇市场在原有基础上有了一定发展。⑥乌廷玉则对整个北方农村集市上牙人和集市设置作了研究。⑦阎希娟、吴宏岐研究了民国时期西安新市区的发展。⑧刘卓所著《新疆的内地商人研究——以晚清、民国为中心》⑨系统考察了内地商人与晚清、民国时期新疆商业复苏的关系。吴轶群所撰《清代新疆边境地区城市对比研究——以伊犁、喀什噶尔为中心》⑩分析了城镇发展与经济开发的关系。樊如森所著《近代西北经济地理格局的变迁（1850—1950）》⑪，以历史地理学的时空间视角，多维度、多层面地系统梳理了近代历史时期内西北广大地区各方面的变迁情况。

4. 民族贸易、茶马互市与商贸中介

林永匡、王熹的《清代西北民族贸易史》集中讨论了清代西北民

---

① 魏丽英：《论近代西北市场的地理格局与商路》，《甘肃社会科学》1996年第4期。
② 樊如森：《民国时期西北地区市场体系的构建》，《中国经济史研究》2006年第3期。
③ 杜常顺：《明清时期黄河上游地区的民族贸易市场》，《民族研究》1998年第3期。
④ 张萍：《黄土高原原梁区商业集镇的发展及地域结构分析——以清代宜川县为例》，《中国历史地理论丛》2003年第3期；《明清陕西庙会市场研究》，《中国史研究》2004年第3期；《地域环境与市场空间——明清陕西区域市场的历史地理学研究》，商务印书馆2006年版。
⑤ 夏阳：《论近代甘肃市场的初步发育及其时代特征》，《甘肃社会科学》1994年第6期。
⑥ 马安君：《民国时期青海城镇市场述论》，《西藏研究》2008年第3期。
⑦ 乌廷玉：《解放前北方农村集市贸易》，《北方文物》1998年第4期。
⑧ 阎希娟、吴宏岐：《民国时期西安新市区的发展》，《陕西师范大学学报》（哲学社会科学版）2002年第5期。
⑨ 刘卓：《新疆的内地商人研究——以晚清、民国为中心》，博士学位论文，复旦大学，2006年。
⑩ 吴轶群：《清代新疆边境地区城市对比研究——以伊犁、喀什噶尔为中心》，博士学位论文，复旦大学，2007年。
⑪ 樊如森：《近代西北经济地理格局的变迁（1850—1950）》，台北：花木兰文化出版社2012年版。

族贸易的发展历程。① 杜常顺研究了清代丹噶尔民族贸易的兴起条件与发展状况。② 陈泛舟研究了民国时期甘、青、川三省边境的藏汉贸易。③ 渠占辉考察了近代西北地区的羊毛产区与羊毛出口贸易，胡铁球估算了近代青海羊毛的对外输出量。④ 彭清深从甘肃少数民族贸易着手，重点考察了甘肃近现代的茶叶贸易，外国人和官营控制下与少数民族地区贸易的基本状况。⑤ 樊如森重点考察了西北畜牧业在对外通商以后的发展及牲畜、皮毛等贸易。⑥ 青海蒙藏贸易也是学者关注的焦点，陈柏萍讨论了17世纪青海蒙藏民族与内地汉民的贸易与交往。⑦ 张世海对民国安多地区回藏贸易情况进行了考察。⑧ 杨作山分析了清末民初的青藏贸易的历史地位。⑨ 马宗保探讨了回族经济社会发展状况以及他们的经济结构特征。⑩ 马学贤针对青海传统民族贸易中回族商贸经济的形成与发展问题展开讨论。⑪ 其他学者相关研究也不少。⑫ 马勇等论述了青海与

---

① 林永匡、王熹：《清代西北民族贸易史》，中央民族学院出版社1991年版。
② 杜常顺：《清代丹噶尔民族贸易的兴起和发展》，《民族研究》1995年第1期。
③ 陈泛舟：《民国时期甘、青、川三省边境的藏汉贸易》，《西南民族大学学报》（人文社会科学版）1990年第6期。
④ 渠占辉：《近代中国西北地区的羊毛出口贸易》，《南开大学学报》（社会科学版）2004年第3期；胡铁球：《近代青海羊毛对外输出量考述》，《青海社会科学》2007年第2期。
⑤ 彭清深：《近现代甘肃民族贸易纵览》，《社科纵横》1992年第5期。
⑥ 樊如森：《开埠通商与西北畜牧业的外向化》，《云南大学学报》（社会科学版）2006年第6期。
⑦ 陈柏萍：《17世纪青海蒙藏民族与内地贸易交往初探》，《青海民族学院学报》（社会科学版）1997年第4期。
⑧ 张世海：《民国时期安多地区的回藏贸易》，《回族研究》1997年第2期。
⑨ 杨作山：《清末民初的青藏贸易及其历史地位》，《宁夏大学学报》（人文社会科学版）1999年第1期。
⑩ 马宗保：《回族经济社会发展状况的结构分析》，《西北民族研究》2000年第1期。
⑪ 马学贤：《青海传统民族贸易中回族商贸经济的形成与发展》，《青海社会科学》2004年第6期。
⑫ 马平：《近代甘青川康边藏区与内地贸易的回族中间商》，《回族研究》1996年第4期；东噶仓·才让加：《近年来回族在青藏高原地区的商贸活动述论》，《回族研究》1997年第4期；马学贤：《青海传统民族贸易中回族商贸经济的形成与发展》，《青海社会科学》2004年第6期；马宗保：《回族商业经济与历史上的西部开发——以民国时期西北回族商业活动为例》，《宁夏大学学报》（人文社会科学版）2005年第5期。

中亚国家的贸易关系。[①] 王世志、李见颂考察了青海地区经济与内地的历史联系及其近代发展特点。[②] 勉卫忠的硕士论文《清末民初河湟回藏贸易变迁研究》探讨了清末民初河湟区域间的回藏贸易。[③] 魏明孔的《西北民族贸易研究——以茶马互市为中心》详细考察了茶马贸易的概念、来源、发展历程。[④] 另外，针对西北茶马贸易的成因、地位、作用、价值以及相关专题，其他学者也做了大量的研究，成果非常丰富。[⑤]

一个地区的经济发展离不开商人，商人群体对促进地区间的经济交流具有不可替代的作用。明清时期，无论是山陕商人还是回商，对于西北地区的经济发展繁荣都起着积极的作用。歇家是青海地区一个具有地区特色的商业中介组织，王致中、马明忠、何佩龙、李刚、卫红丽、马安君对此均有研究，[⑥] 胡铁球连续撰文考证了歇家的起源、发展及其在青海社会经济发展进程中的地位。[⑦] 在明清商贸民营和赋役货币化的变革过程中，歇家的性质也有所变化，成为明中叶至民国主导该地区的贸易模式之一。[⑧] "歇家牙行"构成了我国西北地区近代化过程的一个重

[①] 马勇等：《略论青海与中亚国家的贸易关系》，《青海民族研究》2006 年第 2 期。
[②] 王世志、李见颂：《青海地区经济与内地的历史联系及其近代发展之特点》，《青海民族学院学报》1989 年第 3 期。
[③] 勉卫忠：《清末民初河湟回藏贸易变迁研究》，硕士学位论文，中央民族大学，2006 年。
[④] 魏明孔：《西北民族贸易研究——以茶马互市为中心》，中国藏学出版社 2003 年版。
[⑤] 白振声：《茶马互市及其在民族经济发展史上的地位和作用》，《中央民族大学学报》（哲学社会科学版）1982 年第 3 期；林永匡：《明清时期的茶马贸易》，《青海社会科学》1983 年第 4 期；解秀芬：《明清茶马贸易中的价格问题》，《西北民族大学学报》（哲学社会科学版）1990 年第 1 期；李三谋：《明清茶马互市探析》，《农业考古》1997 年第 4 期；吕维新：《我国封建社会茶马互市贸易剖析》，《中国茶叶加工》1998 年第 4 期；魏明孔：《西北民族贸易述论——以茶马互市为中心》，《中国经济史研究》2001 年第 4 期；朴文焕：《清代茶马贸易衰落及其原因探析》，《西南民族学院学报》2003 年第 2 期；张永国：《茶马古道与茶马贸易的历史与价值》，《西藏大学学报》2006 年第 2 期。
[⑥] 王致中：《"歇家考"》，《青海社会科学》1987 年第 2 期；马明忠、何佩龙：《青海地区的歇家》，《青海民族学院学报》1994 年第 4 期；李刚、卫红丽：《明清时期山陕商人与青海歇家关系探微》，《青海民族研究》2004 年第 2 期；马安君：《近代青海歇家与洋行关系初探》，《内蒙古社会科学》2007 年第 3 期。
[⑦] 胡铁球、霍维洮：《歇家概况》，《宁夏大学学报》2006 年第 6 期。
[⑧] 胡铁球：《"歇家牙行"经营模式的形成与演变》，《历史研究》2007 年第 3 期。

要内容。① 山陕商人是西北地区商贸组织中最重要的力量,在青海、甘肃、陕西等省区至今仍有山陕会馆存留,李刚、袁娜、宋伦、任斌等人均关注到这一问题,集中论述了山陕商人在西北地区商贸活动的地位、影响和历史作用。② 钟银梅研究了甘宁青地区的近代皮毛贸易,同样关注到了山陕商人的作用。③

以上对一个世纪以来西北近代经济社会史研究的总结,可以看出:(1)民国年间对于西北资源的调查与研究,为我们今天的工作提供了有效的资料准备。(2)新中国成立最初一些近代研究资料的编纂为科研人员准备了更为方便的基础资料。(3)改革开放以后,西北经济社会史研究也出现了空前繁荣的局面。不仅研究成果突出,研究内容增多,研究领域也在不断拓宽。许多学术研究的空白领域得以填补,是西北经济社会史研究的黄金阶段。

三　晋商相关研究

晋商的研究以日本学者较早,其中以寺田隆信最为著名,其代表性著作——《山西商人研究》④ 基本上是第一部以明清晋商为考察对象的学术专著,该书对晋商产生的历史背景、晋商经营特点、历史性质等问题进行了深入探讨。此外,日本学者佐伯富⑤发表的一系列论文和专

---

① 胡铁球:《明及清初"歇家"参与赋役领域的原因和方式》,《史林》2007 年第 3 期;《"歇家牙行"经营模式在近代西北地区的沿袭与嬗变》,《史林》2008 年第 1 期。
② 李刚、袁娜:《明清时期山陕商人对西部开发的历史贡献及其启迪》,《新疆社科论坛》2007 年第 1 期;李刚、宋伦:《明清山陕会馆与商业文化》,《华夏文化》2002 年第 1 期;《明清时期青海山陕会馆的创立及其市场化因素》,《西安电子科技大学学报》(社会科学版)2007 年第 1 期;任斌:《略论青海"山陕会馆"和山陕商帮的性质及历史作用》,《青海师范大学学报》1984 年第 3 期。
③ 钟银梅:《近代皮毛贸易在甘宁青地区的兴起》,《青海民族研究》2006 年第 2 期。
④ [日]寺田隆信:《山西商人研究》,张正明、道丰、孙耀、阎守城等译,山西人民出版社 1986 年版。
⑤ [日]佐伯富:《清朝的兴起与山西商人》(《社会文化史学》1966 年第 1 期;1974 年 10 月编入《中国史研究》第 2 辑)、《清代塞外的山西商人》(东方学会创立 25 周年《纪念东方学论集》,1972 年 11 月版)、《清代的山西商人与内蒙古》(《藤原弘道先生古稀纪念史学佛教学论集》,1973 年 11 月版)、《清代山西商人》以及《山西商人的起源与沿革》(日本东方学会主编《东方学》,1979 年 7 月)。

著,对晋商起源的历史背景、山西地区的地形地貌及农业生产条件、制度政策等情况进行了系统梳理,并对晋商所从事的行业、经商区域、商业资本、金融资本及其获利情况等问题进行了讨论。

在国内,较早对晋商的研究出现在张海鹏和张海瀛所编著的《中国十大商帮》① 中,书中由张正明、黄鉴晖、高春平撰写的"山西商帮"一章较为系统地阐述了明清时期晋商的形成背景、发展过程、鼎盛时期等内容,并讨论了山西商帮的主要特点及其资本流向等问题。此后,张正明出版其专著《晋商兴衰史》②,从区位优势、政策前提等方面考察了晋商兴起的原因,并对晋商的商贸活动、经营特点、资本性质、成败原因、历史地位及作用等问题,进行详尽剖析。黄鉴晖的专著《明清山西商人研究》③ 在晋商的经商范围、经营行业、管理制度、商人家族等问题上均有详尽论述,并对明清时期山西境内的商品集散市场进行了讨论。刘建生等撰写的《明清晋商制度变迁研究》④ 将归纳和演绎分析、比较分析及实证与规范分析相结合,创新性地使用新制度经济学理论研究范式对晋商家族的正式制度、非正式制度进行了深入探讨,基于此对晋商商业活动的成本绩效进行考察,勾勒出晋商发展史的制度脉络,总结了晋商发展的制度演变轨迹,这在晋商研究领域里是一个重大的理论和方法的突破。经君健先生在学界晋商研究成果层出不穷的前提下,提出"晋商学"的概念,⑤ 使晋商研究领域上升到一个新高度。许檀女士的"山陕会馆"系列个案研究,⑥ 详

---

① 张海鹏、张海瀛编著:《中国十大商帮》,黄山书社 1993 年版。
② 张正明:《晋商兴衰史》,山西古籍出版社 1995 年版。
③ 黄鉴晖:《明清山西商人研究》,山西经济出版社 2002 年版。
④ 刘建生、燕红忠等:《明清晋商制度变迁研究》,山西人民出版社 2005 年版。
⑤ 经君健:《晋商·晋商学"明清晋商制度变迁研究·序"》,《中国经济史研究》2005 年第 2 期。
⑥ 许檀:《清代河南朱仙镇的商业——以山陕会馆碑刻资料为中心的考察》,《史学月刊》2005 年第 6 期;《清代河南的北舞渡镇——以山陕会馆碑刻资料为中心的考察》,《清史研究》2004 年第 1 期;《清代河南赊旗镇的商业——基于山陕会馆碑刻资料的考察》,《历史研究》2004 年第 2 期;《清代河南的商业重镇周口——明清时期河南商业城镇的个案考察》,《中国史研究》2003 年第 1 期;《清代中叶的洛阳商业——以山陕会馆碑刻资料为中心的考察》,《天津师范大学学报》(社会科学版)2003 年第 4 期。

尽、系统地分析了清代山陕商人在河南地区的商业活动，对清代河南商业城镇的发展规模、商品流通状况进行了详细讨论，特别是在研究中大量使用山陕会馆所留存的碑刻资料，开创了研究清代商业的资料新领域。王尚义的专著《晋商商贸活动的历史地理研究》①，首次将山西的历史自然地理与历史经济地理相结合，对晋商的商贸活动区域进行了讨论。

晋商领域的研究成果十分丰富，与本书相关研究的主要方向包括以下几个内容：晋商兴衰问题、晋商会馆、晋商行商范围和经营项目、山西票号等，下面我们就做一个回顾。

在晋商兴衰问题的研究上，日本学者寺田隆信认为明代"九边重镇"的设立和"开中法"的实施是晋商兴起的先决条件。②张正明认为明政府为巩固北部边防而设置"九大边镇"，为维持"九大边镇"的正常运转而推动了"开中制"，为晋商兴起提供了政策契机。同时，山西地处农耕民族与北方游牧民族的交界地带的有利地理条件也是晋商兴起的区位优势。③黄鉴晖认为明清时期，山西境内的盐、铁等手工业商品生产的发展是晋商兴起的物质基础。④刘建生认为晋商的兴衰是内部制度变迁的过程。⑤李心纯、林和生认为，明初山西生态环境优越，晋商多出自拥有池盐资源及农业条件较好的晋南地区，趁开中纳粮之机而崛起的。清代的晋商则在山西北、中部地区生态环境恶化、农业经济发展落后之时，随着关外、口外经济的开发，在不可或缺的商业发展的需求中走向成功。⑥梁四宝、武芳梅认为山西人口的迁徙推动了晋商的兴起。⑦

---

① 王尚义：《晋商商贸活动的历史地理研究》，科学出版社2004年版。
② [日]寺田隆信：《山西商人研究》，张正明、道丰、孙耀、阎守城等译，山西人民出版社1986年版。
③ 张正明：《晋商兴衰史》，山西古籍出版社2001年版。
④ 黄鉴晖：《明清山西商人研究》，山西经济出版社2002年版。
⑤ 刘建生：《明清晋商制度变迁研究》，山西人民出版社2005年版。
⑥ 李心纯、林和生：《山西生态环境的变迁与晋商的兴起》，《晋阳学刊》2006年第4期。
⑦ 梁四宝、武芳梅：《明清时期山西人口的迁徙与晋商的兴起》，《中国社会经济史研究》2001年第2期。

刘建生、王瑞芬认为山西商品货币的发展①、晋商资本实力的增强和政府的倡导与扶持等原因促成山西典当商人的发展。王明星认为明清时期晋商衰败的原因在于没有投资新式产业，没有将票号中心南移上海，在商贸活动领域缺乏创新，人才培养失误等。②

在晋商会馆、行社等问题的研究上，许檀利用在河南山陕会馆，甘肃、北京等地进行实地调查所得到的碑刻资料，对周口、洛阳、赊旗镇、北舞渡镇、朱仙镇、武威、通州等清代商业城镇进行了系列个案研究，对其发展规模、商品流通及山陕商人的经营状况进行了详尽的论述。③ 行龙则对武汉的山西商人及会馆进行了细致考察。④ 刘建生、王云爱认为晋商行会在促进社会经济发展的同时，推动了近代商会的产生。⑤ 李刚、宋伦认为明清之际中国传统市场的发展，使整顿市场秩序成为经济发展的必要条件。而中国封建政府长期实行的"重本抑末"政策，官商不相交接，造成市场管理的空白，使得工商会馆不得不承担起整合市场秩序的任务。工商会馆通过制定行规业律仲裁商务纠纷，营造"诚信"的会馆文化氛围，以规范商人的市场行为，维护市场的正常秩序。⑥ 宋伦通过对搜集到的 196 所山陕会馆资料分析研究认为，工商会馆是因经济社会发展变化而进行社会整合的制度创新，是富有中国特色的综合性民间社会管

---

① 刘建生、王瑞芬:《清代以来山西典商的发展及原因》,《中国经济史研究》2002 年第 1 期。
② 王明星:《晋商走向衰败若干原因分析》,《文史研究》1996 年第 1—2 期。
③ 许檀:《清代河南朱仙镇的商业——以山陕会馆碑刻资料为中心的考察》,《史学月刊》2005 年第 6 期;《清代河南的北舞渡——以山陕会馆碑刻资料为中心的考察》,《清史研究》2004 年第 1 期;《清代河南赊旗镇的商业——基于山陕会馆碑刻资料的考察》,《历史研究》2004 年第 2 期;《清代河南的商业重镇周口——明清时期河南商业城镇的个案考察》,《中国史研究》2003 年第 1 期;《清代中叶的洛阳商业——以山陕会馆碑刻资料为中心的考察》,《天津师范大学学报》(社会科学版) 2003 年第 4 期;《乾隆年间活跃在武威的山陕商人——以碑刻资料为中心的考察》,《中国经济史研究》2023 年第 2 期;《清代中叶山陕商人在甘肃的经营活动——以碑刻资料为中心的考察》,《中国经济史研究》2022 年第 1 期;《明清时期的通州商业》,《中国经济史研究》2021 年第 5 期。
④ 行龙等:《清代汉口晋商研究》,《武汉学研究》2020 年第 1 期。
⑤ 刘建生、王云爱:《山西会馆考略》,《中国地方志》2003 年增刊。
⑥ 李刚、宋伦等:《论明清工商会馆在整合市场秩序中的作用——以山陕会馆为例》,《西北大学学报》2002 年第 4 期。

理组织和设施。① 会馆是适应明清时期的社会条件而建立的组织；是管理外邦商人的工具，行会的办事机构，商人自发设置的自治团体和社会保障组织，传播本土文化，成为官方管理机构之外平衡社会转型的民间自发管理体制。此外，宋伦还认为山陕会馆的建立标志着山陕商帮的形成。② 王俊霞通过对山陕会馆的研究讨论了山陕商人的竞合关系。③ 穆雯瑛对明清时期的山西会馆进行了整体研究和探讨。④ 孟伟、杨波通过对北京晋翼会馆资料的研究讨论了明清时期山西布商在北京的活动。⑤ 郝平对清代在河北正定经商的山西人进行了研究。⑥ 许檀通过会馆资料讨论了晋商在禹州的经营活动。⑦ 张继焦等就晋商在全国建立起的市场体系与施坚雅的理论进行讨论。⑧ 余龙通过对晋商会馆碑刻的研究，探讨了彼时商人心理及商人身份价值转变等问题。⑨ 还有一些学者从关公文化、戏曲等方面对晋商会馆进行了研究。⑩ 此外，一些学位论文也从建筑、家庭、晋商商路风险、晋商家法族规与商业规范关系等不同角度对山西商人会馆进行了考察。⑪

---

① 宋伦：《明清工商会馆的产生及其社会整合作用——以山陕会馆为例》，《兰州商学院学报》2003 年第 5 期。
② 宋伦：《论明清山陕会馆的创立及其特点——以工商会馆为例》，《晋阳学刊》2004 年第 1 期。
③ 王俊霞：《明清山陕商人相互关系研究》，博士学位论文，西北大学，2010 年。
④ 穆雯瑛：《明清时期的山西商人会馆》，《文史月刊》2016 年第 8 期。
⑤ 孟伟、杨波：《明清时期北京通州晋翼会馆研究——以明清时期的翼城商人和山西布商为重点》，《山西师大学报》2017 年第 3 期。
⑥ 郝平：《明清山西商人与河北正定商业——以正定山西会馆为中心的考察》，《中国社会经济史研究》2019 年第 3 期。
⑦ 许檀：《清代晋商在禹州的经营活动》，《史学集刊》2020 年第 1 期。
⑧ 张继焦、侯达：《晋商及其所建立的全国市场体系：超越施坚雅的区域市场观》，《青海民族研究》2021 年第 2 期。
⑨ 余龙：《传续与重构：勒石刻碑中的商业会馆——以明清山西碑刻资料为中心》，《西南大学学报》（社会科学版）2022 年第 3 期。
⑩ 王晋丽：《忠义仁勇：晋商伦理与关公文化研究》，《中北大学学报》（社会科学版）2022 年第 4 期；樊凤龙：《晋商与晋剧的关系》，《中国戏剧》2022 年第 1 期。
⑪ 乔恒鑫：《明清晋商家庭治生、理财、消费观念研究》，硕士学位论文，陕西师范大学，2021 年；时宇：《大运河苏州段会馆建筑的保护与利用研究》，硕士学位论文，苏州大学，2021 年；李路路：《论明清晋商家法族规与商业规范法伦理准则的一致性》，硕士学位论文，贵州大学，2021 年；申茜茜：《清代晋商行商路线与道路风险研究——以商程书为中心》，硕士学位论文，河南大学，2021 年。

在晋商经营行业及行商范围研究方面，王尚义认为晋商活动分为两个阶段①：第一阶段为明初至清中叶，主要以商贸活动为主；第二阶段从清中叶至民国初年，主要以票号商业活动为主。刘文智认为清代前期的晋商已经在广阔的地域范围内从事商业贸易活动。② 林永匡、王熹认为清代晋商与新疆进行了广泛的丝绸贸易活动。③ 王兴亚指出，明清时期河南地区交通便利，人口稠密，山陕商人活动活跃，遍布于河南各府州县城及主要集镇，促进了河南商品经济的发展。④ 陶德臣认为晋商对清代西北茶叶市场的发展具有深远意义。⑤ 曹新宇对清代山西贩粮路线的演变历史提出反例，他认为粮食长途贩运的重要原因是区域性市场需求的扩大，大宗商品——粮食的运销对相关区域城市的发展产生了促进作用。清代晋中南地区的城市化进程同口外蒙古的垦殖活动有一定的互动关系。⑥ 邵继勇认为清代晋商的迅速发展得益于清王朝版图的统一，晋商的鼎盛与清政府支持密切相关。同时指出，票号是商业资本与金融资本的深度结合，将传统社会中国商业资本的运行推向顶峰。⑦ 高春平指出晋商于明初崛起于北部边镇，对中国北部商业城市的发展、全国商品流通、边疆地区的安定等发挥了重要作用。⑧ 定光平认为晋商茶商在湖北羊楼洞地区的商业活动，不仅促进了当地茶叶资源的开发利用，更推动了对羊楼洞茶产区的形成和发展，进而推动当地及其周边地区经济社会的发展。⑨ 陶德臣的系列论文对晋商与西北茶叶贸易问题进

---

① 王尚义：《晋商商贸活动的历史地理研究》，科学出版社2004年版。
② 刘文智：《清代前期的山西商人》，《天津社会科学》1987年第3期。
③ 林永匡、王熹：《清代山西与新疆的丝绸贸易》，《山西大学学报》（哲学社会科学版）1987年第1期。
④ 王兴亚：《明清时期河南的山陕商人》，《郑州大学学报》1996年第2期。
⑤ 陶德臣：《晋商与西北茶叶贸易》，《安徽史学》1997年第3期。
⑥ 曹新宇：《清代山西的粮食贩运路线》，《中国历史地理论丛》1998年第2期。
⑦ 邵继勇：《明清时代边地贸易与对外贸易中的晋商》，《南开学报》（哲学社会科学版）1999年第3期。
⑧ 高春平等：《晋商与北部市场开发》，《晋阳学刊》2002年第4期。
⑨ 定光平等：《清以降羊楼洞茶区的山西商人》，《山西师大学报》（社会科学版）2004年第2期。

行了探讨。① 樊如森通过对西北市场上的茶叶贸易对当地市场发育程度进行了考察。② 乔南从宏观角度对晋商经营地域进行了研究。③ 徐俊嵩对安徽境内的晋商进行了考察。④ 任君宇从考古学角度对张库大道的路线、沿线遗址点及沿线环境等进行了调查。⑤ 刘秋根、刘新龙对清末民初山西药商在广东的经营活动进行了研究。⑥ 值得注意的是，近年有大量学位论文对晋商经商地域与经营行业都有较为广泛的研究。⑦

对山西票号的研究，最早的文字见诸民国元年（1912）《票商顾全大局》，此文刊登于报纸上，属于时事类报道，但内容对晋商及票号的经营活动表现出关注。随后，蔚丰厚北京分庄经理——李宏龄，在其退休后撰写的《同舟忠告》《山西票商成败记》，对晋商票号的兴衰成败进行了初步讨论。20世纪三四十年代出版了两部对山西票号进行的史料性研究成果，即陈其田的《山西票庄考略》及卫聚贤的《山西票号史》。这一时期，还发表了一系列与山西票号密切相关的论文。但这些大都是回溯性质的文章，缺乏对山西票号及晋商的系统分析。

---

① 陶德臣：《茶业商帮的崛起与茶业经济发展的历史作用》，《中国茶叶》2020年第3期；《清代新疆贸易中的茶叶类别》，《茶业通报》2018年第5期；《清代新疆茶叶贸易兴盛的三大因素》，《中国茶叶》2017年第1期；《晋商与清代新疆茶叶贸易》，《中国社会经济史研究》2015年第6期。

② 樊如森：《清代民国时期西北区域市场的发育和整合——以茶业贸易为中心》，《江西社会科学》2016年第9期。

③ 乔南：《清代山西商人行商地域范围研究》，《晋阳学刊》2008年第2期。

④ 徐俊嵩：《清代安徽境内的晋商及其活动》，《徽学》2020年第2期。

⑤ 任君宇：《张库大道（内蒙古段）遥感考古调查与研究》，博士学位论文，内蒙古师范大学，2020年。

⑥ 刘秋根、刘新龙：《晚清民国时期旅粤山西药号经营研究》，《福建论坛》（人文社会科学版）2022年第7期。

⑦ 任路阳：《晋商在天津的金融活动研究》，硕士学位论文，山西大学，2021年；王飞：《清代张家口经贸与商帮研究》，博士学位论文，山西大学，2020年；成雁鸿：《清代山西布商研究》，硕士学位论文，山东师范大学，2020年；杨伟：《清末民初忻州商人的经营及生活——以田氏和孙氏家族为中心》，硕士学位论文，河北大学，2019年；郭雅文：《论明清时期晋商在山东地区的经营活动》，硕士学位论文，曲阜师范大学，2017年；张哲：《清代东北地区晋商经营活动研究》，硕士学位论文，山西大学，2011年；黄振华：《清代至民国时期泽州铁业研究——以大阳镇为中心》，硕士学位论文，河北大学，2017年。

在当代的票号研究中，张国辉的《晚清钱庄和票号研究》[①] 是较早研究票号的专著，书中对鸦片战争前后钱庄、票号的变化，以及第二次鸦片战争后票号的业务发展情况进行讨论，并就外国银行进入中国对本土钱庄、票号的影响进行了论述。黄鉴晖的《山西票号史》[②] 在深入细致考察中国银行业发展史的基础上，讨论了山西票号的极盛与危机。从中可窥中国资本主义萌芽的发展、近代金融资本信息的有效传播、中国明清时期的农业经济向工业经济转变的商业革命，以及工商业发展中的封建主义色彩。孔祥毅的论文集《金融票号史论》，[③] 收录了编者自1979年至今所发表的一系列有关山西票号和金融研究的论文，他不仅认为山西票号所涵盖的范围非常广，包括彼时晋商所经营的当铺、钱庄、印局、账局和票号。[④] 孔祥毅认为票号在1850年代以后与官府的深入勾结使其走向衰亡。[⑤] 此外，孔祥毅、王森主编的《山西票号研究》[⑥] 论文集中收录了大量近年来其本人及其他学者对山西票号业及清代山西金融业的研究成果。

此外，史若民的专著《票商兴衰史》，[⑦] 董继斌、景占魁的合著《晋商与中国近代金融》[⑧] 等都对山西票号进行了系统分析和研究，认为票号在很多方面都具有超前意识。王尚义在其专著《明清晋商与货币金融史略》[⑨] 中指出票号的创建推动了彼时山西金融业的发展。高春平认为中国银行业的鼻祖就是晋商所经营的票号、账局、钱庄、当铺、印局等金融机构，并且调控和支撑了清代中后期国家财政金融体系。[⑩] 雒春普认

---

① 张国辉：《晚清钱庄和票号研究》，中华书局1989年版。
② 黄鉴晖：《山西票号史》，山西经济出版社2002年版。
③ 孔祥毅：《金融票号史论》，中国金融出版社2003年版。
④ 孔祥毅：《山西票号与中国商业革命》，《金融研究》2002年第8期。
⑤ 孔祥毅：《山西票号与清政府的勾结》，《中国社会史研究》1984年第3期。
⑥ 孔祥毅、王森主编：《山西票号研究》，中国财政经济出版社2002年版。
⑦ 史若民：《票商兴衰史》，中国经济出版社1998年版。
⑧ 董继斌、景占魁：《晋商与中国近代金融》，山西经济出版社2002年版。
⑨ 王尚义：《明清晋商与货币金融史略》，山西古籍出版社1995年版。
⑩ 高春平：《试论晋商的金融创新》，《晋阳学刊》2001年第4期。

绪 论

为山西票号的创新在于多种业务的有机结合,并实现网络经营,促进了中国高利贷资本向借贷资本的转化。① 刘可为认为山西票号在战争带来的信用危机中倒闭的直接原因②是因为经营方针上的大幅度摇摆——从依靠官款存汇向大量放款变化,与封建政府联系太过紧密,而对竞争性环境产生了反应迟钝和不适应的情况,最后走向灭亡。在史料方面,值得一提的是中国人民银行山西省分行、山西财经学院、《山西票号史料》编写组于 2002 年共同出版发行的《山西票号史料(增订本)》③,大大弥补了山西票号研究过程中史料不足的空白。近年来对山西票号的研究也有很多突破,郝平对辛亥革命后山西票号的维系与收撤进行了考察;④周亚对票号账簿的归户、特征与价值进行了研究。⑤ 还有一批学位论文对票号进行了各个角度的研究和探讨,例如从票号揽办捐纳业务考察其专门化金融经营研究、以蔚泰厚票号济南分号为个案对晚清票号经营状况进行考察;从虚拟经济与实体经济角度考察票号与恰克图业务。⑥

此外,史若民、牛白琳编著的《平、祁、太经济社会史料与研究》⑦,张正明、薛慧林主编的《明清晋商资料选编》⑧,冯俊杰编著的《山西戏曲碑刻辑考》⑨,刘建民主编的《晋商史料集成》⑩ 等资料集均为山西经济史研究提供了丰富的资料。

---

① 雒春普:《山西票号业的金融创新》,《晋阳学刊》2001 年第 5 期。
② 刘可为:《从山西票号的衰亡探析企业的经营与制度创新》,《管理世界》1997 年第 4 期。
③ 中国人民银行山西省分行、山西财经学院、《山西票号史料》编写组:《山西票号史料(增订本)》,山西经济出版社 2002 年版。
④ 郝平等:《辛亥革命后山西票号的维系与收撤——以蔚长厚上海分号为中心》,《清华大学学报》(哲学社会科学版) 2022 年第 6 期。
⑤ 周亚等:《论票号账簿的归户、特征与价值——以恒隆光票号账簿身份考证为例》,《中国经济史研究》2022 年第 4 期。
⑥ 巩新玲:《票号专门化金融经营研究——以票号揽办捐纳业务为重点》,硕士学位论文,河北大学,2022 年;牟凯旋:《晚清票号经营研究——以蔚泰厚票号济南分号为例》,硕士学位论文,河北大学,2021 年;王思方:《恰克图贸易与山西票号业务间的相互影响——基于虚拟经济与实体经济的视角》,硕士学位论文,辽宁大学,2021 年。
⑦ 史若民、牛白琳编著:《平、祁、太经济社会史料与研究》,山西古籍出版社 2002 年版。
⑧ 张正明、薛慧林主编:《明清晋商资料选编》,山西人民出版社 1989 年版。
⑨ 冯俊杰编著:《山西戏曲碑刻辑考》,中华书局 2002 年版。
⑩ 刘建民主编:《晋商史料集成》,商务印书馆 2018 年版。

第三节 研究对象及研究目的和意义

一 研究对象

本课题以历史上的山西及山西商人在"西北—京津冀"商品通道形成过程中所起到的重要作用作为研究对象,着重考察清代民国时期山西商人建立"西北—京津冀"市场体系的过程,具体对于会馆、票号、商业城镇这些"点",以及商路网络等"线"进行分析,讨论近代"西北—京津冀"商品通道的形成及山西和晋商在其中所起的作用,并对当代山西省在连接丝路经济带和环渤海经济带发展过程中,由"商品通道"向"经济走廊"的战略升级提供借鉴。

二 研究目的及意义

国家发改委、外交部、商务部在2015年联合发布了《推动共建丝绸之路经济带和21世纪海上丝绸之路的愿景与行动》,提出经济带的建设和发展是推进"一带一路"建设的最佳方式。所谓经济带,指的是带状经济单元,通过扩充该经济单元内的交通走廊来提高经济效益,实现区域内生产、贸易、基础设施的联动。进而促进周边相连地理区域、国家之间的经合发展。经济带本质上是以区域的全面合作为基础的一种经济机制,在区域内建立以交通线为中心的腹地优势产业集群、城市群等,实现各种生产要素的高效流动。山西地处于我国中部,在历史上就起到过连接我国西北地区与京津冀地区的重要作用,不仅使我国东西部商品和物资得到有效交流,还带动了这一区域城镇及基层商贸市场的繁荣,并建立全国性市场体系,搭建起了"西北—京津冀"经济带。当代,山西位于"陆上丝绸之路经济带"及"环渤海经济区"之间,区位优势更加明显。

本书的研究目的在于:对山西在清代及民国时期"西北—京津冀"经济带形成当中的作用这一问题进行充分研究的基础上,以古鉴今,从区位优势、交通优势、产业布局等方面为当代山西如何能够紧紧抓住"一带一路"建设的新机遇，充分发挥贯通东西、连接南北的区位优势，而从"一带一路"战略的视域去考量如何促进当代山西完成自身战略升级，走出经济低谷，顺利完成资源型经济转型提供借鉴。

因此，本课题研究的意义在于：第一，具体考察"西北—京津冀"地区市场体系和商品通道的形成与意义，弥补国内经济史研究中对相关问题关注的不足。第二，以古鉴今，为当代山西成为"丝绸之路—环渤海经济区"经济走廊的一分子，进而在"一级"战略轴线："丝绸之路—环渤海"经济带中的战略转型升级可行性提供借鉴。

第四节　研究内容与框架

一　理论探讨

山西位于我国中部，北接内蒙古，南临中原，东接冀鲁，西临陕甘，具有明显的区位优势。同时自然资源十分丰富。优越的地理位置与丰富的自然资源为明清时期晋商的崛起与发展提供了前提。彼时，晋商商贸地域扩展的同时，逐步建立起了全国性的市场体系。该体系以山西为核心，以晋商修建的会馆、开设的票号及晋商活跃的城镇为"点"，以茶叶之路及其他商贸路线为"线"，将全国各个区域市场连接为一体。

山西是晋商的家乡，也是晋商的根和精神寄托。晋商在明清时期进行了大规模长途贩运贸易，后来又将票号等金融组织遍设全国各地乃至国外。为了亲乡情、近乡谊，晋商在各地设立会馆组织。这些组织的名称和形式虽然不尽相同，但目的和性质都是相似的。晋商会馆最早出现在明代，彼时山西颜料会馆、临汾东馆、临汾西馆、临襄会馆、潞安会馆就是在北京从事商业活动的各行各业的晋商所建。以会馆为代表的"点"是晋商将全国市场连在一起，建立全国市场体系的重要一环。晋商在会馆中祀关公、听晋剧、吃晋菜。随后，晋商会馆随着晋商的贸易足迹遍布西北—京津冀各地，几乎囊括了大大小小的城镇，无一遗漏。

在明代开中制实施之初，晋商活动范围主要集中在位于山西北部的大同镇、山西镇、宣府镇及河东盐池。随着开中制的深入及变化，晋商活动范围扩展至其他边镇，特别是渤海湾的长芦盐场、江南的两淮盐场，亦由边商逐步向内商转变，所从事的经营活动不仅包括盐、布、粮食，更参与到与蒙古人的"互市"中。清代，由于蒙古人对茶叶等商品的需求量巨大，晋商开辟了南起武夷山、北到恰克图的"万里茶道"，以及张库大道、旅蒙商路等多条贯通南北、沟通东西的全国性商路，"线"的建立逐渐清晰。彼时，晋商逐渐建立起一套完整的、遍布全国的商路体系。与此同时，晋商票号应时而生，成为晋商建立全国市场体系中的另一个重要的"点"。晋商在其南下北上的商业活动中，足迹遍及全国各地及海外，繁荣了所到之处商业城镇的市场。至此，"点"（会馆、票号、城镇）"线"（交错纵横的商路）交织的"面"（全国市场体系）形成。

二　内容与框架

当代的山西与明清时代的山西在我国的位置相似，均位于中部，西边与陕西隔黄河相望，东边与河北以太行山为界，地处我国西北的陕、甘、宁、青、新各省与京津冀地区的连接地带。黄河自西向东、自北向南将山西与陕西、河南隔开，东临太行、西枕吕梁，全省地势高峻，山脉纵横。向东越过太行山连接华北平原，向西以黄河为界连接西北高原，向北越过长城进入蒙古草原，向南渡黄河下到豫北平原，自古就是连接南北、贯通东西的军事要地。同时，山西向东跨越太行可经河北到达富有鱼盐的齐鲁大地；向南渡黄河经河南而通商于豫、鄂、湘、皖等南向诸省；向西过关中可与陕、甘、宁、青、新等西北各地进行贸易；向北连接内蒙古；向西南过西安、汉中而达云、贵、川各地；向东北过宣化、张家口可达京津，再向东北而出承德可达东北。由此，山西区位优势可见一斑。

近代，随着沿海沿江的开埠，国内国际商品经济的迅猛发展，对西北皮毛初级产品的需求日益增大。同时,京津冀地区因开埠而成为英美各国商品的涌入地。由此形成西北皮毛等商品由西向东经晋北包头、大同、归化城过张家口大量转运京津冀;洋货由京津冀自东向西经张家口、归化城、大同、包头而大量进入西北的一条横贯西北—山西—京津冀的商品通道。西北和华北两大区域的连接是晋商所建立的全国性市场体系的重要组成部分,而京津冀地区又是华北区域的重要部分。市场体系的建立是商品通道建立的基础。彼时,山西地区充分发挥其贯通东西、连接南北的区位优势,晋商更是形成了统一的市场体系,进而成为两地经济、贸易、物流、文化交流的桥梁。

第一章 经济概况及晋商贸迁的基础

第一节 京津冀的政区沿革及资源环境

一 京津冀地区的近代政区沿革

清代,华北平原地区的西北部是顺天府和直隶省的行政辖区。其中,顺天府24县由顺天府和直隶省共同管理。民国以后将其中的20县独立管辖,1914年称为京兆地方。1928年后改隶河北省。

清代的顺天府,治大兴、宛平县,辖24县。

清代的直隶省,分霸昌、清河、天津河间、通永、大顺广、口北、热河7道。1914年行政区调整后,直隶省设津海、保定、大名、口北4道,计119县,省会1914年前设在保定,此后改在天津。1935年后仍为保定(清苑县)。

民国时期的津海道,原称渤海道,治天津县,辖32县。

保定道,原称范阳道,治清苑县,辖40县。

大名道,原称冀南道,治大名县,辖37县。

口北道,治宣化县,辖10县:宣化县、赤城县、万全县、龙门县(龙关县)、怀来县、西宁县(阳原县)、怀安县、蔚县、延庆县、保安县(涿鹿县)。

二 京津冀地区的气候环境及物产

京津冀地处淮河以北,属暖温带湿润半湿润气候,冬季寒冷干燥,夏季高温并多雨,对农作物生长十分有利;春季少雨,蒸发强烈,多发春旱。年均气温由黄淮地区的14℃—15℃向北降至京津地区的11℃—12℃,年均无霜期200—220天,农作物两年三熟。年降水量500—700毫米。降水的年际不均衡表现为年相对变率达20%—30%,非常容易出现旱涝灾害,影响农业生产。

该区域物产丰富,主要可分为动物、植物和矿物三大类别。① 动物类,有狐狸、狼、野猪、麝等野兽,其他区域有鹧鸪、鹬、鹑等野禽;家畜有牛、马、骡、羊、猪等,家禽有鸡、鸭、鹅等;河湖水泽、沿海鱼类出产很多,比较有名的是青花鱼、比目鱼、大口鱼等。植物类,农作物在丘陵、山区主要有玉蜀黍、小米、高粱,平原多种植小麦、大豆、棉花、花生、麻、烟草、芝麻、蓝靛。林木有松、柏、杨、柳、柞、栎树。蔬菜以萝卜最为著名。果类有桃、杏、葡萄、苹果等,河北正定和大名的枣、良乡和固安的栗子,天津的梨和苹果驰名全国。矿物类,以煤、铁最多。其中河北以开平、滦县、临城、井陉、磁县、门头沟、杨家宅、斋堂、长沟峪、三安子的煤,沿海地带的长芦海盐开采较多。

第二节　西北行政区划及自然环境

正如我们在"绪论"中所言,这里所讨论的"西北"包括陕、甘、宁、青、新等地区。

一　陕西地区的行政区划及自然资源

(一) 行政区划及人口

清代陕西的行政区划为省级建制,省下设道,道之下置府或直隶

---

① 杨文洵等编:《中国地理新志》第5编,中华书局1936年版,第15、69、158页。

州，府下又置州、县、厅，总计晚清时期陕西省共有7府5直隶州，下置73县5州8厅。① 民国二年（1913）三月，因清代旧有道区，设陕中、陕东、陕南、陕西、陕北5道，考虑到陕西省"地形南北广而东西狭，分设五道，殊形破碎"，于是陕西民政长拟裁东、西两道，上报内务府，得到批准，并就地理形势分为陕西中道、陕西北道、陕西南道3道，并调整各道辖县。民国三年（1914）五月又改陕西中道为关中道，陕西南道为汉中道，陕西北道为榆林道。晚清时期陕西的人口经过同光两朝的太平军与西捻军入陕、陕甘回民起义以及"丁戊奇荒"等战争与自然灾害的破坏，较中期有明显的下降。据目前相关统计资料，如光绪年间的《户部清册》《清史稿·地理志》等统计，陕西人口大体均在800万人到850万人之间。② 在宣统末年，陕西人口当在1059万人至1096万人之间。③ 民国时期，陕西省人口总数约为1000万人。

（二）地理、水文及气候

陕西简称陕，因位于今河南省陕县西南的陕原之西，故称陕西。陕西省在地质地貌的综合结构上呈现三大区域，即陕北高原、关中平原、陕南山地。陕北高原位于陕蒙交界至北山之间，西北高东南低，沙漠、滩地、土台、沟壑等多种地貌纵横其间。关中盆地介于秦岭与北山之间，海拔325—900米，西高东低，地势平坦，土壤肥沃，农业条件优越。陕南山地包括秦岭山地、大巴山地、汉江谷地，资源丰富。秦岭横亘于渭河平原与汉江谷地之间，是我国南北方的分界线。陕西全省河网密度由东南向西北呈逐渐减少的趋势。三分之二集中分布在陕南，三分之一分布在关中、陕北。陕西地貌类型复杂多样，对交通及区域商业市场的发展均有较大影响。

陕西的热量分布总规律是由南向北逐渐减少。陕西的年降水量变

---

① 内阁印铸局：《职官录》，陕西省，宣统三年（1911）印行。
② 薛平拴：《陕西历史人口地理》，人民出版社2001年版，第213页。
③ 薛平拴：《陕西历史人口地理》，人民出版社2001年版，第216页。

化在400—1000毫米之间。民国年间调查显示,"秦岭雨量在高处虽亦可达1000毫升,但除造林外多无农作物可当。其南麓自西向东之750毫升等雨线,则为我国主要稻作物北界之一段。此线约自四川汉源县东北入陕西褒城,沿秦岭南麓东引经桐柏山沿淮河至海。此系纯就气候条件而言,实则农作物种类受地形之限制亦大,汉南气候虽宜稻作,然谷地狭窄,稻作面积不广。渭河区虽雨量大减,然南沿秦岭北麓之区,低地得山水积蓄之惠,水稻耕种亦颇可观。不过渭河区究以麦为主要农作物。其地春季干燥而夏季温度高,加以钙质土壤,故亦宜于棉作"[1]。这应是民国年间陕西农业经济地带性特征的直接表现。

(三)水旱灾害与农业条件

陕西是大陆性气候,天气干旱,降水量少,素有"五年一小旱,十年一大旱"之说。据不完全统计,从1840—1949年的110年间,陕西省有旱灾记录的年份达81年,几乎年年有旱灾。"丁戊奇荒"发生在19世纪70年代后半期,也称为北方五省大旱灾,席卷山西、河南、陕西、直隶、山东,并波及苏北、皖北、陇东和川北等地,为害之烈、为患之深,史所罕见。"丁戊奇荒"受害最重的是山西、河南与陕西。这次陕西大旱灾波及州县之多,受灾人口之众为史上所无。关中地区是灾害的中心,有称当时"饥卒数十万,民倍之"[2]。"丁戊奇荒"给陕西带来了重大的灾难,灾荒所带来的不仅是人口的流徙与死亡,同时也带来社会的动荡不安,地方暴乱、土匪横行。"丁戊奇荒"以后的19世纪末与20世纪之交,整个北方地区再次遍遭大旱,此次大旱以陕西和山西为最重,波及甘肃大部分地区,也被称为"庚子大旱"。1929年大年馑是陕西历史上的又一次大灾难。其人口损失、社会影响远超过

---

[1] 西安市档案馆编:《陕西经济十年(1931—1941)》,内部印行,1997年,第5页。
[2] 《陕西布政使蒋凝学神道碑》补编卷18《清朝碑传全集》,转引自李文海等《近代中国灾荒纪年》(丁丑),湖南教育出版社1990年版,第373页。

"丁戊奇荒"。陕西省在这三年大荒中，沦为饿殍、死于疫病者，高达300多万人，流离失所的有600多万人，两者相加约占当时陕西全省1300万人口的70%。①

二 甘宁青地区的行政区划及自然环境

（一）行政区划与人口

甘宁青地区包括甘肃、宁夏、青海省东部等地，地处古代丝绸之路与中原地区连接的要地，具有相同人文地理及自然环境，长久以来都是中央政权统一管辖的区域。清代，甘宁青地区的大部分统属陕西管理。彼时，甘肃地区有两套行政统治体制，陇东、甘南及甘肃中部实行府县建置；河西走廊、青海东部、宁夏则实行卫所建置。康熙时期加强对西北的统治，于1664年分陕西布政使司为左、右布政使司，其中左布政使司驻扎西安，管理西安、延安、凤翔、汉中、兴安等府州；右布政使司驻扎巩昌（今陇西），管理庆阳、平凉、巩昌、临洮、秦州（今天水）、阶州（今武都）、徽州（今徽县）、兰州、河州、泾州、固原州、静宁州、宁州等地，还管理河西走廊、河湟谷地（今青海东部地区）、宁夏等地的45卫所。②

清雍正时期，将河西、河湟、宁夏等地卫所进行裁撤，并改制成府县，设甘州（今张掖）、凉州（今武威）、宁夏、西宁四府，各府下设县（厅）。乾隆二十九年（1764）陕甘总督驻甘肃，裁甘肃巡抚，总督兼领巡抚事，甘肃府县建置体系基本确立。民国十八年（1929），甘肃设立甘肃、青海、宁夏三省。

甘宁青三省的人口在晚清至民国时期经历了人口锐减、人口缓慢增长、人口快速增长的三个阶段：1861年到1874年是人口锐减阶段，从

---

① 李文海等：《中国近代十大灾荒》，上海人民出版社1994年版，第174页。
② 甘肃省临洮县地方志编纂委员会编：《临洮县志》，甘肃人民出版社1990年版；甘肃省陇西县地方志编纂委员会编：《陇西县志》，甘肃人民出版社1990年版。

1547.6万人减少到466.6万人，这主要是因为受同治年间回民起义影响；1874年到1931年是人口缓慢增长阶段，从466.6万人增长到736.3万人，57年内增长了269.7万人，这一时期黄河上游人口逐渐恢复，但增长十分缓慢，主要原因也是受同治回民起义人口损失过重的影响，此外还有自然灾害的频繁发生；1931年到1953年是人口快速增长阶段，从736.3万人增长到1415万人，22年内增长了678.7万人，究其原因，一方面有人口自然增长的原因，另一方面也是抗战时期人口的大量迁入所造成。

（二）地理地貌与河流水文

甘肃、宁夏、青海位于青藏高原、黄土高原、内蒙古高原的交会地带，是我国地形从第一级阶梯到第二级阶梯的连接地区，区域内有大量的高原、山地、丘陵，河谷面积非常狭小。这一区域的黄土高原区面积约有17.55万平方公里，[①] 占黄土高原总面积的39.1%。该地区是多山地域，有许多耸立在雪线之上的高山。这一区域地形复杂，在河西走廊地区形成了三个独立的内陆水系：疏勒河、弱水和石羊河水系，依附水系又形成了一些绿洲及灌溉农业。

（三）气候特征与生产条件

甘、宁、青地处西北内陆，属大陆性气候。柴达木盆地，海拔在3000米以下，土地湿润，草苇茂盛，适于牛、马、羊、骆驼等牲畜的繁殖，[②] 是西北皮毛及畜产品的重要产地。宁夏平原"土地肥美，沟渠数十道，皆引河水以资灌溉，岁用丰穰"[③]，因此宁夏平原是该区域主要的水稻产区。就整个甘宁青地区来说，甘肃中部河谷、青海东北部的

---

① 史念海、曹尔琴、朱士光：《黄土高原森林与草原的变迁》，陕西人民出版社1985年版，第6页。
② 许公武编著：《青海志略》，商务印书馆1943年版，第60页。
③ 王金绂编：《西北地理》，北平：立达书局1932年版，第44页。

大通河及湟水流域，拥有较好的农业生产条件，这些地方人口稠密，地形平坦、土地肥沃、水源充裕、农业技术水平高，是黄土高原区主要的精耕细作及农业技术分布区域。①

三　新疆地区的资源环境和居民

清政府有效管辖下的西域："南及坎巨提、退摆特，西至阿富汗、安集延，西北抵巴尔喀什湖，北过斋桑淖尔外几千里地，其疆域几两倍于现今。"②清康熙二十八年（1689）《中俄尼布楚条约》和雍正五年（1727）《中俄恰克图条约》，划定了中俄双方的东段和中段边界，并将尼布楚和恰克图两地作为双方商民进行边境贸易的据点。道光三十一年（1851），中俄双方订立《中俄伊犁塔尔巴哈台通商章程》，正式对俄国开放了伊犁、塔尔巴哈台等两个商埠，进一步扩大了两国在中亚地区的贸易规模。③后沙皇俄国与清政府签订一系列不平等条约，割占大量中国土地。至此，新疆的面积仅剩下142万多平方千米。此后经过中国国内政区间的调整，新疆的省域面积在民国年间达到了164万多平方千米，占全国国土面积的15%。④建省后的新疆在行政建置方面共分为镇迪、伊塔、阿克苏、喀什4道，下辖6府、2直隶州、8直隶厅。后又经过多次改制，但所辖区域与今几乎无异。

近代新疆的主体部分是由北部的阿尔泰山脉、中间的天山山脉、南部的昆仑山脉及其相互分割的众多山间谷地组成，进而分成

---

① 萧正洪：《环境与技术选择：清代中国西部地区农业技术地理研究》，中国社会科学出版社1998年版，第21页。
② 吴绍璘：《新疆概观》，仁声印书局1933年版，第155页。
③ 米镇波：《清代西北边境地区中俄贸易从道光朝到宣统朝》，天津社会科学院出版社2005年版，第49页。
④ 据（清）张献廷的《新疆地理志》第1章第1节，山东高等师范学校1914年石印本，新疆面积550579平方英里，折合1425993平方千米；王金绂：《西北之地文与人文》，商务印书馆1935年版，第2、3页，新疆面积633802平方英里，折合1641540平方千米；杨景雄等绘编：《中华民国最新分省地图》，上海：寰澄出版社1946年版，"说明部分"第2页显示，新疆省面积为1641554平方千米。

了伊犁河谷平原、准噶尔盆地、塔里木盆地、帕米尔高原4个大的自然风貌区。新疆属于典型的大陆性气候,气候变化幅度相当大。新疆幅员非常辽阔,不同地域的气候环境有很大的细部差异。比如,在天山北路的准噶尔盆地,冬季酷寒,夏天则较为凉爽,农作物的生长期仅为百日左右。以迪化为例,纬度与哈尔滨相同,寒暑亦应相仿。天山北麓低处林木繁茂,海拔3000米以上为优良牧场。① 天山南路的沙漠地区,雨量稀少,气候干燥,寒暑变化更为剧烈。气温寒暑的差异,造成气压的不稳定,极易形成大风。在天山南麓地区,由于雨水稀少,造成沙漠广布,"惟有水之处,始有人家,故城市之分布,常随河道之变迁为转移,水尽则人民迁移,城市沦废"。有时河岸坍塌,造成河流壅塞,这也是塔里木河干支流时常改道、城镇不断迁址的一个原因。② 新疆地域辽阔,地形多样,动、植、矿物的地带性和垂直性分布差异明显,动植物及矿产资源丰富。天山南北的矿产资源也非常丰富,只是由于资金和技术的原因,近代时期进行开采的却不多。③

第三节 山西地区的行政区划与自然环境

山西地区位于中国黄土高原的东部,地处吕梁山与太行山之间,南、西、北三面隔黄河同陕甘高原为邻。

一 山西地区的行政区划

清代的山西省,共分冀宁、河东、雁平、归绥4道。民国二年(1913),归绥道划归绥远特别区域管辖,仅剩3道,105县。1927年废除道的建置。

---

① 张其昀、任美锷编著:《本国地理》下册,钟山书局1934年版,第147页。
② 张其昀、任美锷编著:《本国地理》下册,钟山书局1934年版,第160页。
③ 杨文洵等编:《中国地理新志》第10编,中华书局1935年版,第16页。

冀宁道44县：阳曲县、太原县、交城县、徐沟县、清源县、岢岚县、汾阳县、孝义县、文水县、岚县、兴县、太谷县、祁县、平遥县、介休县、石楼县、榆次县、临县、中阳县、永宁县（离石县）、长治县、长子县、屯留县、襄桓县、潞城县、平顺县、壶关县、黎城县、凤台县（晋城县）、高平县、阳城县、陵川县、沁水县、辽县（左权县）、和顺县、榆社县、沁县、沁源县、武乡县、平定县、乐平县（昔阳县）、盂县、寿阳县、方山县。

河东道35县：安邑县、临汾县、洪洞县、浮山县、乡宁县、安泽县（古称岳阳）、曲沃县、翼城县、太平县（汾城县）、襄陵县、吉县、永济县、临晋县、虞乡县、荣河县、万泉县、猗氏县、解县、夏县、平陆县、芮城县、新绛县、垣曲县、闻喜县、绛县、稷山县、河津县、霍县、汾西县、灵石县、赵城县、隰县、大宁县、蒲县、永和县。

雁平道26县：大同县、代县、怀仁县、山阴县、阳高县、天镇县、广灵县、灵丘县、浑源县、应县、右玉县、左云县、平鲁县、朔县、宁武县、偏关县、神池县、五寨县、忻县、定襄县、静乐县、五台县、崞县、繁峙县、保德县、河曲县。

归绥道：归绥道至光绪三十二年（1906），领归化城厅、绥远城厅、萨拉齐厅、清水河厅、托克托厅、和林格尔厅、丰镇厅、宁远厅、兴和厅、陶林厅、武川厅、五原厅和东胜直隶厅。民国二年（1913）废除。

二　自然环境及物产

山西地区的山脉属于阴山山系向东的延伸。全境海拔一般在1000—2000米，五台山的北台顶，海拔3058米，为华北第一高峰。山西地区的地貌形态，可分为东、中、西三大部分，东部是以太行山、恒山、五台山、中条山为主体的山地和高原，西部是以吕梁山为主体的山地和晋西黄土高原，中部是一系列的断陷盆地：大同盆地、忻定盆地、晋中盆地、上党盆地、临汾盆地、运城盆地等。山西地区是以山地为主的崎岖地貌，不利于农业生产和水、陆交通事业的发展。

山西地区的河流分属于黄河和海河两大水系，北部与东部的桑干河、滹沱河等属于海河水系，西部南部的汾河、沁河等属于黄河水系。汾河是山西地区最大的河流，发源于北部的管涔山麓，向南穿过霍山与吕梁山，在晋西南的河津以南西入黄河。汾河在介休特别是太原以北，河流狭窄湍急，夏季容易泛滥；新绛以南，河道趋于广阔平缓。山西的不少河流不仅具有季节性的灌溉之利，而且黄河的大部分河段和汾河的新绛以下河段，均有通航之利。① 另外，山西地区还分布广泛的泉水，为农业生产带来宝贵水源。较为著名的大泉有朔县的神头泉，平顺的辛安泉，平定的娘子关泉，霍县的郭庄泉，洪洞的广胜寺泉，临汾的龙子祠泉，太原的上兰村泉、晋祠泉、柳林泉，阳城的马山泉，晋城的三股泉等。

山西的气候属于大陆性季风气候，季节变化明显，区域差异大，并且由于地形关系，垂直差异往往大于水平差异南部的运城盆地和沿黄河谷地，热量较为丰富，永济的年均温度为13.8℃，10℃以上活动积温为4563.2℃，无霜期为221.5天，属于暖温带，不仅可以种植喜温的玉米、棉花，在中条山以南连毛竹也可以生长良好；而北部的右玉，年均温度只有3.6℃，10℃以上活动积温只有2224.4℃，无霜期仅为122.2天，属于温带，耐寒作物莜麦和胡麻种植普遍。大致恒山—内长城一线，是山西冬小麦和春小麦的分界，以及农作物一年一熟和两年三熟地区的分界线。山西地区的年降水量自东南向西北减少，由600毫米降为400毫米左右，旱情较为普遍。山西北部的归绥地区干旱少雨，山峰低缓，降水和融雪形成的河流不多。黄河为河套地区农业开发带来了充足的水源，以及航运上的便利。此外，各地更为细小的河流也不在少数，还有不少比较大的湖泊。这里属于中温带大陆性季风气候。夏季季风弱，冬季季风强，夏季并不炎热，且无蚊蚋；冬季严寒，直到来年的春分前后才能解冻；春秋多风沙，9月上

---

① 樊如森：《民国以来的黄河航运》，《历史地理》第24辑，上海人民出版社2010年版。

旬，就已经下早霜，直到次年5月结束霜期，年均气温为3℃—6℃，农作物年仅可一熟。整体而言，干旱是当地农牧业生产发展的制约因素；不过，河套地区尚可借黄河灌溉。民国时期的归绥地区，虽有很多牧地，但农耕区域却在日益扩大，河套平原农耕条件优越，海拔虽在1000米以上，但地势平坦，一望无垠，为黄河大弯曲所形成的冲积地。前套，即包头到归绥的归化城土默特地区。这里土地肥沃，又有黄河支流黑水河、黄水河、红水河、清水河以及民生渠等灌溉的便利，自明末就有大面积的垦殖，农业发达，麦类、小米、油菜籽、胡麻、豆类种植普遍。

山西物产丰富，放牧以北部为盛，山间野兽众多，有野羊、山猪、狐、鹿、獐、麝，以及豺、狼、虎、豹等中型、大型猛兽，不过水产非常稀少，人们视鱼虾为奇珍。农作物生产最多的是汾水流域的杂粮、烟草、棉花，因气候和土壤的关系，豆、麦、高粱、玉米的出产并不多；蔬果类有枣、柿、茄、白菜、青椒、西瓜、葡萄等；林木类有漆、桑等。此外，山西矿产资源丰富，煤、铁最为富饶，中南部是煤的主产地，长城以北和汾水西部也有出产；但整个近代时期，山西煤的开采量和巨大的蕴藏量相比，并不太大。山西铁矿资源的生产，以平定最有名，南部的晋城、长治各县也有不少。另外，解县的池盐、阳曲的硫磺也有一定的产量。[①] 归绥地区的物产也很丰富，除以上各区域已经提及的农作物之外，漠南高原的其他物产还有家畜以牛、羊、马、骆驼的数量最多；野兽有鹿、狼、狐狸、獾、青羊、黄羊、兔、刺猬、黄鼠狼、黄鼠、松鼠等，均为当地牧民的狩猎对象。野生药材以甘草、黄芪最为著名，其他还有黄芩、红花、防风、党参、知母、黄精、大黄、枸杞、柴胡、蒲公英等。矿物以鄂尔多斯地区的盐、碱和大青山脉的煤最多，其他如归绥的石墨和萨拉齐的石棉、银、铁矿资源也不少。

---

① 杨文洵等编：《中国地理新志》第5编，中华书局1936年版，第127页。

三 人口和居民

山西地区的居民以汉族最多,间有回族人,北部有蒙古族人。人口以汾水流域密度最大,北部人口相对稀少。据民国二十年(1931)国民政府内政部的统计,山西全省有1223万人,平均每平方千米75人。山西地区的居民,皆用北方语言,所以普通话通行南北。长城外的蒙古人虽然主要操蒙语,但亦通晓普通话。以蒙古族为主体,汉人移民而来的也很多。城市里都有汉人,乡村里的汉人以河套地区最多,主要来自河北、山东、山西、陕西、甘肃。民国二十年(1931),绥远地区人口为212.3万人,平均每平方千米7人,其中汉人占6/10,蒙古人占3/10,回族及满族人共占1/10。语言方面,汉族人之间普遍通行北方官话,蒙古人则彼此使用喀尔喀语。不过,由于汉、蒙长期杂处,相互之间也能了解一些对方的日常语言。

而在风俗方面,山西人经营手段机敏灵活,经商地域除内地之外,远及蒙古、新疆、西藏各地。坚忍有恒心,远游他乡动辄数十年不归乡里。晋人衣着以素布为主,不尚浮华,但对于住所却比较讲究,所以城乡之间厦屋颇多。归绥地区,由于汉人多从内地迁徙而来,大多数人并未脱离故乡的风俗习惯,因此他们在当地或营室耕田,或从事商品贩卖,勤苦耐劳,不畏艰险。蒙古人则非常骁勇,熟习骑射,粗犷豪迈,不谙机巧。这里村落稀疏,往往走二三十千米才能见到一个村落,人口也不过八九十家。乡村多为土房,城镇中间或有砖瓦建筑,也有凿山穴居的。山西居民多信佛,很崇拜关羽。晋人饮食喜酸,每餐必备醋,妇女喜欢穿戴饰物。归绥地区的汉人多喜欢吸烟,用胡麻油灯照明,衣服多用土布,或者用羊皮做成袄裤。俗尚淳厚,行人昏夜叩门投止,无不延纳,且备食饷客而不索值,盖沿途无旅舍食店,家各供人食宿。[①] 民国年间的山西,显然在文明开化的很多方面都走在了全国的前列,被誉为"模范省份"。

---

① 杨文洵等编:《中国地理新志》第5编,中华书局1936年版,第4、218—219页。

第四节　清代及民国时期西北—京津冀地区的经济概况

一　商品化程度不断提高的京津冀乡村

学界一般认为，进入唐宋以后，农业发展条件更加优越的江南地区，各项主要经济指标都超越了华北平原地区，从而导致了中国古代经济重心由北向南转移。① 然而，由于促使华北经济发展的种种传统优势并没有全然消失，所以中国经济重心的南移，只能是相对的；华北经济的衰落，也只是相对的而非绝对的。并且，该区域农工商业的发展历史也一再表明，宋、元、明、清时期，华北经济并没有发生线型的长期衰退，而是在自然和人文因素的干扰中，曲折地向前发展的。换句话说，到清代中期的时候，华北和江南相比虽然有着明显的差距，但仍然不失为中国一个重要而先进的农业经济区。

燕山以南海河平原，降水和热量条件良好，土质肥沃，土层深厚；元、明、清三代均以北京为首都，为这里带来了便捷的交通，以及大首都城镇圈的资源与市场辐射，使直隶平原成为华北传统农业最发达的地区之一。清代中期的时候，直隶平原的传统经济继续向前发展，水平在前代的基础上又有了很大提高。其具体表现在：②

首先，人口和耕地面积均有大幅度增长。该地区的人口清代乾隆初年为937万人，乾隆末年为2000万人，道光二十年（1840）达2264万人。与此同时，耕地面积也由明初的27万顷，增至清初的45万顷和清中叶的74万顷。其次，农业生产结构趋于合理。清初之前，直隶地区的农作物种植，尚处于一年一熟的粗放经营阶段，且以高粱、谷子、黍等杂粮为主。乾隆初年，两年三熟制开始在冀地实行。即头一年种秋粮，收获后播种冬小麦，第二年小麦收割后接种豆类或者其他杂粮；然

---

① 邹逸麟编著：《中国历史地理概述》，福建人民出版社1993年版，第186页。
② 徐永志：《开埠通商与津冀社会变迁》，中央民族大学出版社2000年版，第21—25页。

后休闲一季，再周而复始，使收益较高的小麦成为直隶平原的主要粮食作物。与此同时，棉花、桑麻、染料、蔬菜、花卉等经济作物的种植也有了一定程度的发展，大大提高了土地的耕作效率和经济效益。第三，农副产品加工业的发展。清乾隆、嘉庆年间，直隶的主要植棉区已形成棉纺织和商品布的输出中心；同时，各地的麦秆、芦苇、蒲草、柳条编织业也很普遍，并出现了像河间县（今河间市）商家林镇那样的编织专业村镇。另外，轧花、造纸、酿酒、榨油、制瓷、皮毛加工、烧炭等家庭手工业，也蓬勃发展。第四，进行商品交易的集市数量日趋增加。清代中期，直隶93个州县的集市总数为1041个，平均每州县有11集市，其中10—20集的有42个州县，20集以上的有12个州县。表明直隶农产品商品化的程度已较前代有所提高。

二 多种经济产业并举的山西地区

山西的山地丘陵面积占多数，除南部的汾河中、下游谷地和上党（治今长治市）盆地之外，降水、热量、土壤、交通等条件，皆不如东部平原优越，农业经济整体上不如冀、鲁、豫地区发达。但是山西地理位置特殊，地形条件复杂，矿产资源丰富，具有发展多种经济的先天优势。

山西所在的"三河地区"，是中国农业经济的发祥地之一，西汉时期，山西地区的农牧业分界线，已经从战国时期的今河津—太原一线，向北推移到了今兴县—大同一线，尤其以西南部的汾水中下游涑水流域最为发达。此后一直到清代，随着各种外来的农作物在山西地区的陆续引种，农业生产的成效进一步扩大。晋南地区农业基础条件较好，是小麦、烟草、棉花、水稻的主要产区；晋中地区的河水和泉水灌溉发达，小麦、水稻、谷子、高粱、玉米等多有种植；晋东南的河谷和盆地多种小麦，山地多种谷子、玉米、豆类；晋西北和雁北地区因无霜期短，所以只宜大量种植生长期短的马铃薯、麦、荞麦、豆类、胡麻。[①]

---

① 黎风：《山西古代经济史》，山西经济出版社1997年版，第21—104页。

山西地区可耕地的面积有限，但是，山麓河畔的草地资源却非常辽阔。丰盛的水草，为早期畜牧业经济的发展提供了良好的条件。由上述农牧界线向北推移的过程可以发现，秦汉以前，山西地区的中北部地区，畜牧业一直是相当繁荣的。只是后来，随着人口压力的增强和农耕区域的扩大，山西牧区逐渐北移。"山西畜牧业到清代，便完全转变为小农饲养，较大的牧群不再存在了。清代民间多饲养驴骡、牛、羊杂畜"①，但以山区饲养为主，并且从属于作为主业的农业生产。

山西矿产资源丰富，开发历史悠久，② 是华北工矿业经济最发达的区域。春秋时代，晋国的冶铁业就已经有了较大的规模，铁器被广泛应用在军事和农业生产中。汉代实行盐铁专卖，在全国设置铁官49处，山西设有4处。到了清代，山西的私营冶铁业在前代的基础上又有了更大的发展，广泛分布在闻喜、解县、隰县、孝义、太原、大同、宁武、临县、中阳、赵城、安泽、辽县、和顺、昔阳、保德、阳曲、灵石、长治、壶关、陵川、虞乡等34个县。春秋时期，今安邑、解县地区池盐的开发也已经开始。清代由于改垦畦种盐法为掘井浇晒法，解盐的产量进一步提高，达到古代鼎盛时期。顺治三年（1646）的年产量为69920600斤，康熙十九年（1680）为85741200斤，雍正三年（1725）为109717920斤，乾隆五年（1740）为140605920斤，嘉庆二十四年（1819）为168561350斤，咸丰十年（1860）为191959750斤。煤炭在山西各地的储藏量十分丰富。清代山西的煤炭采煤地点有57处，分布在51个县。山西的其他矿产资源也有一定程度的开发，如代州、保德、曲沃、翼城、闻喜、垣曲的铜，天镇县的银铅矿，汾西、蒲县的硫矿，平陆的石膏矿，太原的矾矿、陶土、石灰石矿，等等，也有一定的开采。另外，矿业以外的其他手工业，如髹漆、轮舆、鞣革、

---

① 黎风：《山西古代经济史》，山西经济出版社1997年版，第124页。
② 黎风：《山西古代经济史》，山西经济出版社1997年版，第140—204页。

骨角、织帛、绩麻、编织、造纸等,生产历史悠久,分布广泛,成效也很显著。

山西地处华北平原地区与黄土高原、农耕地带与游牧地带的交错地区,处在各类商品需求与供给的枢纽位置,加之当地物产丰富,地狭民稠,凡此种种,均为其商业特别是长距离转运业的发展,创造了条件。山西气候干寒、土地贫瘠。恶劣的农业自然条件,迫使山西人不得不把外出经商当作谋生的首选职业,从而造就了当地异常重商的社会风尚。仅就北方商业发展的影响而言,清代前期的山西商人,已经基本上"垄断了对蒙贸易和西北、东北市场"①。而且,他们还伙同陕西商人一起,依托南北大运河,在南北各地间从事其富有特色的商业活动。仅就山东运河沿线而言,德州附近的禹城、齐河、恩县、陵县,东昌府(治今山东聊城市)各县,济宁附近的县、宁阳等地,都遍布山陕富商大贾的足迹。他们所从事的商业内容非常广泛,除了传统的贩卖食盐、粮食、丝绸、木材、药材、典当、账局、票号业之外,"其他如铁器煤炭、棉布、茶叶、皮货、烟草、纸张、海味、日用杂货等等,应有尽有"②。明清时期的晋商,不仅垄断了中国北方的贸易,还深入亚洲其他地区,甚至伸向欧洲市场。在南自加尔各答,北到伊尔库茨克、西伯利亚、莫斯科、彼得堡,东起大阪、神户、长崎、仁川,西到塔尔巴哈台、伊犁、喀什噶尔的广泛区域,都留下了晋商的足迹。③

三 土地开垦与归绥地区经济

清初,归绥地区以牧业为主。清康(熙)雍(正)年间,因为西北用兵大量需要军粮,清廷招纳内地汉民开垦归绥地区的土地。清初以来的农业开垦,使得土默特平原成为产粮区,"当地所产粮食正常年景

---

① 刘建生等:《山西近代经济史》,山西经济出版社1997年版,第237页。
② 王云:《明清山东运河区域社会变迁》,人民出版社2006年版,第130—139页。
③ 山西省史志研究院编:《山西通志·对外贸易志》,中华书局1999年版,第31页。

可以剩余约90万石,能满足60万人一年之需"①。清中期"归化城五厅地方,土肥田广,粮裕价贱。如购买积贮,内地遇有需用,可就近拨济"②。由此可见,土默特平原的粮食产量极丰。因此,蒙垦区所产粮油不仅满足当地需要,每年更有相当一部分转销口内,大批粮食通过陆路、水路运往地狭人稠的晋中、晋南。彼时,宁远厅所产粮食输往山西左云县出售。③ 清中叶以后,杀虎口外所产余粮大量运往山西中部、南部等地销售,"自北而南委输络绎不绝,近至省城,运输韩侯岭"④。因北路粮食输入规模巨大,致使太原府、汾州府的米价要"恒视北路之丰歉为准"⑤（参看表1-1）。

通过清代前、中期大规模的垦荒,大同府、朔平府及归化城厅耕地面积大幅度增加,垦田已经初见成效。以代州为例,五台县五台山北坡,繁峙、代州之南山,"独多佃庄……榛莽虽尽拓,贫瘠乃益形"⑥。从清康熙元年（1662）起,梁继祖任五台知县十年,"劝民开垦山荒","民皆耕于溃麓之间"⑦。乾隆以后,耕地面积继续扩大。大量荒地的开垦,推动了垦区农业的发展和水利事业的进步,汉族移民的大量迁入,促进了蒙汉民族接触,加强了联系。至清末,汉民所修的大干渠总长度为1543里,支渠316道,灌溉面积达到10829顷⑧,河套地区的农田水利事业发展到鼎盛。同时,农作物的种类和农产品产量也大大增加。

---

① 张世满:《逝去的繁荣:晋蒙粮油故道研究》,山西人民出版社2008年版,第51页。
② 《清高宗实录》卷671,乾隆二十七年（1762）九月己丑,中华书局1985年影印本,第505页下。
③ 《宫中档乾隆朝奏折》乾隆二十九年（1764）三月二十二日《山西巡抚和其衷奏折》,台北:"中研院"历史语言研究所1984年版。
④ 曹新宇:《清代山西的粮食贩运路线》,《中国历史地理论丛》1998年第2期。
⑤ （清）曾国荃:《曾忠襄公奏议》卷8《申明栽种罂粟旧禁疏》,台北:文海出版社1982年版。
⑥ 光绪《繁峙县志》卷1《地理志》。
⑦ 康熙《五台县志》序。
⑧ 据绥远通志馆编纂《绥远通志稿》卷74《水利上》,《包宁线包临段经济调查报告书》和清末西盟垦务总局官员周晋熙《绥远河套治要》等史料统计,内蒙古人民出版社2007年版。

表1-1　　　　　　　　清初山西开垦荒地统计

年代	垦荒地	垦地数	资料来源
雍正六年（1728）	太原等府	3150顷	《清高宗实录》卷71
雍正八年（1730）	忻州、长子等四州县	17顷	《清高宗实录》卷106
雍正十一年（1733）	浑源、浮山等28州县	590顷	《清高宗实录》卷152
雍正十二年（1734）	阳高	18顷	《清高宗实录》卷155
雍正十三年（1735）	阳高	25顷	《清高宗实录》卷23
乾隆元年（1736）	潞城、天镇、稷山、宁朔、黎城等	15顷70亩	《清高宗实录》卷66
乾隆二年（1737）	天镇、凤台、高平、阳城、陵川、沁水、虞乡、宁朔八县	9顷16亩	《清高宗实录》卷89
乾隆三年（1738）	大同府属之浑源州、丰川卫、镇宁所；朔平府属之宁朔卫；宁武府属之宁武县并代州	139顷78亩	《清高宗实录》卷113
乾隆四年（1739）	大同、丰川、镇宁、宁朔、怀远等县卫所	299顷	《清高宗实录》卷138
乾隆五年（1740）	大同府属丰川卫、朔平府属宁朔卫、吉州并乡宁县	155顷57亩	《清高宗实录》卷164
乾隆六年（1741）	平阳府属之吉州、大同府属之丰川卫、镇宁所；朔平府属之宁朔卫、怀远所	41顷15亩	《清高宗实录》卷185
乾隆七年（1742）	大同府属丰川卫、镇宁所	21顷56亩	《清高宗实录》卷213
乾隆八年（1743）	大同府属镇宁所、朔平府属宁朔卫、宁武府属宁武县	9顷23亩	《清高宗实录》卷238
乾隆十三年（1748）	平鲁	15顷36亩	《清高宗实录》卷320
乾隆十四年（1749）	应州	3顷	《清高宗实录》卷348
乾隆十五年（1750）	丰镇	1顷	《清高宗实录》卷404
乾隆十八年（1753）	大同府丰镇厅	4顷15亩	《清高宗实录》卷483
乾隆十九年（1754）	丰镇厅	1顷	《清高宗实录》卷509
乾隆二十五年（1760）	繁峙	1顷87亩	《清高宗实录》卷644
乾隆二十六年（1761）	大青山十五沟	443顷75亩	《清高宗实录》卷651
乾隆二十六年（1761）	大同县	10顷	《清高宗实录》卷680
乾隆三十三年（1768）	大同	6顷16亩	《清高宗实录》卷842
乾隆三十五年（1770）	绥远	322顷73亩	《清高宗实录》卷858

续表

年代	垦荒地	垦地数	资料来源
乾隆三十六年（1771）	浑源州、大同	3顷8亩	《清高宗实录》卷896
乾隆三十七年（1772）	丰镇、静乐、五台	5顷27亩	《清高宗实录》卷945
乾隆三十九年（1774）	牧场地	101顷13亩	《清高宗实录》卷994
乾隆四十三年（1778）	宁远厅	94顷46亩	《清高宗实录》卷1057
乾隆四十五年（1780）	丰镇厅	4顷45亩	《清高宗实录》卷1118
乾隆四十七年（1782）	牧场地	237顷11亩	《清高宗实录》卷1169
乾隆四十九年（1784）	浑源	1顷90亩	《清高宗实录》卷1220
乾隆五十五年（1790）	宁远	635顷34亩	《清高宗实录》卷1369
乾隆五十九年（1794）	归化城浑津里	61顷27亩	《清高宗实录》卷1464
乾隆六十年（1795）	萨拉齐厅	170顷	《清高宗实录》卷1491

四 陕、甘、宁、青、新的经济概况

（一）陕西的经济发展概况

清中叶到民国时期，随着农业新垦区的开辟、一系列农业技术的改良和农业生产条件的改善，陕西地区大麦小麦、各类杂粮、水稻、豆类等粮食作物，以及棉花、油料作物、漆树、各类果树、药材等经济作物的种植面积及产量均有较大提高。清末民初，陕西民用工业发展缓慢，由于地处西陲，风气开化较晚，故实业发展也晚于东南沿海，仅有的几家民用工业的发展也举步维艰，就其地域分布来说主要集于省城西安，或渭北产棉大县泾阳，他处几乎不见。民国初期陕西政局动荡，天灾人祸无年不有，工业发展极其缓慢。据统计，到民国二十二年（1933），全省仅有纺织、制瓷、榨油、酿酒、制革、冶炼等手工业工场339个，工人4949人，原动力工厂几乎没有。[①] 民国时期对西北地区的开发，一系列的政策支持为陕西工业的发展创造了条件，沿海各大城市许多工

---

① 中共陕西省委党校编：《新民主主义革命时期陕西大事记述》，陕西人民出版社1980年版，第237页。

厂迁到陕西，为陕西机器工业的全面发展提供了外在的利源。同时，传统手工业在陕西也有一定发展。

（二）甘、宁、青的经济发展概况

农业方面，甘宁青地区的农作物种植结构受当地地理环境的影响很大，主要以耐旱的小麦、糜子、谷子、豆类等作物为主。甘宁青地区地处高原，地域辽阔，水资源丰富，气候干燥，适合畜牧。自古以来，聚居于此的各族百姓均以畜牧业为主要产业。自汉代以来的历代中原王朝也在陇右及河西一带设置官苑，进行畜牧养殖。因此，该地区一直以来就是我国重要的牧业区。清同治年间以来，陕甘总督左宗棠积极引导当地老百姓饲养马、牛、羊、骆驼等牲畜。甘宁青地区的牧地面积占土地总面积的65%。青海西部、宁夏北部、内蒙古西部旗额济纳旗等地，都是蒙古民族生活及畜牧的区域。青海南部、黄河上游，玉树25族，果洛三部以及甘肃的下颌都是藏族的区域。[①] 由于甘宁青牧地面积广阔，饲养大量的牛、马、羊，因养羊利益最大，故饲养的羊最多，因此甘青一带的牧民多以牧羊为主，羊及相关产品的产出在西北的畜牧业中占第一位。[②] 其中，以青海的羊毛产量为最多，其次是甘肃，再次是宁夏。

工业方面，甘肃近代机器工业开始于19世纪70年代，彼时陕甘总督左宗棠及其部将主持兴办了兰州制造局、甘肃织呢总局等近代工业机构。抗战爆发后，随着沿海民族工业纷纷内迁，甘肃地区相继兴办、合办、改扩建了诸如甘肃矿业公司、甘肃煤矿局、甘肃机器厂、甘肃化工材料厂、中央电工器材厂、兰州电池支厂、兰州电厂、兰州织呢厂、兰州制药厂、兰州面粉厂等近代企业，如此一来甘肃地区初步形成了门类多、规模大、分布广、水平高的近现代工业体系的雏形。

---

① 顾少白：《甘宁青三省羊毛之生产》，《中农月刊》1943年第4期。
② 丁逢白：《西北的畜牧业》，《中农月刊》1936年第4期。

（三）新疆的经济发展概况

新疆地域广阔，分为南疆和北疆。南疆以绿洲农业为主，北疆以牧业为主。清中后期，清廷治理新疆采取屯垦与商贸并举，在这种思想的指导下，北疆逐渐兴盛。19世纪末20世纪初，新疆整体的经济发展水平落后于中原。但新疆的经济开发取得了很大成功，农牧工矿等产业部门有了较快的增长。在新疆的许多地方，除了专业性畜牧业生产之外，主要从事农业生产的人也"均兼事畜牧为副业，故牛、马、羊三者，几家家有之"①。经过各族人民辛勤劳动及清代以降的各类屯垦，新疆农区渐次扩展。到20世纪30年代，新疆已经形成了5个大的农业生产区。最重要的农作物有棉花、稻米、生丝、瓜果、小麦、大麻等6类。

第五节　晋商贸迁的基础

山西地狭人稠，农业生产不足供给，从明代起，即有大量人口外出经商。清代，山西重商习贾风潮更劲，多数县份有民人外出经商或在本地习贾，经商区域遍及全国，而前往西北及京津冀地区的人数甚众。"太原汾州所称饶沃之数大县，及关北之忻州，皆服贾于京畿……东西北三口，致富在数千里或万余里外，不资地力。"② 寿阳县"贸易于燕南塞北者亦居其半"③。平定府"（民）贾易于燕赵齐鲁间者，几十之五"④。太谷县"自有明迄于清中叶，商贾之迹几遍行省。东北至燕、蒙、俄，西达秦陇"⑤。左云县"（民）大半皆往归化城，开设生理或寻人之铺以贸易……且有以贸易迁居者大半"⑥。偏关县"关民多有出

---

① 太平洋书店编：《新疆》，太平洋书店1933年版，第143页。
② 光绪《五台新志》卷2《生计》。
③ 光绪《寿阳县志》卷10《风土·风俗》。
④ 光绪《平定州志》卷5《食货·风土》。
⑤ 民国《太谷县志》卷1《新修太谷县志序》。
⑥ 光绪《左云县志稿》卷4《风俗》。

口谋生"①。保德州"习俗惟利是趋,而不以五谷为本计也"②。河曲县"业农者多开油店,此商贾之业"③。

山西重商习贾,前往西北、京津冀等其他地方谋生的内在原因有以下三点:第一,山西特殊的地理位置和历史环境所致。明初,退居漠北的蒙元伺机南扰,威胁边境安全,明政府因此而兴建九边(辽东、宣府、大同、延绥、宁夏、甘肃、蓟州、山西、固原等镇),驻军八十余万,以固边疆。"九边"的设置,在明蒙边境形成了庞大的军事消费区,为解决日益增长的大量粮草及军需用品的需求,明政府推行开中法,招商纳粮,而予之盐引。山西地处长城以南,连接南北、贯穿东西,且晋南有粮棉之利及河东池盐,因此晋商以区位及资源优势,集屯田、贩粮、销盐于一身,大获其利。明中叶,开中法逐渐废止,晋商已经积累了雄厚商业资本,他们逐渐由边商转为内商,继续从事商贸活动,其行商地域范围不断扩大,而逐渐成为彼时全国最有实力的商帮之一。明人谢肇淛说:"富室之称雄者,江南则推新安,江北则推山右……山右或盐,或丝、或转贩、或窖粟,其富甚于新安。"④明人王士性也说:"平阳、泽、潞豪商大贾甲天下,非数十万不称富。"⑤

第二,山西地区的自然。环境所致。晋北地区近塞苦寒,土瘠民贫,本地所产供给不足消费,日常用度需从外地购回。应州"州僻边□,非舟车四达之□,物产无多,不通商贾。止碱、卤、麻、油之属供外方之稗贩而已。……其布棉则取于直隶之行唐、山东之恩县"⑥。汾阳"晋省天寒地瘠,生物鲜少,汾阳尤最。人稠地狭,岁之所入,不

---

① 道光《偏关志》卷上《风土》。
② (清)陆耀:《烟谱》,《昭代丛书》卷46,转引自李文治编《中国近代农业史资料》第一辑(1840—1911),生活·读书·新知三联书店1957年版,第84页。
③ 同治《河曲县志》卷5《风俗》。
④ (明)谢肇淛:《五杂俎》卷4,中华书局1959年版。
⑤ (明)王士性:《广志绎》,转引自张正明《晋商兴衰史》,山西古籍出版社2001年版,第5页。
⑥ 乾隆《应州续志》卷1《风俗》。

过秋麦谷豆。此外一切家常需要之物，皆从远省商贩而至。"① 晋中、晋南地区虽土壤较为肥沃，但"土狭人满，田不足于耕地也"②。地力不足以供当地人生存。何况省内大部分地区"土非沃壤，产粮本属无多，即在丰年，不敷民食，必须仰给邻省"③。"山西平（阳），汾（阳），蒲（州），解（州）等处，人稠地狭。本地所出之粟，不足供居民之用，必仰给于河南，陕西二省。"④ 榆次"其民无畜牧杂扰之饶，以牛马服耕，多买之旁县，鸡豚列肆亦半从外来"⑤。平定"户口日繁，计地所出，岁莫能给"⑥。"（泽）州介万山中，柱得泽名，田故无多，虽丰年，人日食不足。"⑦ 蒲州"土陋而民伙，田不能以丁授，缘而取给于商计，坊郭之民，分土而耕蓿者，百室不能一焉"⑧。绛州"土瘠民贫，迄今地狭土燥，民无可耕俯仰无所资，迫而履险涉遐，负贩贸迁以为谋生之计"⑨。艰苦的自然环境和地狭人众的事实，促使众多山西民众走上经商之路，从而俗尚商贾。

第三，山西省内商品经济的发展主要在汾、涑两河流域及晋东南地区的潞安、泽州等府。汾涑流域地势平坦，水利发达，农业自古发展良好，是山西经济和文化较为发达的地区。明人张瀚说："山西……今有鱼、盐、枣、柿之利，所辖四郡，以太原为省会，而平阳为富饶。大同、潞安……多玩好事末，独蒲坂一州，富庶尤甚，商贾争趋。"⑩

晋东南的潞安府"货之属有绸、绫、绢、帕、布、丝、铁、蜜、

---

① 道光《汾阳县志》卷10《杂识》。
② 光绪《五台新志》卷2《生计》。
③ 《光绪朝东华录》光绪三年（1877）四月丙午，宣统上海图书集成公司铅印。
④ （清）孙嘉淦：《孙文定公奏疏》卷3《请开籴禁疏》，光绪十四年（1888）刊本。
⑤ 同治《榆次县志》卷7《风俗》。
⑥ 光绪《平定州志》卷5《食货·风土》。
⑦ （明）李维桢：《大泌山房集》卷15，齐鲁书社1997年版。
⑧ （明）张四维：《条麓堂集》卷20《海峰王公七十荣归序》，《续修四库全书》第1351册，上海古籍出版社2002年版。
⑨ 乾隆《直隶绛州志》卷17《艺文·绛民疾苦记略》。
⑩ （明）张瀚：《松窗梦语》卷4，清光绪二十二年（1896）刊本。

麻、靛、矾"①，泽州"丝、麻、出陵川者佳，用作船缆，以其从外朽也。绸，有双线、单线，凤台、高平胥产。帕，织成素帛，以橡壳皂之，谓之乌绫，用以抹额。铁，其输市中州者，惟与煤日不绝于途。"② 阳城"铁，近县二十余里出，皆出矿，设炉熔造，冶人甚众，又有铸为器者，外贩不绝。火石，出近域山中，石如漆黑，火芒甚巨，陕豫商人多贩之。黑瓷，土筑各器，炭火煅成，名繁利，用炼药贵，阳城罐者即此，远人挑贩络绎不绝。"③ 山西所产铁、煤、盐、烟草为输出大宗，潞绸也是山西的著名商品。

---

① 万历《潞安府志》卷9《物产》。
② 雍正《泽州府志》卷12《物产》。
③ 同治《阳城县志》卷5《赋役·物产》。

第二章　西北—京津冀地区的商路

商路是商人进行远距离贩运贸易所行经的路线，其发展可以增强地域之间的交流。清代，晋商发展到巅峰，在这一时期晋商在原有商路的基础上逐渐建立起了一套完整的、遍布全国的商路体系，这个体系以山西票号、行社及进行商业活动的城镇为节点，不断向更远的地方扩展。晋商的西北—京津冀商路主要是指一条东西贯通中国北方地区的，以该区域为数众多的城镇为节点的，东连京津冀，经内蒙古、山西、陕西、宁夏、甘肃、青海，西接新疆西部的陆上通道。这条通道实际上是一条路网，水陆联运。

山西位于中国的中部，既是连接西北及东部京津冀、鲁、豫、江南地区的中心区域，也是中国农牧区域的交接地带，具有区位优势。山西的东北部是全国政治、经济、文化中心—京师及商业口岸—天津；向东亦可通关东；北部接连内蒙古；西部接连关中，可通秦陇川疆；南部接连河南，可通东南各繁华商埠。山西地形地貌非常有特点，并且对国家安全具有十分重要的意义，"夫山西，其东则太行为之屏障，其西则大河为之襟带；于北则大漠阴山之外蔽，而勾注雁门为之内险，于南则孟津潼关，皆吾门户也"①。由此可见，山河相间是山西地貌的基本特征，河流峡谷构成了山西与外界联系的天然通道。属于海河水系的桑干河、

---

① 光绪《山西通志》卷99《风土记上》。

滹沱河、漳河、沁河、唐河等水系向东切穿太行山脉而进入华北平原，形成了数条穿越太行山的峡谷通道，亦即山间陉口，而其中最重要也是最著名的就是自春秋战国以来就被广为利用的"太行八陉"。山西西部与西南部均隔黄河与陕豫毗邻，渡口就成为晋陕、晋豫间的必要设施，其中较大的渡口有蒲津渡、禹门渡、大阳渡、茅津渡等。自古以来，山西北部的军事防线一旦被攻破，上述天然通道就成为北方游牧民族南下的捷径，通过关口、陉口，及纵贯山西腹地的盆地、河谷，而南下中原。因此，有清一代，山西在政治和军事方面对于朝廷来说具有非凡的意义。清康熙二十七年（1688）颁布的法令规定，山西巡抚只能由满人担任，清廷对山西的重视由此可见一斑。清代，山西境内以及向外的商路均较前代有巨大发展，具体可以体现在以下两个方面：一方面是随官道拓展而开辟的陆路商路的拓展；另一方面是黄河水运商道的广泛利用。

第一节　山西的官道与商路

清代，山西省地域较当代大，其中东、西、南三面与今略同，北部超出当代山西省的范围，涉及今内蒙古的一部分。为了巩固西北的统治，清廷在北部边疆开通了由京师至居庸关入山西，沿长城达甘、新的塘路，此为沟通京师与西北广大内陆最为便捷的通道。此外，清廷亦沿明长城开辟通往内蒙古地区的"杀虎口路"，沿途遍设驿站，该路由京师至大同段的路线与彼时所设塘路重合，再由大同向西北行，经杀虎口进入蒙地，此路成为蒙古各部每年进京朝贡的指定路线。彼时，由杀虎口至归化城、包头等地的商路已发育成熟，清廷因此设立税关征收税银。由此可知，清代的山西是清廷控制整个西北边疆的必经之地，因此无论从国家政治军事层面，还是民间商贸往来上讲，清代的山西都处于沟通国家东西部地区的重要位置，其道路交通的通畅与否，直接关系着首都政令有效传达、国家西部边疆的稳定、西部地区开发等。

一　山西官道的拓展

清初，在平定准噶尔部噶尔丹叛乱之后，清廷通过在漠北、漠西等地设立衙门而建立起通往蒙古地区的官道系统。为了解决物资运输问题，清廷于康熙三十年（1691）开始修建关外的"五路驿站"，其中的西路就是为杀虎口通往归化城的驿路。沿着"西路"继续往西、往北，通往库伦、乌里雅苏台、科布多和新疆的奇台，沿途设置驿站及军台。值得一提的是，上述军台多数为"圣祖亲征准噶尔时所设，至高宗之讨伊犁复修饬之，后既置定边左副将军，始每站设官，专司驿务，谓之台员。每站征蒙古兵若干，以资役使，附近诸部落必各出人民牲畜。"① 清康熙以后，增设张家口外八站和杀虎口外十二站，拓展了山西北部官道。具体为"自张家口至归化城六旗，计程六百余里，应安设六驿，仍为张家口一路。自杀虎口至吴喇忒七旗为一路，计程九百余里，见有二驿，除此二百里应安设七驿。又自归化城至鄂尔多斯二旗，计程八百余里，应安设八驿，仍为杀虎口一路。"② 由此可见，山西北部官道是以归化城为中心设置和规划建设的：以归化城为中心形成东连张家口、南至鄂尔多斯、西至乌拉特旗以达新疆伊犁的交通网。

官道的拓展，奠定了西北—京津冀经济带在山西及相关地区的交通格局，随后商贸运输也沿着交通体系发展起来，直到清末民国时期并无较大变化。

二　山西陆路商道的新发展

（一）山西境内的陆路商道

商贾运输货物，一般都要利用网络密集，也比较安全的官马大道。

---

① 光绪《蒙古志》卷3《道路》，《中国地方志集成·内蒙古府县志辑》第1册，凤凰出版社2012年影印本，第316页。
② 乾隆《大清会典则例》卷140《理藩院》，《钦定四库全书》，文渊阁四库本，台湾商务印书馆1983年影印本，第624册，第440页。

尤其是在不通水路的地区，不考虑运价高低的情况下，更是沿官马大道行走。由前述可知，清代归化城土默特一带土地陆续得到开发，土默特平原已经成为重要的粮油供应基地，清廷相继设直隶厅管理，这些新设置的直隶厅因南邻山西，故而就近划归山西布政司管辖，随着管辖面积的扩大，山西北部南北向以及东西向道路得到修建和开辟，从而拓展了西北—京津冀地区的商路。土默特平原及周边区域所产粮油经两条道路转运山西境内：一条是被前辈学者称为"晋蒙粮油故道"的水陆兼运的路线。粮食等货物在土默特平原的黄河渡口起运，经黄河顺流而下，水运至山西临县碛口镇，起岸后向东，转运三交镇，再沿多条道路陆运至山西腹地；另一条是粮食等货物从土默特平原一路向东，行至大同，而后南下运往晋中地区。由于土默特平原等口外各厅所产粮油大量运销山西境内，有记载称彼时位于晋中的太原府及汾州府的粮食价格变化要以北部粮食丰歉为准。

  清代，山西境内除了粮油商道，还形成一条南茶北运的商道：晋商把福建、两广、江淮地区的商品先经水路运至湖北汉口，再继续北上至河南周口，一路向北经河南开封府、怀庆府，越过南太行进入山西省晋东南地区的泽州府境内，再往北经潞安府、祁县子洪口而运抵祁县城、太谷县（长途贩运使得商品包装散乱，商人们在此经过改捆、加工、分包等），再继续北运，过太原，到达代县雁门关，出雁门关后，至山阴县黄花梁分道：向东出山西至东口（河北张家口）；向西走西口（杀虎口）而至归化城。从西口而来的商品再由归化城（呼和浩特）向西到包头，再往西至阿拉善，再往西可达新疆哈密，再往西到奇台，继续往西到迪化，再往西南到达喀什。或从包头南下至兰州经河西走廊到敦煌，再到叶尔羌。或由归化城一路向北，经库仑再向西到乌里雅苏台、科布多，再向南到新疆哈密、乌鲁木齐，再到塔尔巴哈台。往东则经张家口（东口）向东北到达多伦诺尔，再到齐齐哈尔及呼伦贝尔，再向西北到库仑，再向北到达恰克图，进入沙俄境内，到达伊尔库兹克、西伯利亚、莫斯科到圣彼得堡，进入欧洲市场。上述商路中，往东的这一条,在山西北部的明长城沿线上与明代时既已形成的由北京出居庸关至张家口至大同至杀虎口至陕西榆林至甘肃凉州至甘州至嘉峪关的东西向商路重合,而这条商路同时又位于形成于两汉、成熟于隋唐的丝绸之路的东延线:西安向东至潼关向东北至太原向东北出太行山再向东至北京。

清代晋商从山西腹地出发,前往蒙俄及东北地区贸易的线路,主要有以下三条:其一,从晋中出发,向北经过雁门关、山阴县,向西北出杀虎口,再折向东北,过归化城,继续往东到乌兰察布,再向北到达伊林(今二连浩特),继续向北到达库伦,再往北走到恰克图。其二,从雁门关以南出发,向北过经雁门关、山阴县、大同,向东到达张家口、再向东到达京津,再向东北到达东北地区。其三,从晋中出发,经太原,向东过平定州娘子关,过"太行八陉"之井陉,出山西进入河北正定府、定州,向东北到达北京。此段商路中,"太行八陉"之井陉是沟通山西与京津联系的重要商路;而"太行八陉"之飞狐陉、军都陉亦为晋商出山西贸易全国重要的商路。

值得一提的是,山西地处太行山以西的黄土高原,去往东部的华北平原及去往南部的中州河南,均要经过"太行八陉"。上一段所述路线中的第二条是连接华北平原与山西、内蒙古的"太行八陉"之飞狐陉。飞狐陉,从河北保定府涞源县北向,至张家口蔚县南,长约100千米,是太行山、燕山、恒山之交接点,"恒山……自山西浑源州发脉,有蜚狐岭达曲阳"①。飞狐陉连接山西北部与河北,向北达张家口、宣化,向西达大同,西南达太原。该道路在唐代既已形成,至明清时期成为晋商出省经商的主要路线之一。上一段所提及的第三条路线中的"太行八陉"之井陉,"井陉为河北西陲,与山西接壤"②,是沟通晋冀的交通要道,也被称为"冀晋通衢",在元明两朝已经被作为通道广泛利用,

---

① 道光《定州志》卷6《递铺》。
② 民国《井陉县志》卷1《疆域》。

明清两朝在此地设立驿站。清中叶以后,晋商从山西腹地出发前往山东、河北、东北、吉林、天津、北京等地经商,通过该路到达河北的山西平定州商人在京津及承德形成了颇具实力的"染房帮"。[1]

任何商品的区域间流通都必须要通过交通运输得以实现,在蒸汽机传入中国之前,传统的交通运输工具承担了绝大多数的客货运输业务,因此陆路、水路交通条件的好坏直接影响地区间商品流通的畅旺与否。据相关资料记载,清代"中国的陆路交通费用高于水上交通的二十至三十倍"[2]。再加上众多学者的相关研究佐证,就全国范围来看,明清江南地区所具备的优越的水上运输条件是其商品经济的发展要远远高于北方地区的重要原因。清代山西境内亦有可以通航的水路,清康熙时期,汾河"自河津县至洪洞县船皆可行。惟自赵城至省城,石多滩浅,非制造小船实难行走。"清雍正时期,经过凿挖疏通,洪洞以上至省城河段"皆通流"。而黄河,自包头至碛口段、蒲州段亦可行船。有关黄河水运的情况,我们会在随后的章节中论述。

(二) 由归化城向外辐射的商路

清代,以归化城为中心的商路是随着官道的建设而向外拓展的,主要有四条。因此四条商路大多途经草原、荒漠而多用骆驼运输商品和物资,而又被称为"驼路"。

《绥远通志稿》对清末民初以归化城为中心的道路进行了详细记载:"往昔中外交易、百货流通,全恃车、驼以为长途运输之具,边区辖境辽阔,又以地域情形各殊,商旅远行,有内地、草地之别,宜车宜驼,未能尽。"[3] 可见彼时商业运输也是依赖这些车驼路。以归化城为

---

[1] 山西省政协《晋商史料全览》编辑委员会、阳泉市政协《晋商史料全览·阳泉卷》编辑委员会编:《晋商史料全览·阳泉卷》,山西人民出版社2006年版,第467页。

[2] 转引自[日]寺田隆信《山西商人研究》,张正明、道丰、孙耀、阎守城等译,山西人民出版社1986年版,第42页。

[3] 绥远通志馆编纂:《绥远通志稿》卷80《车驼路》,内蒙古人民出版社2007年版,第10册,第75页。

中心向外辐射的车路主要有以下几条：自归化城往东分两条路，经过凉城、丰镇厅，一条继续往东到张家口，一条往南到大同府；自归化城往南有一条，经过和林格尔，再往南过杀虎口，转向东至大同府，再向南至太原府；自归化城往西南有一条，经托克托厅，往西过黄河到准格尔旗，往南到十里长滩，再往东渡黄河到山西河曲县；自归化城往西有两条，经萨拉齐厅、包头镇分叉，一条继续往西经磴口县至宁夏，一条往南至鄂尔多斯、神木和府谷。①驼路也就是以骆驼为主要运输工具的路线，主要有古城子路、前营路、后营路、库伦路等若干。②其中，古城子路，经外蒙古一路向西可达新疆伊犁；前营路、后营路和库伦路皆通向外蒙古。③综上所述，可以知道，发达的道路体系，使归化城成为西北——京津冀之间的商务总汇，"输出货物为茶、糖、杂货，由各地输入者为皮毛、牲畜，皆为大宗"④，城内富商大贾多为经营西北贸易的商人，"清朝二百年，市面号称繁盛者，亦以此也"⑤。

归化城至乌里雅苏台的商路，又称前营商路。前营商路的起点在晋北归化城，往西北到乌里雅苏台。乌里雅苏台城建筑于清乾隆年间，是漠北重要的政治经济中心之一。邻近的蒙古各部落都来此交换粮食、手工业品等。此商路与从归化城通往前营——乌里雅苏台的官道是重合的。从归化城出发前往乌里雅苏台的官道长5320里⑥，沿途设有54站，乌里雅苏台管辖境内有20台，从"距城七十里之头台名花什洛图，至

---

① 绥远通志馆编纂：《绥远通志稿》卷80《车驼路》，内蒙古人民出版社2007年版，第10册，第77—80页。
② 绥远通志馆编纂：《绥远通志稿》卷80《车驼路》，内蒙古人民出版社2007年版，第10册，第107页。
③ 绥远通志馆编纂：《绥远通志稿》卷80《车驼路》，内蒙古人民出版社2007年版，第10册，第97—105页。
④ 绥远通志馆编纂：《绥远通志稿》卷80《车驼路》，内蒙古人民出版社2007年版，第10册，第107页。
⑤ 绥远通志馆编纂：《绥远通志稿》卷80《车驼路》，内蒙古人民出版社2007年版，第10册，第107页。
⑥ 绥远通志馆编纂：《绥远通志稿》卷80《车驼路》，内蒙古人民出版社2007年版，第10册，第102页。

第二章 西北—京津冀地区的商路

第二十台曰哈拉尼敦，千七百里有奇"，"此二十台额设台吉四，委章京昆都笔帖式领催各二十、兵二百名、驼二百、马五百，每年由官场拨给驼四十、马百五十、羊千二百，以备供付差使。"① 自乌里雅苏台往西南方沿官道可到达新疆巴里坤，清乾隆年间在这段道路上设置诸多台站。②

后营商路指的是从归化城出发前往后营——科布多的商路。科布多与乌里雅苏台一样，都位于漠北，但在后者再往西的位置，是科布多参赞大臣的驻地。科布多城也是在清乾隆年间修筑的，是科布多和唐努乌梁海地区的重要市场。后营商路是前营商路往西的延续，与归化城至科不多的官道重合。自归化城起，"沿前营路行五十四站，计程四千九百里，至格里塔拉"③，随后分为两路：一路经过乌里雅苏台，并继续在乌里雅苏台以西置14站，"距城六十里曰阿尔达勒，至第十四台曰哈拉乌素，千三百里有奇，至科布多城台吉，委章京十四、昆都十四、兵百二十六、驼马羊只自备，原无官设官，兵钱粮由科布多支领"④；一自格里塔拉西行19站至科布多。⑤ 前者稍有绕行，但道路平坦易行，两道皆是漠北重要商路。从科布多往南，途经察汗布尔噶素、达布素图诺尔、那林伯勒齐尔、伊什根托罗改、札哈布拉克、西博格图，至鄂伦布拉克等地，可以到达新疆奇台，也即古城子，在这条路上清廷设置8处军台。⑥

---

① 《乌里雅苏台志略》载《中国方志丛书·塞北地方》第39号，台北：成文出版社1968年影印本，第2、32页。
② 《清高宗实录》卷492，乾隆二十年（1755）七月庚辰，中华书局1985年影印本，第188页上。
③ 《乌里雅苏台志略》载《中国方志丛书·塞北地方》第39号，台北：成文出版社1968年影印本，第33页。
④ 《乌里雅苏台志略》载《中国方志丛书·塞北地方》第39号，台北：成文出版社1968年影印本，第33页。
⑤ 绥远通志馆编纂：《绥远通志稿》卷80《车驼路》，内蒙古人民出版社2007年版，第10册，第105页。
⑥ 《科布多事宜》载《中国方志丛书·塞北地方》第42号，台北：成文出版社1970年影印本，第96页。

古城子路是指，从归化城一路向西达到今新疆奇台的商路，因奇台旧时被称为古城子，所以该路也称为古城子路。古城子东连哈密，西接迪化，北连乌里雅苏台，是新疆东部的交通枢纽。清前中期，商旅从归化城出发前往古城子进行贸易，均须往北绕行乌里雅苏台，路途长，且费时费力。清后期，随着古城子商路的开辟，前往新疆贸易的商旅不再绕行乌里雅苏台。古城子路由大西路和小西路组成：大西路是连接归化城至古城子的大路，路线取直，距离较短；小西路，是大西路的支线，路程较长，但沿途增加百灵庙（即贝勒庙）、哈拉纽独等城镇节点。"大西路为昔年附古城子之通行大道，平坦坚实，水草丰茂，便于驼行。而小西路尤为捷径，惟水草略较缺少，大帮驼队不易通行耳"①。

归化城至库伦（今蒙古国乌兰巴托）的官道。库伦位于归化城西北方，从归化城出发，一路向北经四子王旗到达乌里雅苏台境，再折向西北行，可达库伦。归化城至四子王旗的官道设有6台，四子王旗以西的官道与"库伦道"②重合，具体为"由赛尔乌苏而北，涉沙漠，逾杭爱山脉，渡图拉河，凡十四站，九百八十里至库伦。"③从库伦继续往北，可达中俄边境的恰克图。

清前中期，清廷在中国西部、北部大规模建设官道，客观上促进了位于山西北部的，以归化城为中心的商路体系的拓展。因此，官道与商道有很大的重合性。清中后期，归化城直通新疆的"古城子路"的开辟，客观上缩短了京津冀地区与中国西北地区的空间距离，便利了东西部商品流通。以归化城为中心的各条商路的开辟为客观上连接西北—京津冀两大经济区，以及彼此商贸辐射地的拓展提供了关键条件。上述官道和新商道的建设与拓展，使得山西及山西境内的多座城市成为连接西北—京津冀的通衢，区位优势十分明显。

---

① 绥远通志馆编纂：《绥远通志稿》卷80《车驼路》，内蒙古人民出版社2007年版，第10册，第100页。
② 张家口至库伦的官道。
③ 光绪《蒙古志》卷3《道路》，《中国地方志集成·内蒙古府县志辑》第1册，凤凰出版社2012年影印本，第318页。

第二节　黄河水道

黄河水运商道的开发和利用是清代到民国时期西北—京津冀地区商路的又一大发展。从明初到清末，黄河航道处于相对自然的状态，并未进行过大规模人工疏浚及治理。此间，沿黄居民因地制宜，运用皮筏、木筏、帆船等运输工具在黄河上运送客货，并流放木材。清末民初，黄河航道经过系统疏浚及治理，同时引进先进运输工具，黄河中上游的航道不仅可以通航，而且开展了长途商品运输。

一　青甘宁地区至山西的黄河水运

（一）黄河上游航运——青海—宁夏段

青海—宁夏段的黄河航运，属于黄河上游的航运体系。囿于自然条件，在青海段的黄河航运是单向进行：这一段航道的起点是位于青海东部黄河上游的共和县，顺流而下到达青海贵德县松坝峡，继续依次流经尖扎县、循化县，进入甘肃，到达位于甘南地区的积石山县大何家乡，共390里。青海所运之物品多为当地特产，计有木料、粮食、皮毛等货物，自"贵德县松坝峡"用"小皮筏"东行依次经过"山势险峻、水流湍急"的吉利峡、拱北峡，将集中于此地的运载之货，继续东行河运至"撒拉川""孟达峡"，继续东运至青海、甘肃交界处的积石山县。① 甘肃段的黄河航运起点在积石山县，流经兰州、白银景泰县，进入宁夏中卫，全场1000里。上述两段为黄河中上游的黄河航道。"黄河上游急促不便通行……水势甚急，浅滩砂礁甚多，航行困难，仅可勉强通行皮筏。"② 因此，黄河中上游航道在未经大规模人工修治之前，主

---

① 民国《甘肃通志稿》卷60《交通三·河运》，《西北稀见方志丛书》第29卷，兰州古籍书店1990年版，第20页。
② 胡平生：《民国时期的宁夏省（1929—1949）》，台北：学生书局1988年版，第312—313页。

要以羊皮筏子或牛皮筏子为运输工具。黄河航道的宁夏段始自中卫南长滩，流经青铜峡，继续北上流经银川横城堡、石嘴山，全长800里。①宁夏段的黄河航道为季节性分段通航，但是由于银川横城堡至石嘴子段的黄河河床为沙质，因此该段水道顺流逆流均可通航。该河段的航运始于元代，且开通时期的运输量已经相当可观。②但是明代时河套北部为鞑靼所占，于是朱明就于成化年间放弃了宁夏平房城以北的黄河航运。清代，恢复了从中卫至归绥六厅之托克托的航道。

清末，随着官办船政在黄河上的兴起，甘肃至宁夏的河运更加繁荣。清末为方便黄河上游所产商品的外运，及民用货物的补给，清廷批准在兰州试办船政。并在四川泸州和白水等处招雇船匠、水手，同时疏浚黄河河道，查勘航路，在兰州设船政总局，建设码头。并规划在兰州上游的青海西宁府、虎头崖，兰州下游的金沟口、宁夏府、包头镇分别设立船政分局，建码头。这样可以使青海西宁府等地所产粮食、油、炭可以顺黄河而下，运至沿黄各地售卖；而从京津冀等地运至包头镇的京货、洋货及一切杂货都可以顺流而上，进行销售。据记载，清宣统初年，兰州船政局已陆续造船9只，其中2只用于查勘航道，其余7只船就近试运石炭。③到宣统二年（1910）十二月，甘宁青黄河航道开通，各船只由西宁至兰州再到包头，穿梭不断。民国年间，从黄河航运的西宁—兰州—包头段就十分繁忙了，彼时由青海贵德县到包头的水运距离是2200多里，大约10天可以到达。④这一时期，黄河航道上所运输的大宗货物之一为西北所产之羊毛，⑤羊毛从兰州五佛寺上船，到包头下船，陆路东运至归化城，继而往东至张家口，东达北京、天津等地。清

---

① 中共宁夏回族自治区委员会党史研究室等编：《宁夏交通运输业改革与发展史研究》，宁夏人民出版社2016年版，第150页。
② 吴宏岐：《元代农业地理》，西安地图出版社1997年版，第183—184页。元代开通了从应理州（今中卫）到东胜（今托克托）的航运，设置了水站10所，共有漕船100艘，水手240名，马1000匹，牛2000头。
③ 张蕊兰主编：《甘肃近代工业珍档录》，甘肃文化出版社2013年版，第476页。
④ 张萍主编：《西北近代经济地理》，华东师范大学出版社2015年版，第453页。
⑤ 王自强：《中国羊毛之探讨》，《新青海》第2卷第12期。

代，在区域环境与交通条件转变下，黄河水运商道渐渐形成。

（二）山西段

黄河航道过磴口县、巴彦淖尔，继续往东，进入山西包头镇，① 转而向南继续流经萨拉齐厅、托克托城厅、清水河厅，到达偏关县、河曲县、保德县、兴县，至临县碛口镇，继而可达潼关。清前期，为开通黄河航道，负责勘察黄河航运条件的官员称"自宁夏至潼关，皆可舟运，但龙王站一处，水势陡绝，湍激不可行船，其间由陆路起剥十里，过水陡之处，即由船运便可直至潼关、西安矣"②。从托克托城厅往南，黄河进入晋陕峡谷，为陕西、山西的界河，此处黄河水流湍急、暗礁遍布、河道狭窄、落差较大，因此需要实行分段短距离运输。黄河航道在碛口镇往南的黄河落差持续加大、河道有暗礁，且会经过壶口瀑布，航运风险明显增大。因此碛口就是货物水运转陆运的一个重要码头。黄河航道从碛口再往南走，会途经落差极大的壶口瀑布。货船航行至此必须先卸掉货物转陆运，空船上岸，而后"旱地行船"两里，待过壶口瀑布之后再装船下水，待行至山西南部河津县之禹门口，或将货物及船一起卖掉，或换大船将货物运往陕西潼关。卖掉船及货物的商人则经陆路返回陕北或内蒙古地区。禹门口至潼关河段，航道通畅，可以行大船，但夏季受洪水影响较大。值得注意的是，清后期，陆运成本增高，商人为避税而多选择水运。此外，黄河下游的航运条件亦较为便利。但由于这些并非本课题的研究重点，因此在这里就不加以讨论了。

二 运输工具

黄河上游河道狭窄，险滩激流众多，航运条件虽经过人为疏浚而改善很多，但是仍不能称之为优越。因此，在此段航道使用木船运输，轻

---

① 清代包头属于山西。
② 《清圣祖实录》卷155，康熙三十一年（1692）五月庚戌，中华书局1985年影印本，第711页。

则破损、搁浅，重则发生倾覆。因此，该航段的居民因地制宜、就地取材、趋利避害，发明了重量轻、材质软的皮筏、木筏，辅以木洼、帆船等进行运输。

（一）皮筏

皮筏是用整张牛皮或羊皮制作的水运工具，有牛皮筏子和羊皮筏子两种，在西北地区被称为"牛皮浑脱"或"羊皮浑脱"。因为黄河中上游水湍急，滩石较多、木船难以行走，沿线居民就将八九个小皮筏连起来，进行长途运输。河水涨时，顺流每小时可行十一千米。[1] 在黄河上，皮筏子比南方的小舟更方便，沿黄河上游及其有航运条件的支流的村庄到处皆用之，是西北黄河上特有的一种运输方式。牛皮筏子顾名思义，用整张牛皮制成，"用全牛去头，从颈部剥取，净挖骨肉，不损坏外皮，在水中浸泡数天，皮质发臭味后，出水晾晒。刮去牛毛，刷洗干净，扎紧蹄孔，用盐和胡麻油浸渍搓揉渗透，风干成为皮囊，可防水防腐"。用牛皮筏进行运输时，先从位于皮囊颈部的入口处填入货物：以羊皮、羊毛、驼毛为代表的皮毛及粮食等，随后扎紧入口。如果货物较大，不易装入皮囊，则把皮囊充气或填充比较轻的物资，随后将多个皮囊编筏后装绑在皮筏上。牛皮筏子因多用于长途货运，因此筏上搭帐幕，以供筏手休息。羊皮筏子，俗名辉子，因体积较小而又称小皮筏，"以羊皮浑脱剃去其毛为囊，以十或十二平系于竹竿或木杆，纵横扎成之窗形辉床上，乘之渡河，以手桨划之。筏长约七尺，宽五尺，可以载重一千市斤。本体甚轻，上岸后水手可以负之沿河赶渡。邑河滨过渡皆用之。沿河村庄到处皆是，以小皮筏八九互相联络，可作长途运输。"[2]

按照皮筏子自身体积及其载货量，可分为小型皮筏、中型皮筏及大皮筏。具体而言，小型皮筏一般由几十个皮囊组成，运载10吨以下的

---

[1] 李金财等校：《靖远旧志集校》，甘肃文化出版社2004年版，第697页。
[2] 李金财等校：《靖远旧志集校》，甘肃文化出版社2004年版，第697页。

货物，航行于西宁至兰州段；中型皮筏由 80—100 个皮囊组成，运载 12—15 吨货物，一般航行于兰州下游航道。"大皮筏，以小皮筏八只或十二只互相联属，并以直径四五寸之木杆十数根纵横联属其上，谓之大皮筏。四角各设大木桨一支，划而行之。此种大筏专作长途载重运输之需。（甘肃）所产水烟、果品、皮毛多赖此筏运往宁夏。"皮筏运输效率很高，速度很快，明代就曾有"不用轻帆并短棹，浑脱飞渡只须臾"的诗句对皮筏便捷迅速运输效率的赞叹。位于黄河中上游的甘肃，其境内的皮筏运输始于清光绪年间。据统计，兰州航运局成立之前，黄河航道上运输的货物大多使用回民经营的牛皮筏子，后于 20 世纪 30 年代前后全部改由羊皮筏子。

（二）木筏

兰州以上的黄河上游拥有丰富的森林资源，当地伐木编成木排，沿黄河顺流而下，供宁夏、包头等地建设用料。这些木排就是木筏。木筏既是货物同时也是运输工具，可以搭载客货。[①] 木筏从黄河航道流经兰州，进入靖远县，甚至远达山西的包头及归绥地区，不仅带来西北所产的各种商品，还将木材带来当地以资使用。[②] 木筏到达目的地之后，木筏拆解，就地出售木料。

黄河上的另一种运输工具是木洼，木洼也称为木瓦，是用较粗的整木挖成的独木舟，可乘坐 6—7 人。木洼头尾凿穿，贯穿一根橡木，供乘客挽抱，以免落水。木洼用木锨划水，速度相当快，主要用作过河摆渡之用。

帆船，设桅挂帆，适于在宽阔河面上航行。[③] 清前中期就有甘肃靖远县商业繁盛，宁夏中卫地区的运粮帆船借着风力溯流而上，直抵靖远

[①] 胡平生：《民国时期的宁夏省（1929—1949）》，台北：学生书局 1988 年版，第 312 页。
[②] 李金财等校：《靖远旧志集校》，甘肃文化出版社 2004 年版，第 698 页。
[③] 乾隆《循化厅志》卷 2《关津·城池》，《中国地方志集成·青海府县志辑》第 5 册，凤凰出版社 2008 年版，第 50 页。

县城，呈现"帆樯往来，盛极一时"热闹景象的记载。①

在黄河的不同河段，因航运条件不同，运输工具也不尽相同。例如在黄河小北干流行驶的船舶主要有瓢船、圆船、汾船、行船、鹞子船等。② 黄河中上游的"木船制作殊为粗略，一律平底，方形带圆，吃水甚浅，中立一桅，顺风则以之悬帆，逆风则用以系纤。"③ 清代中前期，水力、人力、畜力和风力构成了黄河中上游航道各种运输工具的动力，因此航行速度受限较大。例如清末，机械动力船——"飞龙号"从黄河河口镇溯流而上，遇到浅滩时，仍需要人力拉纤④，最终到达甘肃省景泰县的五佛寺，航程2400里⑤，这标志着黄河中上游航运进入了机械动力时代。

第三节　陆路交通网

清末民初，晋商从天津贩运洋货到西北地区进行销售的路线是：天津一路往西，陆路经张家口、归化城，到包头，再由包头向南水运至兰州以及银川。货物再由兰州陆运向西南分销到西宁，向西北分销河西走廊沿途各地。彼时，经包头运往甘宁青等西北地区的货物，因季节不同而选择不同运输工具及方法：冬季，由于黄河结冰，水运中断，就使用驮运；春夏时节，河道解冻则以黄河水运为主。水运时，如果是逆水行船，亦即由东往西运货，则"每担货（240斤）运费白银1两7钱，日行40—50里，全程需30天左右"到达目的地；如果是顺水行舟，亦即

---

① 李金财等校：《靖远旧志集校》，甘肃文化出版社2004年版，第698页。
② 西安市交通局史志编纂委员会：《西安古代交通志》，陕西人民出版社1977年版，第258—259页。
③ 胡平生：《民国时期的宁夏省（1929—1949）》，台北：学生书局1988年版，第314页。
④ 宁夏回族自治区交通厅编：《宁夏交通史》中华民国卷《先秦》，宁夏人民出版社1988年版，第311页。
⑤ 甘肃省地方史志编纂委员会编：《甘肃省志·航运志》，甘肃人民出版社1992年版，第8页。

由西往东运货，则"每担运费1两白银，日行80里，全程需18天左右。"① 陆路运输的工具有骆驼、骡马、脚行。每驼载重240斤，日行80里，每百斤百里运费2钱白银。从晋中的平遥到宁夏银川需20余天。② 我们在前面讨论了山西前往西北，山西前往京津冀的商道。我们知道商路并不只局限于一条，很多时候，它是由一系列道路组成的交通网构成，这一节我们就来讨论一下西北—京津冀的交通网。

一 陕西的商道

陕西境内商道有多条，我们简略述之：

第一条，武关道。这是一条早在春秋时期就开辟的，联通陕西—河南的通道。该道经由西安出发，经蓝田、商州、河南南阳、邓州、湖北襄阳，到达武汉。从明朝中后期开始，连接武关道商路逐渐成为陕西东西向最主要的商路之一。

第二条，关中地区向东到河南省再折向北进入山西的商道。明前期，由于受到蒙元势力的侵扰，山西北中部的社会经济发展缓慢，与陕西、河南的商贸往来阻滞。清代，这些商路得到恢复和发展。陕西向山西贩售棉花、粮食，山西向陕西贩售煤铁等商品，均经由此路较多。同时，陕西向东出潼关，进入河南，再向东到达直隶、山东亦经由此路。因此，此商路是连接山陕豫的重要商路。

第三条，渭河水运河道。这条水运河道商路是连接晋南及陕西关中地区的重要路线。水运较陆运成本低，且运输量大。渭河是黄河的一个重要的支流，水量大，水流平缓。因此而成为晋陕之间大宗商品运输的主要航路，也是该地区的黄金水道。

第四条，陕北地区与鄂尔多斯草原的商路网。自清朝建立以来，蒙

---

① 刘继云：《旧银川的八大商号》，载政协宁夏文史资料委员会编《宁夏文史资料》第12辑，1984年。

② 刘继云：《旧银川的八大商号》，载政协宁夏文史资料委员会编《宁夏文史资料》第12辑，1984年。

古人与汉地商贸交流日益频繁，陕西北部与内蒙古接壤，自古就与该地区联系紧密。因内蒙古地区多为草原，因而陕西与内蒙古地区的商路与其他地区不同，商道行驶在草原上，所使用运输工具除了骆驼之外，还有马和牛等牲畜，道路时人称之为马路。

陕西关中地处西北地区与华北、东南地区的连接处，晋商与当地的关中商人充分利用这一区位优势，贩布于江南、湖北、河南等地，经过关中三原改卷，运销西北市场；从湖南、湖北、陕南、四川运茶到关中泾阳县加工，转售西北市场；从西北市场采购皮毛原料、中药材，运至三原加工，后分销华北、东南等地；从兰州运水烟到泾阳，然后销于华北、东南等地。①

二 甘肃的商道网络

甘肃是西北重地，清初，京师通往西北的交通道路有两条，分别为南路、北路。南路一般指，由北京一路向西南，经过山西、陕西折向西北，到达兰州、向西北经肃州、嘉峪关、敦煌、哈密、到达新疆准噶尔。北路又称为"喀尔喀路"或"归化城路"，指从京师向西北出居庸关，经张家口到归化城，再一路向西到迪化（今乌鲁木齐，准噶尔主要辖地）的路线，因其路过地区不同又具体分为北、中、南三路，沿途主要的城市有包头、兰州、迪化。清康雍年间，沟通京师与准噶尔的道路，以北路为主要道路，商旅亦常走此路。

兰州为西北重镇。清末民初，甘肃乃至西北地区出产的货物在兰州集中后过黄河、经宁夏，在包头起岸，一路向东经归化城、从张家口入居庸关到达京师、天津。京师及天津的货物及洋货，亦一路向西，经由张家口运至包头，再转运兰州，经由兰州市场转销甘州、凉州、肃州等地。彼时，亦兰州为中心，向外辐射五条商路：东路通往陕晋豫，南路通川贵云，北路通宁夏、包头，西路通新疆，以及俄罗斯，西南路通青

---

① 康欣平：《清代陕西关中市场探析》，硕士学位论文，西北大学，2005年，第24页。

第二章 西北—京津冀地区的商路

藏高原。当时,从西路输入兰州市场的商品主要有葡萄、棉花、桂子皮、雅尔缎等;从南路输入兰州市场的商品主要有川绸、川缎、茶叶等;从西路输入兰州市场的商品主要有红花、藏香、氆氇、皮货等;从东路输入兰州市场的商品主要有南茶、大布、蓝布、纸张、陕西棉花等。民国,兰州是西北皮货集散地,主要经由陆路和水路向我国的京津冀等地输出,每年的皮货输出额在3000万元。

清光绪初年,河州成为甘南地区皮毛总汇,不仅国内皮货商人前来交易,亦有大量英国和德国的洋行到此地购买皮毛商品。[①] 他们从位于甘南的拉卜楞寺市场、青海东部的循化县等地收购皮毛后,运往河州集中,再陆路雇用驴骡、骆驼等驮运至黄河岸边,雇皮筏子经黄河水道运至包头,起岸后一路向东,陆路途经归化城、张家口等城,到京津地区,在天津装船出口。靖远县位于甘肃与宁夏的交界处,也是西北羊毛一处重要的集散市场,甘宁交界周边所产皮毛全部集中于靖远,再用皮筏运至中卫、包头,起岸后一路向东经归化城、张家口,经天津出口。

内地前往甘肃、新疆等地贸易,河西走廊是比较重要的一条陆路通道,商贾多用四马大车运货,每车装载2000斤货物,行程5个月到达目的地,因沿途关卡林立,运费高昂,往来商人苦不堪言[②],即便如此,这条路仍是彼时新疆与内地较近且较便捷的通道,大约三到四成的货物经由此道运输。位于甘肃中部的凉州是这条路上的重要中转站。[③]清中期,清廷于嘉峪关设立关卡,以加强对西北地区贸易的控制。彼时,新疆吐鲁番盆地棉花丰收,大量贩运入关,在"嘉峪关等处,酌量收税"[④],后因棉花贸易额达到相当的规模,咸丰年间该项税收成为定例。清末民初,铁路西延至包头,京津等地货物多经铁路运至包头,再转用骆驼或皮筏子等工具水陆兼程,运至兰州,因运输成本下降、运

---

① 彼时的洋行有英国新泰兴洋行、高林洋行、聚利洋行、仁记洋行、天长洋行、普伦洋行、平和洋行;德国世昌洋行等。
② (民国)陈万毕:《西行日记》,甘肃人民出版社2002年版。
③ (民国)朱允明撰:《甘肃省乡土志稿》卷1《农产贸易》。
④ (民国)刘锦藻撰:《清朝续文献通考》卷29《征榷一》,浙江古籍出版社2000年版。

输效率提高，西北市场上所经营的行业及商品范围及种类也不断扩大，甚至出现了"客商骈集、阛阓四达、肩摩毂击"的景象，这是兰州乃至整个西北地区商业发展所前所未见的。

清代至民国年间，甘肃地区的交通运输主要依赖于政府所建之官道驿路。清末，左宗棠为平定回民起义，稳固边防，而大规模整修和重修了甘肃的驿路，经过改扩建，甘肃的驿路面宽 10 丈，且增修了 80 多座桥梁。① 这一举措客观上改善了整个甘肃的交通条件，促进了甘肃商业的发展。民国时期，驿路所带来的商品贸易额的增加更加明显：茶叶贸易总量从 15000 斤增加到数百万斤；② 20 世纪 30 年代兰州地区输入棉花 2160480 斤，布匹 6670672 斤，海菜 265680 斤，杂货 85971360 斤，输出的皮毛产品 527776 斤，水烟 21515612 斤，药材 381000 斤③。

三 宁夏—山西商路

银川渡黄河到—横城—盐池—定边—安边—靖边—横山—榆林—米脂—绥德—吴堡—入山西境内—过黄河到军渡—离石—汾阳—平遥。

四 青海—天津商路

民国时期，青海皮毛的主要运输方法是用骡车从湟源、贵德、大通、循化、碾伯等地转运到西宁，再从西宁用皮筏溯湟水经黄河东下至兰州，又从兰州装皮筏溯黄河而运至包头，最后转平绥路、北宁路而至天津。当时的陆上运输主要是牛骡马车等传统交通工具，水上则主要是依靠羊皮筏子、牛皮筏子等传统运输工具。

五 新疆—京津冀商路网

晋商将各类土洋杂货分三路往返在东部的京津冀与新疆之间：其中

---

① 李建国：《简论近代甘肃的驿运业》，《青海社会科学》1995 年第 2 期。
② 李建国：《简论近代甘肃的驿运业》，《青海社会科学》1995 年第 2 期。
③ 李建国：《简论近代甘肃的驿运业》，《青海社会科学》1995 年第 2 期。

南路沿旧有的官方驿道，经河北、山东、河南、陕甘，最后到达新疆；中路由天津往西，经过张家口、归化城、阿拉善蒙古地区抵达新疆古城奇台、迪化乌鲁木齐；北路为由京津北上满洲里，乘坐外国西伯利亚火车，转阿尔泰到斜米，再由塔城入新疆。上述三路中，商人尤多用中路贸易。

左宗棠为军运所需，在收复新疆的过程中在全疆范围修筑了多条驿道，后改这些驿道为官道，每隔百里或90里设置驿站。新疆境内的官道以迪化为中心，分为东路、南路、西路、北路、东南路、东北路、西北路及西南路等，主要有10条，再加上向各方向伸展出若干交通干线与支线，呈射线散布状，形成路网，辐射到新疆境内各重要城镇。彼时，新疆主要通过3条路线与内地联系：陕甘大道、内蒙小草原道和外蒙大草原道。此外，新疆与西宁有若羌经忙崖相连接，且末经若羌与敦煌相联系，但利用率并不高。

陕甘大道，经西安向西入甘肃，过天水、皋兰、酒泉至安西，随后再分两段：西北路经星星峡至哈密；西南路经敦煌进入天山南麓。

内蒙小草原道，自哈密一路向东，经过额济纳，阿拉善地区，再向东过银川、再向东经内蒙古小草原至包头。清末民初，归绥地区前往新疆经商之人带着骆驼队，沿着大青山（即阴山）北麓一路向西，逐水草西到哈密、古城子（奇台），该路途不仅漫长，而且需经过戈壁，路途艰险，"由绥远三月出发，到了新疆已是六月了，再由新疆自八月出发，到着绥远，就是十一月左右"，故商队在一年之中仅有春秋两季往返期间，俗称小草地驼道。民国年间，该线同行汽车。

外蒙大草原道。这条路古称"漠北道"，又被称为"大草地路""喀尔喀路""归化路"，还称"北路""蒙古草地"，还有"后山路""大西路"等名称。这条路古已有之，明代废止，清前中期乾隆用兵西域时得到恢复，后左宗棠收复新疆时，该路又成为彼时重要的粮草运输道路。此后，这条商道日趋兴盛，成为19世纪末20世纪初，新疆与内地商业往来最为重要的通道。该道自新疆奇台向北折往库伦，后再向南赴归化城、包头。该路取道乌里雅苏台和科布多，将商品东运至包头，再经平绥铁路运至天津出口，颇为便利。遗憾的是，清宣统三年（1911）外蒙古独立，商人经由此路贩运商品需缴纳高额关税，且货物时常被扣，此后，内地前往新疆地区的商旅多走内蒙小草原道。

20世纪20年代，内地入疆的道路有三条，其中一条比较特殊，需途经苏联西伯利亚的铁路线，转至中国内地、路途虽长，但需时较短。另两条均在中国境内：其一，自陕甘向西北，沿河西走廊经星星峡进入新疆，到达哈密及古城子；其二，自归绥地区走外蒙古草地一路向西到达新疆。这两条路的终点都是古城子，亦即今天的奇台。前者称为东路，后者称为北路。北路是从归化城经大草地至古城子，全线4000多里，运输工具是骆驼，每驼载货300斤，运价10两白银，沿途设有关卡，行程4个多月。东路是从西安经兰州、酒泉，玉门至哈密、古城子等地，运输工具为四马拉大车，每车载货2000多斤，运费较贵、沿途税卡重重，行程5个月左右。相比之下，北路比东路运费低、时间短，且草地道沿途平坦，因此商人多走此路。长途驼运异常艰辛，经北路前往新疆，驼运单程需4个月以上，每年3—6月骆驼休牧，因而每年的实际运货量只有两次，骆驼自身所需草料须沿途补给，因而费用高昂。此外，驼运还要面对自然条件是否恶劣、内地入新疆道路通畅与否等情况。

六 张家口商路网

清前期，京津地区通往外蒙古草原腹地的商路多以张家口为重要节点，[①] 主要分为北路、西北路和东北路。北路可经张家口往北过库伦到达漠北蒙古；西北路经张家口向西过归化城至漠西蒙古；东北路经张家口往东北方向过多伦诺尔到达内蒙古东部地区。清初，平定蒙古准噶尔

[①] 内蒙古公路交通史志编委会：《内蒙古古代道路交通史》，人民交通出版社1997年版，第218—222页。

部噶尔丹叛乱,张家口是西北用兵军事物资集结转输节点。"大兵讨逆,行赍居送,不特刍粟为然。凡甲胄、器械,一切军需什物,俱由工部制造,委员押送至口,转雇驼脚,运至军营。每年运费约数十万。"①随着政局稳定,大量商人前往蒙俄、新疆经商,张家口成为商品集散地。随着清雍正五年(1727)中俄《恰克图互市条约》的签订,使恰克图成为中俄贸易口岸城市。此时,从张家口出发,途经库伦,一路向北至恰克图的"张库大道"就成为中俄商贸大动脉。19世纪中叶天津开埠后,张家口更成为西北—京津冀贸易网络中的枢纽城市之一。"自张家口以上,道路分为三派:一通内外蒙古,一通京津,一陕甘北境。货之集散于此地者,不知凡几。"② 清末,以张家口为中心,形成了连接蒙、甘、宁、陕、新、京津冀等地的商路网络。张家口作为商路网络的中心,其区位优势极其明显,"张家口东北通多伦、经棚,以达中蒙各部;西北通库伦、恰克图以及阿尔泰等口;西通归绥、包头、西蒙、伊乌两蒙以及甘、新等省,实为贸易繁盛之区。"③ 山西、陕、甘、内外蒙古、俄国边境与其内地之产物,无不集于此地,而后转运各处。清末京张铁路的开通更加凸显张家口的区位优势及战略地位。"我国西北一带,物产富饶。前以铁路未通,转运维艰。自京绥路通行以来,横亘燕晋,察绥得地利之胜。于是西北物产,远至外蒙古库伦、乌里雅苏台以及甘肃、宁夏等处,莫不蜂拥而来。"④ 综上,张家口是西北—京津冀之间重要的转运枢纽及商品集散市场。

清代张家口前往草原贸易的交通工具以牛车、骆驼等传统畜力运输为主。清末,"(张家口)为南北交易之所,凡内地之牛马驼羊多取给于此。贾多山右人,率出口以茶布兑换而归。"⑤ 货物由商人运至张家

---

① 忒莫勒、乌云格日勒:《北部边疆·口北三厅志》,黑龙江教育出版社2015年版,第295页。
② (清)杨志洵:《蒙古与张家口之关系》,《商务官报》1908年第12期。
③ (清)徐珂:《清稗类钞》第1册,中华书局1984年版,第75页。
④ 高兆夔:《张家口之货物贸易》,《金城》1926年第2期。
⑤ 姚继荣:《清代历史笔记论丛》,民族出版社2014年版,第215页。

口集中后，由旅蒙商深入蒙古各部进行销售。产自西北及蒙古地区的牛、马、羊、骆驼、皮张，甚至俄国商品亦反向通过张家口贩运国内市场。其中，牛、羊主要销往京津冀，亦有少量运销两湖地区。皮毛在山西、北京等地加工之后，转销到直隶、湖北及东南地区。① 天津开埠后，西北皮毛经张家口运至天津港出口海外。"（张家口）其进口货，则以牲畜皮毛为大宗，黄油酪酥次之，羊毛与驼毛数额尤巨，皆道天津而转输外洋者。"② 而由天津输入于张家口则以茶为大宗，诸商货亦甚伙。以张家口占着贸易之中心，内蒙古一带及黄河之上游及甘肃全部皆仰其供给。

第四节　晋商对商路的疏通

连接西北与内地交通线路的西部起点为新疆，途经甘肃、青海、宁夏、陕西、山西，到达包头、归化城等地，经张家口到达北京、天津、东北等地。由于线路绵长，地理条件的不同，晋商使用驼队陆运、皮筏水运、商号代运等三种方式转运商品，在将西北所产运往内地，又将内地物资运去西北的过程中，疏通了连接西北与内陆的交通干线。其中有许多是循着清代西北用兵的路线，《新疆政见》载："新疆自准部用兵，分南北两道，南军由关陇，北军由蒙古台吉草地，而商路亦遂因之。南商川、湖、江、豫、晋、陕，由甘肃出嘉峪关至新疆古城，北商东、奉、直、晋，由张家口、归化城专行草地，所谓山后买卖路，亦至新疆古城。"③

晋商前往西北地区的路网主要由以下五条主路与若干支路构成，这样不仅可以在路遇艰险的时候趋利避害，更重要的是几乎覆盖了西北地

---

① 樊如森：《天津开埠后的皮毛运销系统》，《中国历史地理论丛》2001年第1期。
② （清）姚明辉：《蒙古志》卷3《道路》，中国图书公司1907年版，第37页。
③ （清）罗迪楚：《新疆政见·新疆茶务利弊原委说略》，原载于《清代边疆史料抄稿本汇编》第21册，线装书局2003年版。

区的所有城镇。五条主路其中三路始发地在忻州,一路始发地在绛州,一路始发地在归化城,我们分而述之。始自忻州,终到伊犁的道路有三条,分南路、中路和北路。值得注意的是其中的南路,从忻州出发往西南到汾州府,继续往西从军渡过黄河,到达陕西吴堡,一直向西穿过陕北,到达甘肃凉州府,经甘州府、肃州、安西州到达哈密,从哈密往西北可到达伊犁,往西可到达阿克苏、喀什噶尔及叶尔羌等地。中路是从忻州出发向西北出杀虎口,向西到包头,再往西过银川,到达新疆哈密,再往西北到伊犁。北路就是忻州出发向北到大同、归化城、库伦再往西过乌里雅苏台、科布多,前往新疆伊犁。自绛州至西宁府的道路,是始自晋南绛州,往西南过黄河,到达陕西,过潼关、西安、宝鸡、天水、兰州,到达西宁府。自归化城至西宁府的道路是,始自归化城,往西过包头,继续往西到巴彦淖尔,转向南到银川、兰州、至西宁府。

一 驼队陆运

从京津冀到西北,所到之处,皆为沙漠及戈壁瀚海,人烟稀少,水草匮乏,冬季严寒,夏季酷热,春秋常有沙尘暴。这种环境不宜于使用牛马驴骡运输。因此,清末民初,西北—京津冀的陆路运输主要靠大车和驮运,民间畜力运输颇为繁盛。在归化城,晋北的许多城镇及新疆古城子等地涌现出许多驼户,他们开设驼运店,以饲养骆驼,进行客货运输等为主要业务。这些驼运店的掌柜,大多数是驼倌出身,所饲养的骆驼从数十峰到数百峰不等,对饲养骆驼、穿越草原、承揽运输拥有丰富的经验。

晋商在新疆奇台及山西北部归化城均开设有专营运输的驼场。奇台为新疆东部重要商品集散地,亦为晋商赴新经商的主要城镇之一,后文详述。归化城是沟通漠北、漠西、天山以北各地区的经济联系的总汇,运输业为该城重要行业,主要由晋商掌控。归化城中有上百家专门从事运输业的字号,其中元德魁、天聚德两家分别拥有骆驼 500 峰和 400 峰,为归化城中最大的驼商,且此两家驼队专行奇台—归化城一线。另有 10 家规模较大的驼商共有骆驼 2430 峰，若再加上城内其余各自拥有 30—40 峰骆驼的小驼商，归化城可供出租的骆驼总数应有 7000—7500 峰之多。据 1927 年的调查，彼时往返奇（台）归（化城）的帐篷有 40 顶、领驼 430 峰、载驼 7200 峰。由归化城运往奇台的茶叶、绸缎、烟糖等商品，年均 161 万千克；由奇台销往归化城的毛皮等各类商品，年均 145 万千克。据统计，当时新疆运销外地的商品有 90% 以上由晋商经手。

  清末，左宗棠西征平叛阿古伯，就大量使用驼队保障粮饷物资的运输，参与运送西征物资的驼户人数众多，其中还有人得到了政府嘉奖。彼时清兵西进，归化城的粮草被以温姓驼户为代表的大量驼户押运新疆，及至战争结束，参与运送物资的驼倌温家及在此事件中起到重要作用的彭、甘两姓人士都由前方统帅奏准清廷，分别给三品顶戴并有嘉奖。随后，大批驼队载运京津等地货物来到西北销售，获利颇丰。驼运业遂发展至鼎盛，仅归化城的山西天顺魁商号就饲养骆驼 1000 余峰，驼房 10 余顶，每年驼运 400 吨货物前往新疆销售。彼时，从新疆古城子移居归化城的驼户已增加到 100 多家。① 归化城成为东西商品的转运中心，因而出现了许多养殖规模很大的驼商，例如著名的大盛魁商号，就拥有数万峰骆驼，来往于蒙古、新疆、甘肃、宁夏和青海等省，载运各地土产，行销于内地或通过天津出口。

  山西商人多由归化城向西，走内蒙小草原路到新疆奇台经商，只有少数是走陕甘大道前往新疆的。奇台，也称古城子，是新疆境内最大的商品转运中心，当地货运骆驼达 1.5 万峰，归绥地区达 3 万峰，彼时奇台至归绥驼运的货运量每年在 13500 万吨左右。此外，两地之间的运输除驼运外，还有马车运输等。马车运输一般使用两轮马车或四轮马车。新疆地区因多草地，所以使用两轮马车进行运输，因地域不同又分为

---

① 沈世德口述，贾汉卿整理：《归化城的驼运》，中国人民政治协商会议内蒙古自治区文史资料研究委员会编：《内蒙古文史资料》第 12 辑，1984 年，第 182—194 页。

南、北两种：南疆大车，当地称为"亚里雅"，是两轮车，其木轮直径达1.5—2米，特点是车轮大、车轴长、但车厢小。北疆大车，也称铁轮大车，亦为二轮车，因其轮轴钉有铁件，车轮外圈钉以扁铁，轴头镶以铁套和铁键，所以结构较南疆大车牢固，其车轮直径1.5米左右。四轮马车又称台车，是双轴四轮马拉车。其构造为铁轴，铁瓦，包铁外轮，木质车厢和车架可分解，轴距可以前后伸缩。前轴上面与车厢架下面衔接处装有转向圆柱装置，用一根圆木杠连接在前轴转向架上，圆木杠前端的两边拴驾辕马，用以运行转向，类似现代半挂车的构造。此外，还有一种叫"六根棍"的马车，是以乘人为主的单套四轮马拉车，其车型构造与台车相似，但没有车厢，一般用六根圆木棍平铺在车架上，故名。

清末民初，来往于绥新商道上商队由张家口、归化城一路向西，穿过内蒙古草原，经过3个月的时间来到新疆古城子（奇台），每年约可往来两次。彼时，这条商路上的骆驼有1万—3万峰之多[1]，每驼载重约240—280斤，由东向西的运费约每驼80—90元，由古城子运货返绥，每驼运费约40—50元。每百峰骆驼，年获利可得5000—7000元左右。彼时，运进新疆的各省工商业产品及洋货，有80%左右自归绥输入。据统计，20世纪20年代以前，自归绥地区运往新疆的货品每年有1.5万担，主要由茶叶、布匹、五金、卷烟、纸张等构成。由新疆运回归绥地区并转天津出口的商品每年3万多担，主要有皮毛、葡萄、棉花、玉石等商品。[2]

此外，在20世纪初，晋商为提高西北地区的商品运输效率，将一种在晋北及蒙古草地广泛使用的木轮车——勒勒车引进奇台，并成立第

---

[1] 沈世德口述，贾汉卿整理：《归化城的驼运》，中国人民政治协商会议内蒙古自治区文史资料研究委员会编：《内蒙古文史资料》第12辑，1984年，第182—194页；韩士元：《驼运业的兴衰》，中国人民政治协商会议乌鲁木齐市委员会文史资料研究委员会编：《乌鲁木齐文史资料》第2辑，新疆青年出版社1982年版，第57—62页。

[2] 戴良佐：《古城的驼运和驼道》，中国人民政治协商会议新疆维吾尔自治区奇台县委员会文史资料委员会编：《奇台文史》第3辑，新疆维吾尔自治区新闻出版局1994年版，第126页。

一家勒勒车队。该车运输，以"把"为单位，每把8辆车，由1名车夫负责，首尾相接，鱼贯而行。勒勒车适合在高山草地行走，往返于乌鲁木齐、哈密、奇台之间。将米泉（乌鲁木齐东）的大米、高粱，哈密的红松木、磨石，奇台的石灰，以及内地与新疆的往来商品运往全疆各地。

二 皮筏水运

皮筏等运输工具已经在前面讨论过，这里不多赘述。20世纪初，黄河干支流水运繁荣兴盛，筏户、水手人数众多，奔忙于兰州、西宁、包头之间。比如甘肃输往天津的皮毛、药材，在兰州集中后，需先运至包头。彼时，因黄河水流湍急，且河底多石，不能行舟，故运输全用皮筏子由上游顺流至包头完成。航运期为每年二月底黄河解冻，至十月底黄河结冰，由兰至包需24—30天，货到包头后，筏需拆卸用马驮回。据《青海经济史》记载，20世纪20年代，每年约有甘肃夏河等地所产150万斤左右的羊毛，先集中于临夏、兰州等地，随后经黄河水道运至包头，再转陆运至天津。彼时，兰州的7家外国洋行每年将300万斤左右的羊毛运出西北，其运输亦大部分由皮筏水运完成。20世纪20—30年代，黄河干支流长途水运进入最繁荣兴盛时期，据1936年的调查，地处黄河谷地北侧的青海化隆县，有载重15000斤的皮筏300只、循化县有200只。值得注意的是，晋商大量参与西北商品的外销，并对黄河水运有相当的掌控。

三 商号代运

清末，归化城与新疆古城子、迪化等地的商贸往来日益繁荣，当时往来于新疆和归化城之间的商号主要有大德昌、永胜生、义成永、义成昌、德和恒、永顺和、义盛和、春义和、义源昌、通兴玉、魁隆永、两益公等数十家，除两益公有自家经营的驼队外，其余字号的货物均由驼运店代为运输。

第二章 西北—京津冀地区的商路

严格来讲，商号代运不属于运输方式，而应划归经营方法。然此类方式不仅在晋商贸迁西北中比较常见，而且在客观上也起到贯穿东西商路的作用，因此我们将其放在这里讨论。往来西北与内陆的商品，有一部分是以商号为载体代运完成的。以总号设于包头的山西商号三义堂为例，该号主营百货及皮毛生意，在甘肃酒泉及敦煌设有分号，货物远销乌鲁木齐。三义堂从天津等地采购货物，用驼队运往酒泉和敦煌后批发给当地商贩；再将分号收购之山货、皮毛运回包头，继而转运天津等地。该号不仅往返西北及内地运送本号货物，还承办别家商号的代运业务。总号设在乌鲁木齐的山西字号永盛生，分号在兰州，主营中药材，此商号在酒泉并无分号，但通过三义堂酒泉分号将天津、兰州的药材转运至乌鲁木齐；再将新疆及酒泉收来的药材经三义堂转运至兰州。类似三义堂这样的山西字号，在彼时西北地区的商贸活动中并不鲜见。

近代，晋商通过上述三种方式疏通连接西北—京津冀的陆路及水陆商道，不仅活跃了西北市场，推动了西北—京津冀等地区城市的繁荣，同时加强了两地的商贸联系。开启了西北—京津冀商品交流孔道，推动了西北优势产业的集中与发展，带动了西北地区商品经济发展区域经济带的初步形成。与此同时，随着沿海及内陆一些城市的开埠，外商势力逐渐从天津、塔尔巴哈台、喀什噶尔等地渗透到西北地区，使西北地区的对外经济交流在原有基础上有了很大发展，其市场逐渐由封闭内向型转向开放外向型，使之融入了全球经济，最终形成了晋商西北—京津冀市场体系的"线"。

官道的拓展及新商路的开发使得山西地区成为连接中国京津冀地区与西北地区的重要通道的作用愈发明显和重要：

其一，使得山西北部地区的城镇迅速被纳入东部京津冀商业腹地。清代，随着归化城厅外商路的发展，使归化城成为彼时漠南之经济总汇，带动了周边城镇的发展，使得丰镇、萨拉齐、托克托、乌兰察布、大同城内商业繁荣。归化城遂成为西北—京津冀经济带中的重要节点城市。归化城沿边墙一路往东到达张家口，"在归化城和张家口之间不仅应算是最平坦的道路之一,而且甚至还是更常走的一条路,因为往返于这两座城市之间所有用骆驼或用牛载运货物的商队走的都是这条路"①。随着归化城至张家口、京津地区东部商路的拓展开发与应用,该城与东部地区的直接经济往来频繁,是中国北部地区商品由西向东流通发展趋势的形成标志。此时的归绥地区已经成为京津冀的商业腹地。《津门纪事》中所记载各类商品来源地表示,天津帆船贸易所涉及的市场范围已经覆盖了国内的大部分地区,参见表2-1:

表2-1　　　　　　　清代全国各地到津商船来源地

地区	具体州县
归化城	宣化府、宣化府怀来县
山西	五台、太原府
陕西	汉中府
甘肃	巩昌府、兰州府

其二,加强了山西与西北两地之间的商业往来,极大地拓展了以归化城为中心的晋北商业市场辐射地。清乾隆以来,商人经由政府所建京师经归化城通往新疆、科布多、乌里雅苏台等地的交通道路,从事往来贩运贸易,在极大地加强西北与京师商贸往来的同时,拓展了归化城的商贸辐射区域,使之进一步作为新疆、乌里雅苏台等地商品集散中心迅速发展。清前中期,归化城不仅同外蒙古西部首府乌里雅苏台、科布多方面的通商贸易十分发达,而且对于陕甘地区和新疆方面,也扼贸易之门户。特别是通往新疆贸易枢纽古城的骆驼路被发现以来,其吞吐范围愈形扩大。归化城强大的商品转运功能为其区域贸易中心的形成提供了十分有利的条件。

其三,黄河水运商道的形成促进了山西北部商贸市场的发展。清代以前,宁夏至碛口的黄河航道曾多被官方用来作为物资和文报的传递工

---

① [俄]阿·马·波兹德涅耶夫:《蒙古及蒙古人》第2卷,刘汉明等译,内蒙古人民出版社1983年版,第139页。

作。清代，包头因紧邻黄河而成为黄河水运重要节点城市，城内商业贸易活动频繁。包头镇、河口镇、萨拉齐厅城、托克托厅城等多个沿河城镇发展成为地域性商业市场。各类商品集中于上述地点后，或在当地分销，或专卖新疆、蒙古各地，这都促进了当地商贸市场的成长。

其四，此外，催生了一批渡口、码头、港口和新的商业城镇，并进一步影响了西北近代经济地理格局的分布，使得西北地区"商业市场不断兴起，集镇林立"[①]。如宁夏石嘴山、甘肃兰州、新疆布尔津、陕西石泉等地的发展都得益于此。

晋商在连接西北—京津冀的陆路、水路交通网中进行商品运销，并在交通网的重要节点——城镇中进行商业、金融业活动。我们将在以下的章节中重点进行论述。

---

① 张萍：《区域历史商业地理学的理论与实践——明清陕西的个案考察》，三秦出版社2014年版，第135页。

第三章 大宗商品的运销

清代及民国时期，山西商人顺应地利之便，继续前往京津冀地区经商。山西东与京津冀相连，北与内蒙古相邻，其间，有为数众多的官道和商道连接，因此商业活动在这一区域十分活跃。西北—京津冀地区，地处农牧交错带，牧业和农业商品充盈各商业市场，或就地分销，或转运他省。彼时，因华北棉花种植广泛而使棉纺织业发展迅速，所产棉布大量运销西北地区。但直隶、山东、山陕等地的部分地区缺粮，需要从外地输入粮食。西北广大畜牧区向内地输出畜牧产品，从内地贩去手工业品。所有商品中，棉布、绸缎、皮毛、牲畜、粮食始终是大宗商品，在区域商品流通中占主导地位。

第一节 棉布与绸缎

一 棉布来源与产地

清代，"北至幽燕，南抵楚粤，东游江淮，西极秦陇，足迹所经，无不衣棉之人，无不宜棉之土"[①]，全国范围广植棉花，随之而来的棉纺织业也有很大发展，山西便是其中之一。山西棉布产区主要集中在晋

---

① 中国农学遗产研究室编：《中国农学遗产选集》甲类第五种《棉》（上编），中华书局1957年版。

中盆地的孝义县、平遥县、榆次县；晋南汾河谷地的曲沃县、新绛县等地，织布业更细分出15道工序。使得所产棉布质量好，销路广。山西孝义县，位于晋中地区，是山西主要的棉布产地之一，所产棉布除供本邑外，还销往晋西北各州县。该县"男妇皆能纺织"，棉花则来自直隶真定（正定府）等处。① 榆次县居民从外地采购棉布生产原料后，"纺织成布，至多以供衣服、租税之用，而专其业者贩之四方，号榆次大布，旁给西北诸州县，其布虽织作未极精好，而宽于边幅，坚密能久，故人咸市之。"② 山西雁北地区的百姓也开始学习并兴起棉纺织业。如大同地区"塞北妇女，自古不识纺织，尽寸布缕皆买之市肆……民间稼穑登场，半以易布……选择邑内木匠二三人给予资斧，趁此长夏，前往省南学制纺车织机梭扣等物，即于省南觅雇二三堪教纺织之妇人前来"③。

直隶的棉布产区主要有永平府的乐亭、滦州，以及正定府的栾城、元氏二县，以及保定府的唐县。永平府的棉布主要销往山海关外，而正定府及保定府所产棉布主要销往山西、河南等地。④ 直隶的广平府威县、保定府唐县，都属销往西部的直隶棉布的产区。直隶正定府的栾城县，位于府治南60里，向西经由"太行八陉"之井陉通往山西，向东连直隶保定府，交通便利。该县"男女勤纺织，共操作"，每年棉布上市时，"晋豫商贾云集，民竭尽终岁之勤，售其佳者以易粟"⑤。县城因棉布集散地而集市林立，热闹非凡，城内有多处常集，且好多街巷"每月逢一六三八日集"⑥。正定府的元氏县也是西销棉布的重点产区之一，

---

① 乾隆《孝义县志》卷4《物产·民俗》，《中国地方志集成·山西府县志辑》第25册，凤凰出版社2005年版，第505页。
② 同治《榆次县志》卷15《物产》，《中国地方志集成·山西府县志辑》第16册，凤凰出版社2005年版，第513页。
③ 道光《大同县志》卷8《风俗》。
④ 吴慧主编：《中国商业通史》第4卷，中国财政经济出版社2008年版，第135页。
⑤ 同治《栾城县志》卷2《赋役》，《中国方志丛书·华中地方》第50号，台北：成文出版社1976年影印本，第181页。
⑥ 同治《栾城县志》卷2《赋役》，《中国方志丛书·华中地方》第50号，台北：成文出版社1976年影印本，第134—136页。

清前期，元氏县"民乐耕桑"，棉布是市集中主要商品之一，元氏县在城有大小二市集，乡镇有三大集、三小集。① 清后期，元氏县因毗邻棉丝纺织品中心栾城，其"男女多以纺织为业"，"山谷村民渐喜蚕桑"，所织棉布畅销山西。② 清代山东随着棉纺织业的发展，形成齐东等地、济南府、武定府等多个产布区；清中后期，山东土布生产发达，"估计每年约有300万—500万匹的输出能力"，广销华北、西北，晋蒙交界区就是其棉布外销区之一。③ 据资料记载，清代晋蒙交界地区所需棉布，还有相当部分来自河南。

彼时，陕西关中棉花遍植，产量颇丰，西安、延安、凤翔、汉中各府的十余州县均为棉布、棉花产区。④ 此外，泾阳县、高陵县、渭南县、咸阳县、三原县、耀州等地亦为棉花富产区域。并由渭水流域向渭北塬区扩展。陕南的汉中、安康地区明清时代也有大量棉花生产，镇安县、沔县、略阳县⑤、石泉县⑥、南郑县⑦也大量产棉。

二　棉布的市场与运销

清代，大同地区与归绥地区的运销路线差异较大。大同地区产棉布较少，所用大都需要外省输入，棉布及绸缎商品来自京师、天津，除当地消耗外，会分销到其他市场。⑧ 大同市场上的布匹主要来自直隶保定府。⑨

---

① 乾隆《元氏县志》卷1《地理》，李英辰等：《元氏县志（五志合刊）》，中国文史出版社2007年版，第104页。
② 乾隆《元氏县志》卷1《地理》，李英辰等：《元氏县志（五志合刊）》，中国文史出版社2007年版，第183页。
③ 许檀：《明清时期山东商品经济的发展》，中国社会科学出版社2007年版，第246页。
④ 雍正《陕西通志》卷44《物产》。
⑤ 嘉庆《重修一统志》卷237《汉中府》。
⑥ 道光《石泉县志》卷2《田赋志·物产》。
⑦ 民国《续修南郑县志》卷3《实业》。
⑧ 民国《山西省志》，载任根珠点校《山西旧志二种·附录》，中华书局2006年版，第689页。
⑨ 民国《山西省志》，载任根珠点校《山西旧志二种·附录》，中华书局2006年版，第512页。

清中叶,大同城内就有"布行"作为单独行业存在。① 清末民初,大同城内有布行30多家,年销棉布43万匹,折银30多万两。② 天镇县所售卖的市布和粗布均来自直隶定州。③ 丰镇厅所售卖的各色粗布分别由大同及张家口转运而来,年销量2万—3万两白银。④ 朔平府的棉布等纺织品有相当一部分由大同转运而来,⑤ 也有部分经山西中部陆运而来。⑥ 而当地所产商品则也会贩运他处,如寿阳等地售出,再采购所需商品返回。⑦

晋北归绥地区的布帛均采购于京津市场,而这些棉布和丝绸的原产地是江南及华北地区,上述商品除部分"销于省内"之外,其余则"转输新疆、甘肃各省"⑧。至清光绪时,山西布商在天津设有锦泰公、永泰生等布号,⑨ 经营新兴的洋布生意。值得注意的是,清代山西境内所产棉布由南向北经杀虎口出关,贩运至归化城及绥远地区。⑩ 清代至民国时期,销往晋北大同、归绥,陕甘宁青新商品绝大多数自京津市场

---

① 《云冈堡石佛寺历年续修工程并历年施舍银钱春赡地亩碑记》记载乾隆三十四年(1769)大同各工商业施舍银钱情况,据此可知大同工商业有布行、杂货行、干菜行、帽行、皮行、缸行、当行和钱行等八个行业。《重修下华严寺碑记》记载道光十五年(1835)捐资情况,可知大同工商行有棉布行、粟店行、钱行、碾行、当行、油行、南宫行、估衣行、米行、银行、木店行、口袋行、帽行、毯行和毛袄行等十五行。

② 民国《山西省志》,载任根珠点校《山西旧志二种·附录》,中华书局2006年版,第513页。

③ 民国《山西省志》,载任根珠点校《山西旧志二种·附录》,中华书局2006年版,第514页。

④ 民国《山西省志》,载任根珠点校《山西旧志二种·附录》,中华书局2006年版,第514页。

⑤ 民国《山西省志》,载任根珠点校《山西旧志二种·附录》,中华书局2006年版,第732页。

⑥ 民国《山西省志》,载任根珠点校《山西旧志二种·附录》,中华书局2006年版,第732—733页。

⑦ 民国《山西省志》,载任根珠点校《山西旧志二种·附录》,中华书局2006年版,第732—733页。

⑧ 绥远通志馆编纂:《绥远通志稿》卷27《商业》,内蒙古人民出版社2007年版,第3册,第574页。

⑨ 张正明:《晋商兴衰史》,山西经济出版社2010年版,第75页。

⑩ (清)张曾:《古丰识略》卷40《税课》,《中国地方志集成·内蒙古府县志辑》第6册,凤凰出版社2012年影印本,第796页。

转运。而且这种状况随着京张铁路的开通,更为明显。

据记载,明代山西和陕西地区的一些小贩就将棉布等商品运至甘肃临洮、巩昌(陇西县)等地出售,换回毛褐等物。① 清代时,有更多的晋商从事布匹贸易,西北诸州县是山西布商活动的重要区域,该地区的布匹供应主要依赖于山西布商及其他商帮的商人。同治《榆次县志》载:"榆人家事纺织成布,至多以供衣服、租税之用,而专其业者,贩之四方,号榆次大布,旁给西北诸州县。"② 酒泉有山西榆次布商阎宝廷开设的"福泰和"绸缎铺③。孝义县,"男妇皆能纺织,所制棉布鬻于西北州县"④,并将陕西三原县北乡王屯、线马及周边村落生产的棉线,也发往甘肃、山西等地出售,且获利颇丰。⑤

清代,华北地区的植棉业及棉布业得到很大发展,多个省份均成为重要的棉布及棉花输出区域。河南、直隶、湖北、安徽等省的棉花及棉布大量运销西北地区。河南棉花"主要是输往陕西和甘肃"。⑥ 直隶正定府所产棉布多被晋商收购,销往关中及西北市场。⑦ 特别是太平天国运动时期,山陕商人大批前往湖北收购土布,水陆兼程运至陕西,再转销于甘肃、宁夏、青海、新疆等地。

以陕西为例,绸缎与杂货是陕西关中与河南、安徽、湖南、湖北等地贸易中的大宗商品。⑧ 清乾隆年间曾有记载称:陕西一省"绵帛资于江浙,花布来自楚豫"⑨。但是陕西也并非完全不产棉花或者棉布,清

---

① 万历《富平县志》卷4《习俗志》。
② 同治《榆次县志》卷15《物产》。
③ 高春平:《论明清时期晋中的中小商人》,《晋阳学刊》2005年第2期。
④ 乾隆《孝义县志》卷4《物产·民俗》。
⑤ 乾隆《三原县志》卷8《风俗》。
⑥ 李文治编:《中国近代农业史资料》第1册,生活·读书·新知三联书店1957年版,第425页。
⑦ 乾隆《正定府志》卷12。
⑧ 彭泽益:《中国近代手工业史资料选辑》第1册,生活·读书·新知三联书店1987年版,第600—601页。
⑨ (清)陈宏谋:《巡历乡村兴除事宜檄》,(清)魏源等编:《清经世文编》卷28《户政三》,清道光年间刻本。

初，陕西北部清涧县①、洛川县②广种棉花，当地居民"置机杼，习纺绩"，家家户户种棉织布，大获其利，洛川县甚至成为延安府最富庶的地方。但陕西地区的棉花更多的是靠外地输入，并且形成了很多个棉布市场及交易中心。三原县是彼时关中的棉布市场，县城内布庄集中，且形成了许多前店后厂的店铺，城内东渠岸的水帕巷子，就有许多这样的店铺。③ 据统计，彼时的三原县每年的棉布外销数额巨大，其中"大布居十之五""布出湖北之德安应山枣阳孝感云梦等处，行销甘肃省及新疆地方"。④ 每到棉布上市的季节，关中商人、山西商人等聚集于此，他们将购自湖北等地的布匹在当地改卷，重新包装，然后运销甘肃、新疆等地销售。咸阳亦为关中棉花集散市场之一，棉花及棉布等商品每日从"荆、襄、云梦、临汝、宏农、幽、冀"等地水陆兼运而来。⑤

表 3-1　　　　　　　　晋商清代棉布运销一览⑥

主要产地		主要销地
省	府县	
江苏	松江、嘉定、常熟、无锡	甘肃、宁夏、蒙古、青海、延绥、宁夏、固原、甘州等西北各边镇
直隶	保定、赵、深、正定、冀	山西、河北、蒙古、延绥、宁夏、固原、甘州等西北各边镇
浙、皖	湖州、嘉兴	辽东
四川	荣昌、隆昌、湛江	陕西、山西、甘肃、北京
山西	平阳、绛州、榆次	西北各地
湖北	孝感、云梦、汉阳	山西、陕西、甘肃、北京
河南	孟县、正阳	延绥、宁夏、固原、甘州等西北各边镇

---

① 道光《清涧县志》卷13《风俗》。
② 嘉庆《洛川县志》卷13《民俗》。
③ 乾隆《三原县志》卷8《风俗》。
④ （清）陕西清理财政局编辑：《陕西清理财政说明书·岁入部·厘金》，宣统元年铅印本。
⑤ 《创建花商会馆碑记》，引自李之勤《西北史地研究》，中州古籍出版社1994年版，第292页。
⑥ 成鸿雁：《清代山西布商研究》，硕士学位论文，山东师范大学，2020年，第71页。

续表

省	主要产地 府县	主要销地
山东	章丘、长山、清平、平原、博兴	辽东、华北
陕西	三原、清涧、洛川	西北各地

第二节 皮毛牲畜商品

清末民初，西北地区城镇在内外双重因素的作用下，商业结构发生显著变化，所经营商品的种类也显著变化，最明显的就是之前只有当地或者周围小范围内流通皮毛被大量从西北地区输出，迅速成为西北输出商品之最大宗。随着羊皮、羊毛成为新的贸易商品而被大量输出到天津，并运往国际市场，使西北地区城镇布局由之前的沿河西走廊为中心的格局逐渐演变为沿黄河为中心的格局。① 这也使得远在内陆的西北地区被动进入了世界市场，使长久以来生活在自然经济体系种的人们及其生产生活方式开始了近代化。

一 皮毛牲畜商品的"西货东销"

皮毛牲畜，一般指代牛羊马驼等大型牲畜及其皮张和毛绒。西北地域辽阔，地形、气候条件复杂，植被组合多样化，适合发展畜牧业，为当地皮毛生产提供条件。位于甘肃东南部的平凉府"地多牛马，易于畜牧"②。位于甘肃中部的静宁府"农业颇勤，广于畜牧，能纺毡毯，喜养马"③。陕甘宁青新各个地方的皮毛生产均十分旺盛，例如陕南城固县"生牛皮年产一万余斤"④。早于明代就有山西商人在西北地区从

---

① 霍维洮、胡铁球：《近代西北少数民族社会变迁》，宁夏人民出版社2009年版，第4—5页。
② 乾隆《甘肃通志》卷21《物产》。
③ 乾隆《静宁州志》卷3《物产》。
④ 康熙《城固县志》卷2《物产》。

事皮毛交易的记载。清廷通过多次用兵西北,甚至皇帝御驾亲征,而把新疆牢固纳入清朝版图,使得西北地区皮毛业的发展空间大大拓展。同时,在与新疆各部互市的过程中,包括晋商在内的汉族商队用"以货易货"的方式与其进行贸易,按"官商三七"比例招"商人总办分销",并"将一切生皮自肃运送西安泾阳等地方"①加工,这对晋商前往西北贩运皮货是很大的政策鼓励。彼时,山西地区的皮匠"善用土法炮制裘皮:伏天用黄豆成块浸泡生毛皮,发酵后成柔软裘皮筒,然后贩到宁夏,并换回滩羊皮筒"②。这些经过晋商用特殊方法加工过的皮毛轻柔华贵,毛色雪白,长且细密,因被山陕商人运往各地销售而风行全国。在湖南陕西商人与晋商一道垄断了长沙的"毡毛之属"③。此外,山陕商人还从新疆、青海等地收购各种皮毛,运回陕西泾阳、大荔加工。由于皮货加工数量庞大,致使泾阳县及大荔县形成了皮货加工产业集聚。例如泾阳县东乡"每二三月起至八九月止,皮工齐聚其间不下万人"④;再如大荔县羌白镇,"为皮货所萃,每岁春夏之交,万贾云集。陕西巡抚岁以珠毛羔皮八百张贡诸京师"⑤。

陕甘总督左宗棠于光绪二年(1876)专门拨公款借给庄浪、凉州等地百姓,鼓励并资助他们买马羊等牲畜孳牧,并规定专款专用,不得移为他用。羊以10只为率,取羔6只上交,留健壮羊羔一半做繁殖牧养;将另一半羯羔弱驹在市场上出售。随着后来甘肃织呢局的创立,兰州附近绵羊饲养业有了一定起色,⑥甘宁青地区牧地面积广大,饲养着大量牛马羊等牲畜,"因养羊利益最大,故甘肃、青海一带之农民,多以牧羊为主要副业,其余蒙藏人民,则纯以牧羊生活,故羊之出产,在

---

① 林永匡:《清代西北民族贸易史》,中央民族学院出版社1991年版,第95—96页。
② 张正明:《晋商兴衰史》,山西古籍出版社1995年版,第91页。
③ 乾隆《长沙府志》卷14《民俗》。
④ (清)卢坤:《秦疆治略》,道光年间刻本。
⑤ 道光《大荔县志》卷6《土地志·物产》。
⑥ 李清陵:《甘肃经济史》,兰州大学出版社1996年版,第152页。

西北的畜牧业中占第一位。"① 甘宁青地区畜牧饲养业在全国畜牧业中独占鳌头。

清光绪二十一年（1895），英德商人首先在青海开设商行收购羊毛，随后，外商将皮毛收购商行开设到甘肃等地，他们把收集到的羊毛、皮革打包，通过黄河航道运至兰州集中，继续通过黄河皮筏水运，经过20天左右到达包头。随后，起岸转驼运，一路向东，经归化城、张家口，运到天津出口。从光绪元年（1875）至宣统末年（1911），青海每年东运羊毛达700万斤，甘肃为760万—770万斤，营运的皮筏有734只以上，共计运送羊毛和皮革约103460斤。② 民国十二年（1923），京包铁路包头段贯通，提高了皮毛的运输效率，进一步加快其东运出口。据绥远地方志资料统计，1923—1938年间运至包头的羊毛共计214710斤，比1875—1911年增加了133.63%。③

表3-2　　　　清末民初归绥皮毛牲畜商品运销情况表④

类别	名称	来源	销路
皮张类	猞猁皮、狼皮	新甘宁青	北平、天津
	沙狐皮	本省	北平、天津
	灰鼠皮、狸子皮、狗皮、兔狲皮、獭皮、扫雪皮、貂皮、包瘦皮、夜猴皮	新、甘	北平、天津
	黄羊皮、山老羊皮、猾子皮、马皮、驼皮、狐皮、狐腿皮、羔腿皮、羔子皮、牛皮、盘羊皮	新、甘及本省	北平、天津
绒毛类	羊毛、驼毛、羊绒、马尾子	新、甘及本省	北平、天津
牲畜类	牛、羊、驼、马、骡	蒙古	晋、冀
	猪、驴	省内各县	晋、冀

由表3-2可以知道，归化城皮毛牲畜产品的贸易呈现"西货东

---

① 丁逢白：《西北的畜牧业》，《蒙藏月报》1936年第5卷第4期。
② 黄河上游航运史编委会编：《黄河上游航运史》，人民交通出版社1999年版，第147页。
③ 黄河上游航运史编委会编：《黄河上游航运史》，人民交通出版社1999年版，第190页。
④ 绥远通志馆编纂：《绥远通志稿》卷27《商业》，内蒙古人民出版社2007年版，第3册，第638—639页。

销"的特征，邻近的包头城与大同城的情况与之相同，且这种情况随着时间的推移而愈加显著。

西北各地盛产羊毛，据20世纪30年代的调查，民国十一年至民国二十二年（1922—1933）经包头转运输出的商品中，皮毛总值为9871万两，约占输出总值的81%。彼时，我国西北地区羊毛的年均总产量为30万担，占全国总产量的60%。甘肃皮毛产品的出口始于20世纪初，据民国二十五年（1936）的资料统计，甘肃永登、永昌、张掖、酒泉四地的羊毛出口总量为5897吨。彼时，甘肃每年出口羊毛1.3万吨、驼毛500吨、马尾毛30吨、绵羊皮及山羊皮共30万张、羔羊皮10万张、牛皮12万张，此外还有狐、狼、山猫、貂、灰鼠、鼬鼠、豹、家猫、青海狗、狗等皮货，连同药材、猪鬃等商品，出口总值在2000万元以上。此后，虽受战祸及国际市场、国内形势诸影响，出口有所减少，然出口总值仍达到1400万—1500万元。民国二十三年（1934），青海每年产羊毛8000吨，占全国总产量的30%，占西北各省总产量的38%，每年经包头运往天津出口的羊毛约3000吨。除羊毛之外的其他输出品，如羊皮、牛马皮、驼毛的数量亦很可观，青海每年出口总值约600万—700万元。据民国的调查，青海年商品输出总值的80%以上都是皮毛产品。陕、甘、宁、新等省也是这样，故皮毛业为西北财政收入的主要来源。由此可见，皮毛业是近代西北经济带的优势产业。

20世纪初，晋商在西北地区的商业活动涉猎多种行业，其中以皮毛业为最。他们在西北地区遍设皮毛收购的行庄，用皮筏子或骆驼运至包头、归绥等地，继而转运天津售予洋行；随后再由天津购回洋货、布匹销往陕、甘、青、宁、新等西北地区。彼时，晋商在西北皮毛市场显现出较强优势，几乎掌控西北皮毛交易。晋商所设瑞凝霞、步云祥、大德源、德顺成、同盛德、义成昌、德兴旺、义源祥、乾源商行等字号在西北皮毛贸易中实力斐然，其中又以瑞凝霞、步云祥两家最强，资本额在16万—60万元间不等。随民国九年（1920）京绥铁路集宁段的开通、新泰兴、仁记、平和、聚利等英国洋行始设庄于兰州收购羊毛。晋商在与洋商展开竞争的同时，又积极与之合作。彼时，晋商在兰州、临夏、西宁、贵德、湟源、永登、永昌、张掖、酒泉等地收购皮毛后，利用洋行所持享有子口半税特权的税票，将皮毛或直接转售当地洋行；或运天津售予洋行。民国二十年（1931）后，随洋商子口半税优惠制度的废除，加上时局不靖，外商纷纷撤庄，陕、甘、青、宁、新等地皮毛市场几由以晋商为代表的中国商人所控制。

二 甘宁青羊毛贸易网络的形成

晋商很早就在西北地区收购皮货，青海西宁"羊羔皮出口时间很早，当时由陕西同州和山西大同、河北顺德、及张家口等处的商人收购"①。新疆叶尔羌"山陕江浙之人，不辞险远，货贩其地"，在八栅儿会"牲畜产品，尤不可枚举"②。"津、晋两大商帮……其对游牧民族之交易，多以信用购得商品，且多以物易物，如茶、面粉、布正、杂货、器皿，以易牲畜、细毛皮、马革、熟皮等。"③ 晋商在西北收购皮货不深入牧区，而是在湟源、中卫、平罗、伊犁等地设庄，从深入藏区收购皮毛的本地小商贩手中收购皮货，每年收购的羊毛最多时有数百万斤，兽皮数十万张。经由新疆丹噶儿由晋商转运内地销售的畜产品中"运往兰州、西安的羊羔皮，每年十至十五万张，野生皮四、五千张；运往西宁、兰州、汉口的野马皮有五千余张"④。

天津于19世纪60年代开埠之后，逐渐成为中国北方最大的港口，其经济腹地不断由华北向西北延伸，带动了甘宁青皮毛市场的兴起。中国羊毛的出口开始于1881年，此时出口的羊毛产自蒙古及河北地区。随着西方国家对羊毛需求数量的增加，在1895年前后，英国开始通过

---

① 廖霭庭：《解放前西宁一带商业和金融业概况》，青海政协文史资料委员会编：《青海文史资料选辑》第1辑，1963年，第116页。
② （清）椿园：《新疆纪略》卷2，乾隆四十二年（1777）序刻本。
③ 许崇灏：《新疆志略》，重庆正中书局1944年版，第119页。
④ 转引自王致中《明清西北社会经济史研究》，三秦出版社1989年版，第434页。

甘肃的驼帮大量采购产自青海的羊毛,"西宁毛"享誉国际。① 随着羊毛贸易的进一步发展,民国时期,甘宁青羊毛贸易网络开始形成。有学者研究认为最迟到清光绪二年(1876),来自陕西,甘肃,青海等地的大黄已经经过天津出口,皮张、羊毛、羊肠、骨头等畜产品自天津出口的数量也在逐年增加。② 彼时,西北地区出口物资的种类和总值在不断增长。与此同时,从天津等口岸进口的洋货也源源不断地输送到西北地区的各个角落。据民国年间实业部天津商品检验局的《检验月刊》记载,顺德府(今河北邢台)的小贩,自清同治末年开始,到陕西的定边、甘肃地区以及青海的西宁等地贩运皮毛,之后运往天津出口。③ 随后又将从天津港进口的廉价现代生活用品运销到宁甘青等广大西北地区。天津杨柳镇赶大营的商人将天津港进口的洋杂货向西北,尤其是新疆地区销售。④ 另据统计,1925 年"天津输出之羊毛,青海、甘肃居其五成,山陕居其成半,蒙古居其二成半,直、鲁居其一成"⑤。由此可见,彼时西北地区的甘肃省宁夏府、兰州府、西宁府、甘州、凉州等地都已经与广大西北地区和世界市场发生了紧密联系,成为天津港对外出口皮毛和对内进口洋货的主要经济腹地。⑥ 而遍布各个区域的,大小不等的,各级各类市场在其中起到桥梁作用,而这些市场大多是某一区域的中心城镇。这些城镇设有规模不一,不同国别的商号和洋行,从事着皮毛收购及杂货销售业务。

三 山西北部的皮毛市场

近代山西不仅在地理位置上与西北地区紧密相连,而且随着山西商

---

① 青海省志编纂委员会:《青海历史纪要》,青海人民出版社 1980 年版,第 89 页。
② 樊如森:《民国时期西北地区市场体系的构建》,《中国经济史研究》2006 年第 3 期。
③ 实业部天津商品检验局:《检验月刊》1934 年 2 月号,《工商要闻》部分,第 14 页。
④ 王鑫岗等:《天津帮经营西大营贸易概述》,中国人民政治协商会议天津市委员会文史资料研究委员会编:《天津文史资料选辑》第 24 辑,1983 年。
⑤ 北京西北周刊社:《西北周刊》第 15 期,1925 年 5 月 24 日版,第 2 页。
⑥ 吴松弟:《中国百年经济拼图》,山东书画出版社 2006 年版,第 202 页。

人贸迁西北地区，大大促进了当地商业城镇的兴起发展，并促使棉布、皮毛及其他商品大量在西北—京津冀地区间的交流。大宗商品远距离贸易不仅需要便捷的交通，而且需要星罗棋布的地方性市场。随着商品产业化生产运销，很多地区分化出了针对某一类商品的不同种类市场，我们以皮毛商品在山西北部的市场分化进行讨论。此外，西北—京津冀区域内商品在由东向西或由西向东的流通，其实是由省份、地区之间的商品流通组成的，这些短距离的商品流通是长距离流通的基础，我们以彼时陕西商品流入流出进行讨论。

随着皮毛交易的繁荣，山西北部的很多城镇针对皮毛及同类型商品形成了大宗皮毛市场、基层专门性皮毛市场，并初步构建了当地皮毛商品市场体系。

（一）归化城的大宗皮毛牲畜市场

清代，位于晋蒙交界的归化城是晋北地区最负盛名的皮毛牲畜市场。陕甘宁青新等西北地区所产皮毛和牲畜均于此地汇集，而后再进行转运和分销。"归化城地当山西省至蒙古地方的交通要道，又是西经包头镇通往甘肃、陕西等地的必由之路，自古以来称张家口为东口，而称归化城为西口。此地系内外物资的集散之地，市场活跃，大量皮毛、羊毛、驼毛等由蒙古运来此地，再转往天津以及其他地方。"[①] 西包头镇作为黄河岸边的水陆码头而发展成为晋北皮毛及粮食的转运中心。这里的皮毛大多来自西北地区的青海、宁夏、甘肃等地。诸如"驼、羊毛绒销往天津，山羊、老羊皮销往大同，羔皮、狐皮、狼皮销往北京，狗皮、牛、羊、驴皮销往天津"[②]。繁荣的皮毛贸易，使得皮毛商号在包头镇的商业中占有举足轻重的地位。[③]

---

① 民国《山西省志》，载任根珠点校《山西旧志二种·附录》，中华书局2006年版，第281页。
② 民国《包头市志》卷9《工商志》，载《包头地方文献丛书》，内蒙古大学出版社2008年版，第239页。
③ 张宪功：《民国时期包头同业公会研究》，吉林大学出版社2016年版，第21页。

（二）基层皮毛牲畜市场

基层皮毛市场设有固定商号从事皮毛商品的交易，且大多分布于边外皮毛牲畜交易频繁的厅治。丰镇厅的皮毛牲畜市场被称为马桥，位于丰镇厅下辖隆盛庄的马桥街，每天都有以牛、马、驴、骡为主的牲畜交易，如有大型交易则会特设专门场地进行交易。① 萨拉齐厅的皮毛牲畜交易市场称为牲畜市，位于城内，每日上午进行以牛、马、驴、骡、骆驼为主的交易。② 其他邻近的各厅治均有专门的皮毛牲畜市场。这些基层专门性市场，在满足本地居民的生产生活资料所需的同时，也承担部分市场转销功能。值得注意的是，清代及民国时期的大同城与浑源县城，均为基层皮毛牲畜市场。③ 清代山西北部存在上述两类牲畜皮毛交易市场，各自承担市场本身的运销功能，共同构建了当地皮毛牲畜运销体系。

第三节 粮食

一 山西北部粮食的运销

（一）销往省内各地

因明末清初的战乱，山西各州县农业发展落后，清中期以后，随着口外六厅土地的垦殖，山西地区的农业逐步得到恢复，特别是归绥地区粮食产量的大幅度提高，使得山西境内的一些州县成为余粮外销区。但是由于山西三分田地七分山岭的自然地理状况，境内仍有许多州县需要外地粮食补给。晋北的归绥六厅自然地理条件逐渐成为口外商品粮输出

---

① 绥远通志馆编纂：《绥远通志稿》卷27《商业》，内蒙古人民出版社2007年版，第3册，第831页。

② 绥远通志馆编纂：《绥远通志稿》卷27《商业》，内蒙古人民出版社2007年版，第3册，第839页。

③ （民国）实业部国际贸易局：《中国实业志·山西省》第2编《山西经济之鸟瞰》，实业部国际贸易局，民国二十六年（1937）版，第25页。

地后，山西地区商品粮生产和销售呈现"北粮南运"和"西粮东销"的特征，亦即大同及归绥地区所产粮食往南销售到山西中西部、东北部缺粮地区。

大同城位于晋北地区。清代大同府属的许多州县（天镇县、阳高县、蔚州）粮食产量较多，向东销往直隶，向南进入雁门关，销往山西中部各地。清康熙三十年（1691），就曾经调集大同府、五台县、蔚州等地粮食接济彼时受灾的直隶及山西中部地区，以填补仓储，位于山西中西部的孝义县即"领银四千两，买贮粟谷一万石，而仓储始裕"[①]。大同所产粮食一路向南，途经山阴县、朔州，过雁门关进入忻定盆地，再往南进入晋中盆地。此路亦为大同府到省治太原的官道。

清代，归绥地区粮食生产条件优越，是粮食外销区。归绥地区粮食丰产由来已久，清雍正年间"归化城土默特地方，年来五谷丰登，米价甚贱"[②]。彼时，可可以力更、托克托厅之河口镇、萨拉齐厅之包头镇等均为归绥地区的粮食集散市场，它们分布于归绥六厅地区的交通便利之处。"口外蒙古，厂地宽阔，人物繁庶，粮粟粜籴较别务尤急，除各厅粟店行开设外，如归化城之毕齐可齐山后可可以力更等村，托克托城之河口、萨拉奇之包头镇等处，皆米粟总汇，居民就近粜卖。"[③] 黄河便利的水运使得归绥地区的粮食更加便利地运到山西中部各州县。康熙年间，清朝曾在归绥采买粮食，沿黄河顺流而下，运至保德州。[④] 此后，粮食更是源源不断从归绥地区运往山西。值得注意的是，粮食南运不仅走陆运，而且走水运。包头镇集散的粮食大多水运南下山西。晋西北永宁州的碛口镇是黄河中上游水运的重要节点，因为从碛口以下的黄

---

① 乾隆《孝义县志》卷3《田赋》，载《中国地方志集成山西府县志辑》第25册，凤凰出版社2005年版，第484页。

② 《清世宗实录》卷34，雍正三年（1725）七月癸亥，中华书局1985年影印本，第523页上。

③ （清）张曾：《古丰识略》卷20《市集》，载《中国边疆史志集成·内蒙古史志》第27册，全国图书馆文献缩微复制中心2002年影印本，第184—185页。

④ 《清圣祖实录》卷183，康熙三十六年（1697）四月甲戌，中华书局1985年影印本，第958页下。

河会经过壶口瀑布，因此航道内逐渐暗礁及狭窄处增多，故货物由上游运至此处后需起岸走陆路，用车拉马驮或者骆驼驮运至山西缺粮地区。当时，汾州府孝义县"人多土瘠，虽丰年亦不赡一邑之食"，"多借外来商贩自延榆、归化等处，木筏装载，由黄河而下，至永宁之碛口，复陆运，经宁乡至孝，商贩多止孝义，汾、介又自孝义买去"。①

（二）销往京津冀

从民国时期调查的山西进出口商品来看，归绥、大同、天镇、阳高是大宗粮食出口地，运往的地点正是天津商埠。②清末民初，随着粮棉产区的增加，棉布、皮毛等商品的运销以东西向为主，山西大宗商品运销也由"南北运销"过渡到"东西运销"。彼时，"山西省所需的进口及外地商品大部分经天津中转，运往山西北部的商品，经北京、张家口，由京绥铁路运至大同，再分发至各地市场"③。民国时期，平绥铁路竣工，"其起点丰台连接平汉、北宁两路，借以东通关外。其终点包头，为西北水路要埠，有黄河可通船筏，以达宁夏、兰州，举凡西北出产之杂粮、皮毛、牲畜、药材、盐碱，以及内地之茶、糖、布匹、杂货，均可由此路转输。"④

二 西北粮食的运销

清代，黄河河套地区的粮食除供应军粮外，还通过黄河水运到内地销售。清乾隆年间（1736—1795），宁夏平原粮食的大仓调运工作均依赖水运完成，宁夏中卫的宁安堡、宁安新堡、恩和堡等地，每年装船的

---

① 乾隆《孝义县志》卷4《物产·民俗》，载《中国地方志集成·山西府县志辑》第25册，凤凰出版社2005年版，第504页。
② （民国）实业部国际贸易局：《中国实业志·山西省》第2编《山西经济之鸟瞰》，1937年，第109页。
③ 民国《山西省志》，载任根珠点校《山西旧志二种·附录》，中华书局2006年版，第689页。
④ 绥远通志馆编纂：《绥远通志稿》卷78《铁路》，内蒙古人民出版社2007年版，第10册，第7页。

粮食就有5090石。"清末民初，青海黄河两岸农业区，每年运往甘肃、宁夏的小麦达万斤以上。"① 据《青海帐幕经济与农村经济之研究》记载：在"（20世纪）三十年代以前，青海水运出省的粮食年约达1000万斤。青海出省粮食在兰州等地成为'西河粮'：民和县水运抵达兰州的粮食，民国十七年前，年均数千担；乐都小麦、莞豆水运至兰州等地达2万石；西宁水运至兰州的小麦，民国十八年5800石，十九至二十年7800石，二十一年2000石，民国二十四年猛增至5万石"，可见粮食运输数量之大。

19世纪70年代，"左宗棠西征时保障军需的有四个粮源：其一南路，从甘肃的凉州、甘州、肃州等地采购；其二北路，从包头、归化城、乌里雅苏台、科布多等地购买；其三是从新疆巴里坤和古城子一带购买；其四是从伊犁采购。上述四个粮源中的北路粮源，是左宗棠推动开辟的。彼时，左宗棠发现从归化城、包头往西的广大区域有不少地方盛产粮食，且有一条商旅往来的捷径可以直达巴里坤，不必绕道乌里雅苏台、科布多两城，省时省力。于是，他把在归化城等地采购的粮食经过这一路线运到巴里坤。同时，他又在盛产粮食的宁夏地区采买了100多万斤，经察罕庙、巴尚图苏庙等地，和归、包粮食取同一路线运到巴里坤"②。在左宗棠的安排调度下，运粮采取了分地积存，分途采运，接续联运的办法。南路以甘肃肃州为起点，设粮局。采运甘、凉、肃三州粮食，先用牛车或骆驼运至安西，再全部改用驼运到哈密粮局。北路在归化设粮局，包头设分局，采购归化、宁夏一带粮食，全部用驮运经蒙古草原至巴里坤。由于安排得当，运费合理，驼户都乐于承运。出现了"包头、归化、宁夏、甘郡、肃州商驼云集……转运踊跃"③ 的景象。

民国时期，兰州在"自产粮不足，需靠青海湟中、甘肃临洮一带

---

① 马天鹤：《甘青藏边区考察记》，甘肃人民出版社2003年版，第143页。
② 杜经国：《左宗棠与新疆》，新疆人民出版社1983年版，第55—57页。
③ 《左文襄公宗棠全集》卷16，载沈云龙主编《近代中国史料丛刊》第65辑，台北：文海出版社1979年版，第3215页。

供给，每年 8 月麦收之后，粮按开始运粮，年运粮量约 3000—8000 石。"① 这些粮食有相当一部分是由黄河上游航道运送而来。因而，在黄河水运的带动之下，粮食商品化程度明显提高。

明清时期，陕西关中地区粮食产量较大，所产的粮食为小麦、菜籽、豌豆、谷子、玉米、各种豆子等，渭河沿岸也产大米。粮食是市场上交易商品的大宗，关中市场上的粮食贸易颇为发达，形成一些粮食专业市镇。清代，富平县的流曲镇就是一个粮食销售大市场，附近渭南、三原、潼关、耀州等地的粮商来此贩运粮食。② 三原县鲁桥镇也是关中著名的粮食集散地，渭北的粮食多在此交易。③ 位于陕甘要道的永寿县监军镇为是闻名秦陇的粮食交易市场，为关中粮食贩运甘肃的必经之地。④ 除较大的粮食专业市场外，每座县城都有粮食集市，如岐山县城有"粟市，春夏在正街，秋冬在南街，日以为常"⑤。韩城县城"大集之在县者，米粮杂货，每关一月，俱集城外"⑥。即便较小的市镇，通常也进行粮食交易，如岐山县的"龙尾镇在县东二十里，有铺户，饭店无，牲畜粮食集市"⑦。有很多陕西、山西的商人专门从事将关中粮食市场向外省输出的活动。

第四节　烟草、木材、盐及其他杂货

一　烟草

我国的西北干旱且寒冷，早晚温差大，而水烟具有消除瘴气、提神

---

① 甘肃省地方志史志编纂委员会编：《甘肃省志·航运志》，甘肃人民出版社 1992 年版，第 82 页。
② 田培栋：《明清时代陕西社会经济史》，首都师范大学出版社 2000 年版，第 162 页。
③ 徐志祯：《解放鲁桥镇侧记》，三原文史资料委员会编：《三原文史资料》第 23 辑，2011 年，第 33 页。
④ 咸阳地方志编纂委员会：《咸阳市志》第 2 卷，三秦出版社 2001 年版，第 14 页。
⑤ 光绪《岐山县志》卷 3《镇市》。
⑥ 乾隆《韩城县志》卷 3《市集》。
⑦ 光绪《岐山县志》卷 3《镇市》。

解乏的作用，逐渐成为当地百姓的生活必需品。烟草专著《金丝录》中指出，"边卒携烟草三四斤易一牛……秋尽，俄罗斯来互市，易缣布，烟草、姜椒、糖饧诸物以去。"① 明中叶以来"山西、陕西大商，以烟草为货者有九堂十三号，每堂出入资本岁十余万金"②。

明末清初，烟草种植从山西传入陕西东部及南部地区，渭南及汉中很快成为重要的烟叶产地，所产"邓州烟，品质最佳，颜色淡黄，被称为黄金叶"，且当时市场上较为流行的水烟，除"甘肃之五泉"有产出外，就是"陕中"所产的了。③ 清初，陕西延安、绥德等地，每年定额完课"千余斤"烟。④ 甘肃兰州盛产水烟，声名远播，在全国市场都很受欢迎。兰州水烟的广销全国亦与晋商的活动有关。彼时，晋商及当地商人促使水烟市场在陇甘兴起。他们先将水烟陆路运输到陕西关中地区的泾阳县，此处是兰州水烟远销的集散市场，然后分销江南、华北和华中等市场。水烟利润很高，"关外至一匹马易烟一斤"⑤ 或"烟三四斤换一牛"⑥。因此，陕甘很多地区的农民大量种植烟叶，用以"获利、还债、活家、献纳、婚嫁以及送死养生之用"⑦。据统计资料表明，至1923 年，甘肃皋兰地区的烟田面积占可耕地面积的47%。⑧ 清末，水烟"北线沿黄河出宁夏经张家口运到京津；向南则经秦州、广元、成都、重庆运至云贵；向东经西安、汉口，终端市场在上海、杭州，以至到东北各地"⑨，风行全国。

二 木材

木材，是西北—京津冀地区商品交流的另一种大宗商品。青海、甘

---

① 杨国安：《中国烟草文化集林》，西北大学出版社1990 年版，第30 页。
② 同治《衡阳县图志》卷10《物产》。
③ 杨国安：《中国烟草文化集林》，西北大学出版社1990 年版，第253 页。
④ 杨国安：《中国烟草文化集林》，西北大学出版社1990 年版，第18 页。
⑤ 杨国安：《中国烟草文化集林》，西北大学出版社1990 年版，第18、10 页。
⑥ 杨国安：《中国烟草文化集林》，西北大学出版社1990 年版，第198 页。
⑦ 胡伯益：《烟茶布三帮在西北产销概况》，《陕西文史资料》第23 辑，第152 页。
⑧ 魏永理：《中国近代西北开发史》，甘肃人民出版社1993 年版，第147 页。
⑨ 王致中：《清代甘宁青市场地理考》，《西北史地》1986 年第2 期。

肃地区所产的木材顺黄河而下，到达甘、宁、内蒙古、山陕等地。发源于祁连山的黄河支流——庄浪河，流经甘肃武威天祝县、兰州永登县，随后在兰州河口村汇入黄河。该条河流是运送原木的主干道，木材砍伐后，"顺流而下，日行二百里许，夏之宫室廨署皆资之。"① 据统计，民国初年，每年通过黄河及其支流运送木材 4 万多株，大部分运往兰州、宁夏、包头等地。彼时，兰州小西湖一带是黄河水运木材的一个集散地，也是木材交易市场，木料在这里重新组筏，以便继续运输。

清代关中地区的终南山北麓的黑河流域、眉县、宝鸡、岐山、周至等县的山区均盛产木材。清乾隆五十年（1785），周至县"每年木植出山之日，黄巢峪地方，木商山客互相交易者，不下数万人。"② 并形成了木材砍伐、运输、销售的上下游产业链雏形。"仿板厂、猴柴厂匠作水陆挽运人夫，大者每厂数百人，小者亦数十人。"③ 由于木材生产及销售的旺盛，在周至县殿镇、马召、辛口、骆峪、终南等地在彼时成为木材专业城镇。周至、鄠县所产木材，经黑河、涝水、渭河运到西安、同州两府，再陆路运销甘肃，或经黄河水路运达晋、豫，远及江苏的徐州、淮安等地。④

三 食盐

宁夏、内蒙古两地有大量的盐池，所产池盐大都经由黄河航道运至包括山陕两省部分地区在内的指定区域进行销售。位于内蒙古阿拉善地区的吉兰泰盐池，以盛产优质池盐而负有盛名。清初，食盐以官运为主，民运极为鲜少。清乾隆五十一年（1786），阿拉善旗恳请通过黄河航道民运吉兰泰池盐，以供民用，后清廷允许吉兰泰池盐可水陆兼程运至山西碛口，再转销他处。从此，吉兰泰池所产之盐大量销往山西地

---

① （清）梁份著，赵世明等校注：《秦边纪略》，青海人民出版社1987年版，第296页。
② 乾隆《周至县志》卷10《艺文》。
③ 道光《三省边防备览》卷9《山货》。
④ 许涤新、吴承明：《中国资本主义的萌芽》，人民出版社1985年版，第446页。

区，有记载称"阿拉善向准运晋盐船五百只，每船盐28000余斤，共计盐1400万余斤"，自内蒙古西部的磴口码头顺流而至山西西北部的托克托城之河口镇，起岸陆运，由杀虎口行入内地。① 此后，磴口码头成为吉兰泰盐集散地。清嘉庆十七年（1812），吉兰泰盐池归阿拉善亲王玛哈巴拉所有和管理，他禁止官运池盐，故彼时仅有部分私盐运输。随后，吉兰泰盐池因人为及自然等原因而外运销售数量渐少。直至民国时期，相关政策法规的制定，使得水运吉兰泰盐进入兴盛，运销黄河中游各地。

四 其他杂货

（一）由西北运出的货物

明清时期，西北地区的商贸运输以粮食、食盐、木料为大宗，清后期皮毛、枸杞、甘草、水烟等商品逐渐对前述商品取而代之，成为大宗货物。"清道光十年（1830），由于托克托县河口镇码头被淹，包头南海子码头开始兴起，成为黄河航线东部的较大口岸。清同治十三年（1874），因黄河改道，土默特旗的毛岱官渡移至包头南海子，从此南海子成为包头官渡。"② 随后，京包铁路贯通，包头遂成为西北—京津冀地区的水陆码头，羊毛、皮张、粮食、木料、枸杞、水烟等物资从西北顺流而下来到包头，转火车继续东运。洋货、布匹、副食等物资从京津冀地区陆运至包头，或水运或陆运继续向甘宁青新等西北各地运输。"包宁水运大宗货物，上水以煤油、糖茶布及其他洋货为多，下水以皮毛、药材、红盐为大宗。据民国十九年省府调查所得，上下水重要货物数量，如枸杞则有800件，重8万斤；青丝烟3500件，重63000斤；

---

① 中国第一历史档案馆藏：《奏为据情转奏请将吉兰泰蒙盐试行水运并请户部发给照票准令民人持照赴蒙平价购盐事》，咸丰七年（1857）七月初五日。档号：04-01-01-0863-095。

② 政协包头市东河区委员会文史资料研究委员会编：《包头宗教史料》，1990年，第136页。

羊毛4万件，共重60万斤；杂粮7万担；红盐3600担，每担400斤；其上水杂货约5万件，每件160斤。"①

药材也是大宗商品之一。西北药材以产自甘肃、青海等地的大黄为主。据清乾隆五十四年（1789）的资料显示，当年有新疆阿克苏有商民储存并贩卖大黄870余斤；叶尔羌有维族商人贩卖给吐鲁番商民大黄600余斤；哈密商民由甘肃私贩大黄5000余斤赴迪化售卖等。值得注意的是，新疆本地居民对大黄的需求量并不是很大，上述大黄应有很大一部分从新疆过境，转售中亚、俄国等地。上述材料出现于中俄关系紧张，清廷下令关闭中俄恰克图贸易并严禁新疆大黄出口之时，所以平时的交易量应不低于这个水平。甘肃市场上的中药材以洮、岷所产的当归、黄芪，庆阳产枸杞，凉州产大黄最为出名。它如熊胆、牛黄、鹿茸、麝香等皆为名贵药材，多由秦州运往陕西关中市场。关中地区的三原县城是药材集散中心，②"药材三原转贩豫、晋、鄂、苏等处销售"。有记载称清同治四年（1865），陕西药商把当归、枸杞等药材运到直隶安国县，参加这里一年一度的全国药材交流大会。③

（二）由京津冀运入西北的货物

清后期，随着开埠后大量洋货进入中国市场，活跃于西北—京津冀地区的商人，其所经营商品的种类也发生了很大变化，特别是从京津冀地区采购销往西北的商品中，由天津港输入的"洋货"占了七成，而国内各地所产土货只占三成。这些洋货主要有：外国所产各种品牌的漂白布、斜纹布、细布、粗布；德国所产绸缎；巴黎所产毛呢；荷兰所产白糖；英美烟草公司所产"哈德门"香烟，还有各种化妆品、罐头、洋伞、自行车、怀表等。彼时，许多西北商号在天津开设货栈，以便办货。以宁夏当时实力最强的商人——"八大家"为例，"自民国以后，

---

① （民国）李均：《察绥交通概况》，《西北问题季刊》1935年第1卷第2期。
② 田培栋：《明清时代陕西社会经济史》，首都师范大学出版社2000年版，第412页。
③ 牛良臣：《祁州药都形成的原因》，《河北学刊》1983年第4期。

'八大家'的70%以上的货物均仰仗英、美等国洋行供给,故成为洋货的推销者。自民国十四年前后,各国洋行则依赖'八大家'在宁夏代其收购土特产。当然,双方并无契约合同,但这是外国资本主义经济侵入半殖民地半封建中国的必然结果。"① 在运销西北的商品中,从天津采购的海菜被西北地区视为珍馐美味,很多甘宁青地区的城镇还设有专营海产品的海菜行。彼时,活跃在西北—京津冀地区的山西商人的经营活动也发生了很大变化,经营洋货的品种和数量也大幅增加。同时,他们也在西北各地大量收购土烟、皮毛、枸杞、甘草、发菜等土产,运销京津冀地区,广受民众欢迎。

进入新疆市场的内地食品种类繁多,酒类、果品、水产海鲜等,不一而足。纪晓岚旅居迪化时,曾惊叹于这里的内地食品种类之多,以及内地客商生意之兴隆,"每岁酒商东归,率携二三万金去"②,新疆的丹葛尔是西北民族贸易的中心市场之一,山陕商人从内地运来大量的布匹、茶叶、糖等商品,又在此市场收购大量皮毛、药材,运回关中,经加工后再远销沿海各地。③

关中市场上的煤、铁、酒等商品大多来自华北市场,例如华州"输入品,则煤、铁之舟汛于河渭,来自山西"。鄠县的"铁货如铁钉、铁锁之类,除自制外,由山西泽州、潞安等府,水运至河口,由河口陆运至鄠,每年共销六七万斤。铧由山西河津樊村镇,水运至咸阳,由咸阳至鄠,每年共销十余万叶。"④ 山西土地大多数比较贫瘠,所产粮食适合酿酒,"于是民间常以岁收所入,烧造为酒,变易银钱。或远至直隶,或西至秦中,四处发贩"⑤。

---

① 刘继云:《旧银川的八大商号》,载政协宁夏文史资料委员会编《宁夏文史资料》第12辑,1984年。
② 转引自朱瑜章《纪昀〈乌鲁木齐杂诗〉中的河西民俗——郝浚等〈乌鲁木齐杂诗〉补正》,《河西学院学报》2007年第6期。
③ 田培栋:《明清时代陕西社会经济史》,首都师范大学出版社2000年版,第398页。
④ 光绪《鄠县乡土志》下卷。
⑤ 光绪《平遥县志》卷12《杂录志》。

第五节 茶叶

晋商自明末清初茶叶贸易放松后，即已控制西北茶叶市场。① 清雍正五年（1727），清与俄罗斯在恰克图、尼布楚等地开展互市。晋商将茶、曲绸等商品运往上述口岸销售，茶遂成为中俄贸易的大宗商品，"与俄之细皮毛哈喇洋糖等相交换，运销内地"。晋商的商业足迹"不仅限于恰克图，即新疆、满、蒙诸地之贸易，鲜不为彼等所垄断"②。他们在福建、湖南、湖北、广东、广西、江西、安徽等地收购茶叶，贩至归化城、张家口、京津地区销售，并深入蒙古草原，到达库伦、恰克图、科布多、乌里雅苏台等地进行商贸活动。山西商人，在整个蒙古地区及长江以北各省有着极广泛的商业联系。而茶叶经营是它最重要的获利项目。西北地区的茶叶贸易在西北回乱之前一直由晋商垄断，彼时承销西北茶引的"大商均籍隶山西"③，且"甘新茶政，向由晋商承办，谓之东商口岸"。由上可知，晋商历来是西北地区承办茶引的富商巨贾。

两湖地区是晋商采购砖茶的重点区域，1861年前"一向是山西商人在湖北湖南购买并包装了砖茶，由陆路一直运往恰克图，销售恰克图"及西北地区。彼时，每到采茶季节，晋商等外地客商挟巨资前来福建武夷山区，"到地将款及所购茶单，点交行东，恣所为不问，茶事毕，始结算别去。乾隆间，邑人邹茂章以茶叶起家二百余万"。为方便长途贩运及保存，晋商把散茶制作成砖茶，进行运销，因此山西茶商又被称为盒茶帮。清代，"茶日兴，贩夫贩妇，逐其利者日常八九。远商亦日至，曰引庄，曰曲沃庄，曰滚包庄，皆西北商也。"④

---

① 陶德臣：《晋商与西北茶叶贸易》，《安徽史学》1997年第3期。
② （清）张选民：《中俄早期贸易考》，《燕京学报》第25期。
③ 李万禄：《西北茶马市与马合盛茶号》，载中国人民政治协商会议甘肃兰州委员会编《兰州文史资料选辑》第2辑，文史资料研究委员会，1986年。
④ 同治《安化县志》卷33《时事纪》。

甘肃兰州是西北茶叶中心，茶商分东西二柜，东柜是山陕商人，西柜为回商。① 西北官茶从产地俱运到兰州，由皋兰县办理装运，"官茶行销口外，西讫回番海藏，北达蒙古各族，按引征课，本有定章。"晋商遂放弃了福建、云南所产之"白毫、武夷、香片、珠兰、大叶、普洱六色杂茶"，"潜用湖茶改名千两、百两、红分、蓝分、帽盒、桶子、大小砖茶出售"，获得良好口碑与巨额收益。贯穿于整个晚清西北茶叶市场，晋商所销砖茶，不但在新疆，而且在内外蒙古均很有市场。②

经由我国西北地区输入俄国的茶叶数量在19世纪40年代以后有大幅上涨，1841年从伊犁、塔城出口茶叶仅1315磅，1852年增至66.6万磅，1855年达到166.8096万磅。俄罗斯市场成为我国茶叶出口的重要目的地。清末开埠之前，茶叶实行官商专卖。晋商购办产自湖南、湖北、江西、福建等地的茶，运至恰克图与俄商交易，或至新疆西部出国境。1870年前茶业贸易变"专卖"为"自由买卖"。晋商在西北地区的茶叶贸易逐渐式微，取而代之的是南商，即湖南茶商。即便如此，晋商仍然在西北茶叶贸易中占有相当份额。

民国初年，乌鲁木齐的永盛生、大顺裕、同兴公、双盛泉、天源成等五家实力最强的茶庄，平均每年销售各类砖茶35.6万块。一些小庄平均每年销售砖茶合16万块。彼时，在迪化的各种砖茶，年销量约51.6万块。1920年的一则资料显示，据不完全统计，当年经由蒙古草地驼运至迪化的商品有29种，总重为221万斤。其中仅各种砖茶即有132万斤，约合33万块。③ 由此可知，民国以后，茶叶在新疆市场上所占的份额仍较大。

此外，还有一点值得注意。明清至民国时期，西北用兵多次，这时西北—京津冀通道上运输的物品就以军事物资为主了。明洪武九年（1376）之后，黄河上游大多数的航线及渡口实行军事化管理，主要运

---

① （清）赵尔巽：《清史稿》食货志5《茶法》。
② 《历代茶叶边易史略》，《边政公论》1942年第3卷第11期。
③ 《新疆商业外贸史料辑要》内部发行，第1辑，1990年，第245—246页。

送军队及军用物资,彼时,"河湟间常造舟,载军仗,下宁夏平贼,宜留木以待用"①。九边驻军粮食供应多来自山西、河南。②清康熙十四年(1675)春,西宁总兵平叛时,制作皮筏运输士兵夜渡黄河,大败叛军。清康熙二十九年至三十六年间(1690—1697)康熙皇帝御驾亲征准噶尔部平叛,利用黄河航道运送粮草,沿黄河从包头至银川、中卫。有资料表明,民国二十七年(1938)中国共产党在靖远县水泉乡建立武装时,用羊皮筏子从兰州顺流而下,将军衣、步枪、子弹,还有其他的军用物资运到根据地。③

第六节　山西北部城镇中的大宗商品运销

山西位于中国的中部,地处农牧交错带。清初,随着晋北土默特农垦业发展,当地形成了大量的村落和乡镇。再加上晋商前往蒙俄、西北、京津冀、东北地区从事商贸活动,取道归绥地区,不仅使得归化城、西包头镇等成为地区商业中心市场。更出现了大量经营来自京津冀、西北货物商品的货物集散城镇。

杀虎口,明清时期均为蒙汉商品交汇的要冲,蒙古的广大地区,特别是唐努乌梁海、科布多、扎萨图汗部、三音诺颜部及内蒙古六盟地区牧民生活所需的绸缎、布匹、茶叶及日常生活器具皆主要由内地商人,经杀虎口出关供应;而蒙古之牛、羊、驼、马、皮革、木植等所出,均由杀虎口缴税进关销往各地。丰镇厅城在清末,绥东、京、津、晋等各地粮商汇聚于此,年成交量达到53万石。托克托厅城是漠南所产粮食的集散中心:口外之米经由托克托厅城,运至托克托河口村,用牛皮混沌装米沿河运往内地。保德州城在清末民初逐渐成为当地著名的"水

---

① (清)梁份:《秦边纪略》,青海人民出版社1987年版,第94页。
② 张建业、张岱主编:《李贽全集注》第10册《续藏书注二》,社会科学文献出版社2010年版,第394—395页。
③ 黄河上游航运史编委会编:《黄河上游航运史》,人民交通出版社1999年版,第197页。

旱码头"，商人从西包头镇、河口镇运回的药材、粮油、盐碱等商品，除在当地销售以外，还将甘草、柴胡、锁阳、苁蓉、胡麻油及本地龙骨、果丹皮等通过水陆两条通道运销河南禹州及泗水、河北的祁州、山西晋中、晋南等地。河曲县城为晋西北"水旱码头"，输出以烟草、石炭（煤）等为主的货物；输入产自内蒙古和陕西的盐斤、归绥地区的胡麻油和甘肃、宁夏舟运而来的稻米。

彼时，山西境内的众多城市与西北地区和京津冀地区的商品交流密切。我们选取陆地城市丰镇及水路口岸河曲及该二城市的周边城镇的商品交流进行讨论。

一　丰镇及其周边城镇

丰镇位于归化城东部，张家口西部，是连接归化城与张家口的重要商业节点城市。该城皮毛业、茶业、木材业和杂货业发达，与西北和京津冀等地的商品交流甚密。当地皮毛商人"从蒙古收购羊毛、皮张和熟羊皮，转销大同府、天津及中国其他地方"。《丰镇厅志》记言，该镇手工业以"皮革、毛袜、口袋等物匠艺最繁，较他处为十倍云"。雁门关《丰镇布施碑》中，有西盛毛店、三成皮店、义源毛店等的捐款。其中西盛毛店一次就捐银120两，位居全镇之首，其经营规模由此可见一斑。茶叶转运也是丰镇的重要行业，据波兹德涅耶夫记载，"在归绥地区，甚至蒙古，货物运输的很大一部分由丰镇'老倌'用牛车完成。据统计，每年至少有1.2万箱茶叶是由'老倌'从张家口运到库伦。在丰镇专门从事茶叶运输的有十几家商行，其中规模最大者，如复合成、福兴永、复元店、广盛店四家，各有大车300辆；其次，崇和合、天合胜、天泰永、崇和泰、恒庆店、复合永等六家，各有150辆。仅此10家商号就有大车2100辆，而且全都是运茶的。""大车数量如此整齐划一，乍一看来是很奇怪的。原来中国人按照历来的规矩，给他们的每个代理人一律是150头牛和同样数量的大车，因此一家商行有几个办茶的代理人，它就有几个150辆大车"。木材亦为丰镇商人经营的重要货物之一，从"张家口承运茶叶到库伦的丰镇'老倌'，回来时总是在库伦采买建筑用的木材或木制品到丰镇。因此他们为运茶叶而所取的运费在一定程度上取决于在蒙古和中国的木材价格。如果库伦的木材便宜，他们付的茶叶运费就低。老倌们也同意这样低的价钱，因为他们在运送茶叶方面受到的损失可以在购买木材时找补回来。"在《丰镇布施碑》中我们看到有复盛木店、德瑞木店的捐款。除大宗转运商货之外，丰镇的山西商人还与周边的苏尼特左、右二旗和阿巴嘎旗地区贸易关系紧密，"他们一般都在三月去蒙古，九月或十月回来，每家商行都要派出七至十名伙计，运去的货物主要是布匹、铁器和茶叶"。丰镇的茶叶、布匹、铁器多是从张家口进货，粮食则来自山西；从蒙区购入土碱运往张家口，或是到苏尼特右旗的二连诺尔湖买盐运回丰镇，"他们一般都是在每年六月从丰镇装上蒙古人所需要的粮食、茶叶和布匹，运到苏尼特人那里去换盐"；"他们把盐运到丰镇之后卖给专门的盐商，在丰镇专门做盐业生意的商行共有六家"，每年收进的盐约有2000大车，共计120万斤左右。

由于丰镇未设税关厘卡，不少归化城商人在蒙区"换回各色牲畜及绒毛、皮张"或直接贩往丰镇，或取道丰镇运往宣化、大同销售，以避税课，故清末丰镇商业日趋繁盛。光绪二十八年（1902）岑春煊的奏报称："丰（镇）、宁（远）两厅所产土货以四项牲畜及绒张、马尾等项为大宗，商贩往来售运，销数颇巨。该两厅地面向无厘卡，不独土货无应完之厘金，即客贩经过亦无征收。从前商情浑朴，凡归化商民前往各蒙部办运货物，换回各色牲畜及绒毛、皮张者皆仍回该城出售；近则边商客贩多趋便捷，往往将蒙部换回牲畜即由山后赶往该两厅售卖，绒毛各货贩往宣（化）、大（同）者亦胥取道于此，商路日辟，运货日增。"在雁门关的集资中，丰镇共有620余家商号参与捐资，捐银2600余两，钱577千文，正显示了清末该镇商业之兴盛。此外，位于丰镇东部的隆盛庄村交易商品以粮食、牲畜和皮毛为主。是绥远东部重要的畜产品和粮食市场，为"张家口到归化城这条大道上最大的居民点之一"，是丰镇厅之巨镇。位于连接归化城与京师大道上的张皋镇是粮食聚集地，直隶的张家口、山西的大同等地商人也常到此地收购粮食，镇上设有与张家口、大同等地粮食商人有密切银钱往来的银号。彼时，全镇有数十家商号，主要经营粮食、金融、茶、烟、酒、油和花布等业，并与归绥、京津，乃至库伦等地通商。

归化城最大的商号都是经营对蒙贸易的，主要往来于乌里雅苏台、科布多和新疆古城等地。其中最大的一家是大盛魁，它在科布多、乌里雅苏台、库伦、张家口等地均设有分号。单是同蒙古的贸易额每年达900万—1000万两。他们运往蒙古各地销售的货物主要有茶叶、绸缎布匹、皮货、铁器、木器等。归化城商人从蒙古各部落换回的主要是驼马牛羊等牲畜。仅北京的夏盛和、夏和义、天和德、三和成等几家商号每年从归化城购买的羊就达50万头。除此之外，还有大量木材由库伦或喀尔喀运来归化城进行销售。彼时，中国内地销往蒙古、俄罗斯的商品主要通过骆驼进行运输，归化城前往蒙、俄运货、经商的商号除大盛魁外，还有元盛德、天义德、义和敦等，元盛德每年的贸易额近800万两白银，天义德年贸易额达到700万两，义和敦的贸易额则达到600万两白银。而上述4家字号共拥有骆驼4000峰左右，若再加上有明确记载的归化城的12家驼店所拥有的骆驼，彼时以归化城为大本营，活跃于蒙古，以及俄罗斯地区的骆驼即可达到7000多峰。此外，在归化城中大概还可以找到上百家有三四十峰骆驼从事运输的商号，所以归化城仅汉人可供出租的骆驼总数就有7000—7500峰，可运输货物十万普特。

而杀虎口作为税关，内外蒙古之牛、羊、驼、马、皮革、木植等所出，均由杀虎口缴税进关销往各地。内外蒙古的广大地区，特别是唐努乌梁海、科布多、扎萨图汗部、三音诺颜部及内蒙古六盟地区牧民生活所需的绸缎、布匹、茶叶及日常生活器具皆主要由内地商人，经杀虎口出关供应。彼时，位于杀虎口东南部的代州城有大小商号300多家。商务远涉迪化（乌鲁木齐）、库伦（乌兰巴托）、海拉尔、北京、上海、苏州、成都等大中城市。

二　河曲及其他山西沿黄城镇

彼时，由河曲输出货物，以烟草、石炭（煤）等为主。河曲所在的保德州，在乾隆时就盛产烟草，"凡河边淤土，不以之种禾、黍，而悉种烟草……习俗惟利是趋，而不以五谷为本计也。"烟草利润大于粮食，因此当地居民纷纷种植，而所产烟草除一部分用于本地消费外，大都转销外地。河曲产煤，"炭窑最多"，因"价不昂，而利甚溥"，故"日用所需，莫便于此"。因此，河曲民人部分以开采和贩运煤炭为生。"近河者水运有舟楫"运往蒙地贩卖。河曲输入的货物主要是盐斤、胡麻油和稻米。盐斤分由内蒙古和陕西两地运至，"河曲界连蒙古，民间皆食蒙古盐，河东池盐不能到也"。此处蒙古盐为阿拉善盐，由距河曲290里的托克托城之河口村"水陆并运"而来，后"因蒙盐禁止水运，各土贩有用驴驮。从托克托城之河口村，零星买回在市售卖"。因此，蒙盐价昂。而"州境与陕西府谷县相隔一河，陕省沿边各州县均食鄂尔多斯盐斤，州属民人因阿拉善盐价贵，间有赴府谷县集场籴买"，由于鄂尔多斯盐斤价格较低，因此"贩运回州出售者，其盐随买随卖，并无积存。嗣故市集盐斤并不短缺。故蒙盐不至，尚有鄂尔多斯之盐可以源源接济"。此外，"晋北惟胡麻油其用最溥"，而"胡麻产口外"，每年秋季收割以后，"载以船筏，顺流而下"，运至山西境内黄河沿岸的河曲等地，河曲当地农民从事胡麻油生产和销售的人很多，他们"以牛□大石磨碎，蒸煮榨取其汁为油"，将剩余油渣用以饲牛或肥田。所产之油贩卖至晋北的广大地区。河曲不产稻，当地居民"以稷、豆、麦为恒食，稻自甘肃、宁夏舟运而来"。值得注意的是，河曲因特殊地理位置，境内民人外出经商者甚多，"河邑人耕商塞外草地，春夏出口、岁暮而归，但能经营力作，皆是糊口养家。本境地瘠民贫数千人，仰食于口外者无虑"，并在当地形成了村落，在蒙地经商者还精通蒙语。

清末民初，由于靠近黄河，保德州城逐渐成为当地著名的"水旱码头"。"赖有黄河北由包头南去河南，运输变通，商务受其利益。"彼时，保德州城外的黄河岸边，"有货船可载二万斤，由包头镇顺流而下，舟行至此，必用土人执舵，乃可平稳出峡，又有浑脱为筏，亦来自包头"。因来往船只运送货物数量较大，保德州城外东关建有数家仓房货栈。彼时，保德口岸的过境商品急剧增多，东关的商业更加发展，经济趋向鼎盛。商人从包头、河口运回的药材、粮油、盐碱等商品，除了在当地销售以外，还将甘草、柴胡、锁阳、苁蓉、胡麻油及本地龙骨、果丹皮等通过水陆两条通道运销河南禹州及泗水、河北的祁州、山西晋中、晋南等地。据记载，直至清光绪末年，保德州城的东关有铺户70余家、居民达到5662口。民国初年，保德州城有各种商号220余家，从业人数达3000余人。行业以绒毛、皮张、甘草、布庄为盛，百货次之。

壶口镇为清代山西沿黄地区重要的水运码头之一。主要运输由上游省内及临近陕、甘、蒙等地所产甘草、红枣、粮食、皮革、煤炭、瓷器、木材、食盐、碱面等商品。镇上聚集了来自陕北、晋南、晋北等地区的众多商号。孟门镇为黄河中游一大商业市镇，清乾隆间，内蒙古所产之粟船筏装载，水运沿黄河而下，卸聚孟门市廛之处。清代孟门镇城内主要行业包括典当业、杂货业、酒坊、骡马店等。黑峪口镇作为黄河中游的重要水运码头，客商除来自临近县镇外，亦有来自北京、蒙古、山东等地者。为晋陕两岸闻名的商业繁荣之所在。碛口镇为山西境内黄河上一处重要的水陆码头。城内商号来自河北、河南、山东、直隶、陕西、及省内绥远、包头、归化、河口、河曲、孟门、汾阳、平遥、祁县、孝义、交城、文水、介休、临县、西包头、下三交、柳林等地。有油店、花店、分金炉、银匠铺、染坊、磨坊、当铺、皮毛店、盐碱店、饭铺等多种行业。河口镇为土默特商品外运的河运码头，是蒙地盐碱囤积内运之场，"由河套运来之粮食、盐碱、甘草，均囤积于此，转销各地"，亦此时的河口镇，不仅是托克托厅最大的市镇，而且是仅次于归化城的繁荣城镇。南海子镇19世纪中叶成为黄河中上游的水运枢纽以及皮毛集散中心。托克托河口村是内蒙古大青山所产木材的集散市场。

这里聚集的木材，通过河南向北方各省乃至江苏转输。壶口镇每日来自黄河上游的船只多达数十艘，全年达到5000多艘，主要运输由上游省内及临近陕、甘、蒙等地所产甘草、红枣、粮食、皮革、煤炭、瓷器、木材、食盐、碱面等商品。

第四章　晋商与西北—京津冀地区的行社组织

明清以来，在商品经济活跃的城市，商人行社组织兴起并壮大，逐渐成为不可忽视的民间自治社团，这些商人行社的称号多种多样，有会馆、行、社等。这些组织对于旅居在外的商帮群体具有举足轻重的作用。传统的商人社团所具有的社会功能主要包括联络乡谊、祭祀神祇、举办善行等，同时还具备交流商业信息的经济功能。彼时，晋商为了在异乡顺利发展，十分重视地缘、业缘关系的维护，他们每到一地都会建立会馆，以便联络乡谊，彼此关照。直至民国时期，晋商已经在全国各地建有1000余座会馆。会馆建筑多为中国传统风格，一进两院或三院。晋商奉关羽为财神，供奉在会馆正堂。因此，有的晋商会馆也成为关帝庙。会馆日常运营经费由参加会馆组织的各个商号及商人捐资而来，他们定期举行集会，沟通商讯，联络乡情，互帮互助，解决问题。

第一节　城市中的晋商行会及职能

彼时，西北—京津冀地区城镇市场繁华，商品种类众多，更出现了许多以地域或行业划分的商人行会组织。步入近代，随着政府对商人态度的改变。清末新政设立商部，特别是光绪二十九年（1903）一月，清廷颁布了《禀定商会简明章程》和《商会章程附则六条》等规章制度，随后要求各地商人行会组织一律改为"商会"，并在京师首先设立商会组织，以开风气之先。商会的职能包括：处理商务诉讼、调查市场行情、处理破产纠纷、新设公司、专利的申请与保护、契约公证、债券公证、发行标准账簿等。在清廷倡导下，各地商会就此设立，一般而言商务总会设在省会或商业繁华的城市，分会则设在中小城镇，公所则设在村镇。商会组织的设立是中国商业近代化的一个标志。民国初年，北京政府颁布了《工商同业公会规则》，将商会组织从法律上加以规范和引导。在西北地区，甘肃省于光绪三十四年（1908）就设立了兰州商务总会，随后又于西宁设立了商务分会。新疆也在宣统三年（1911）春于迪化成立了总商会，并下设分会。据1916年部分统计，甘肃省彼时有六家在册商会，分别为定西县商会、海原县商会、天水县商会、西和县商会、文县商会和民勤县商会。晋商作为较早进入西北和京津冀等城市的商人主体，很多规模甚巨的大商号原来就在各地的行会组织中处于领导地位，改组商会后，他们又成为商会会长。在这期间，实际上也是晋商对西北—京津冀地区商业发展具有重大影响的时刻。

一 山西商人在京津冀的会馆

明清时期，随着山西商人贸迁京津冀地区，建设了数量众多的会馆。总的来说，山西会馆一般会建在：商路沿线；城门或镇门之外；城镇中的商业中心。由此，山西会馆兼具小区域范围内商业中心和大区域范围内商路节点的意义。

（一）从省城太原经井陉到北京的商路沿线的会馆

"太行八陉"自古就是沟通山西与华北平原地区的主要通道，从太原一路向往，过寿阳县，平定州，出"太行八陉"之井陉，就出了山西，进入了华北平原，再由西向东，经由获鹿县到达正定府。商品从山西向东出井陉，第一站就来到正定府最西边的县——获鹿，是山西商人东出太行之后的第一个落脚点，当地建有山西会馆。① 正定府自古就是交通枢纽，商旅东出太行之后的第一站就进入正定府辖区，同时也是河南邯郸等处前往京师的必经之路，区位优势十分明显，"河朔，天下根本；而真（正）定，又河朔之根本。其地，河漕易通，商贾四集。"② 从正定府城往东北方向依次经过新乐、定州、保定、安肃（今徐水）、定兴、涿州，进入京师。由于此路为山西商旅东出太行前往京师的重要通道之一，因此沿途设有多所山西会馆，由西往东分别为获鹿东会馆、获鹿西会馆、正定会馆、新乐会馆、明月店会馆、保定会馆、定兴会馆、良乡会馆、长辛店会馆等。除获鹿东会馆、获鹿西会馆和长辛店会馆今有遗存外，其余会馆均已不存。

表4-1　　从太原出井陉至北京的商路上山西会馆概况③

序号	名称	今位置	《重庆府至京都路程》中的相关记载	备注
1	获鹿东会馆	鹿泉区潭沟街东端	有大店、驼轿行。出山路，东走栾城、河南界	又称铁行会馆
2	获鹿西会馆	鹿泉区牛坡山下		又称晋鹿会馆
3	正定会馆	正定南关村村南	南门外五里过蒲萄河，西南入山西，东走河南。北关打尖	前身名晋宁庵
4	新乐会馆	新乐承安铺村东	大河冬桥夏渡，东关外义王庙有大店，尖、宿均可	又称老醯会馆
5	明月店会馆	定州明月店村西	又为倒马关，有店，尖、宿均可	又称老醯会馆
6	保定会馆	保定市东关	首县清苑，大店在西关	
7	定兴会馆	定兴县城	多树林，有公馆，无店	
8	良乡会馆	原良乡县城	有大店、大公馆	
9	长辛店会馆	长辛店大街128号		又称老爷庙

彼时，山西商人在获鹿建立两所会馆，分别为铁行会馆和晋鹿会馆。铁行会馆也称获鹿东会馆，现存民国四年（1915）《建修悬钟石碑

---

① 清化镇为大王庙，参考许檀《明代河南清化镇的商业规模——隆庆五年〈创建金龙大王神祠记〉及相关碑文研究》，《天津师范大学学报》（社会科学版）2014年第3期。
② 顾祖禹：《读史方舆纪要》，山西人民出版社1978年版，第144页。
③ 转引自杨波、何慕《明清时期山西道商路上的山西会馆研究》，《中国社会经济史研究》2019年第3期。

坊记》载："自古祀典昭垂，礼乐并重，钟之器亦乐中一器也，铁行会馆有前清雍正二年创铸之钟。"① 由此判断，该会馆应建于清雍正二年（1724）之前。晋鹿会馆又称西会馆，建于清乾隆三十六年（1771），后屡有重修和增建。盐和铁两种商品是晋商早期经营的大宗商品，正定山西会馆与获鹿铁行会馆就是从事盐、铁等商品的晋商所修建。但清中后期山西金融业商人崛起，清末棉花棉布商人在直隶发展迅速，因此参与会馆重修的商人群体也发生变化。清末重修晋商在获鹿修建的会馆时，捐资者就主要来自钱行、杂货行、花行②行业，而盐和铁的经营者就参与得比较少了。

正定山西会馆的前身是始建于明末的晋宁庵，现存于会馆的一通立于清顺治二年（1645）的碑刻记载："镇城南晋宁庵白衣堂创自绛人陈、陶二客，其同郡冯大夫武昌丞为文勒碑。今逾十余年，而有盐商蒲坂张子辈同心发愿，载亩赡僧之举，意綦善矣。"③ 由此可知，最初正定府的晋宁庵是由来自山西蒲州府和绛州的商人修建的。清乾隆年间，晋宁庵改建为山西会馆，并在其中设"中崇阁，内供关圣帝君像，以祈庇佑，以壮观瞻"④。而这一时期正定山西商人的主要经营行业有布业、典当业、银钱业、印染业和铁货业等。⑤

（二）晋商在北京的会馆

清人杭世骏说："会馆之设，肇于京师。"⑥ 明清时期，京师是全国

---

① 民国四年（1915）《建修悬钟石碑坊记》，碑现存河北省石家庄市鹿泉区铁行会馆内台阶上。
② 宣统三年（1911）《补修西会馆碑记》，碑现存河北省石家庄市鹿泉区西会馆内。
③ 顺治二年（1645）《晋宁庵白衣堂置买香火田地碑记》，碑现存河北省石家庄市正定县隆兴寺后院龙腾苑。
④ 乾隆三十二年（1767）《重修晋宁庵碑记》，碑现存正定隆兴寺后院龙腾苑。
⑤ 中国人民政治协商会议正定县委员会文史资料委员会编：《正定文史资料》第2辑，内部资料，1996年，第178页。
⑥ 江苏省博物馆编：《江苏省明清以来碑刻资料选集》，《吴阊钱江会馆碑记》，生活·读书·新知三联书店1959年版，第24页。

的政治、经济、文化中心。彼时，晋商在京师从事多种行业的商贸活动，且颇有实力，在京师建有多所会馆。据统计，明代北京有会馆41所，其中山西会馆5座，占总数的12%强，分别是山西铜、铁、锡、炭诸商于万历年间创建的潞安会馆，① 颜料、桐油商人创建的平遥会馆，临汾众商于天启崇祯年间创建的临汾东馆和仕商共建的临汾西馆，临、襄二邑汾河以东商人于天启崇祯年间创建的山右会馆。② 清代，京师有记载的会所有390余处，其中工商和手工业性质的会所50多处，其中山西会馆数量众多。关于山西会馆的总数，《都门杂记》《朝市丛载》《顺天府志》记载不一。《都门杂记》载31所，占总数324所的9.5%；《朝市丛载》载38所，占总数391所的9.7%；《顺天府志》载50所，占总数445所的11.2%。由于三本书成书年代不同，因此会馆总数也不一。由此可知，清道光以后北京的山西会馆无论数量和比重都较前有所增加。

  山西商人在京师的工商业中占有绝对优势，把持和垄断了许多行业。如颜料行多山西平遥县商人，所谓"售卖者惟吾乡人甚伙"，早在明代就建有平遥颜料会馆。③ 山西临汾、襄陵商人控制着京师的油行、经营香油、花生油、豆油、胡麻油等。此外，还经营杂货、绸缎、酱菜、酿酒、纸张、钱铺等，并建有临汾东馆和临襄会馆。④ 山西翼城商人在北京主要经营布行，早在雍正十三年（1735），便在前门外小蒋家胡同处创办晋翼会馆。乾隆四年（1739），翼城布、染商又于北京通县教子胡同处创办晋翼会馆。⑤ 山西潞安府商人在京"多业铜、铁、锡、炭诸货"，在京建有潞安会馆。⑥ 山西曲沃商人以经营烟业著称，在京

---

① 光绪《顺天府志》卷10《金石》。
② 南京大学历史系明清史研究室编：《中国资本主义萌芽问题论文集》附表，江苏人民出版社1983年版，第176、187页。
③ 王汝丰点校：《北京会馆碑刻文录》，北京燕山出版社2017年版，第427、428页。
④ 王汝丰点校：《北京会馆碑刻文录》，北京燕山出版社2017年版，第47、108、110页。
⑤ 王汝丰点校：《北京会馆碑刻文录》，北京燕山出版社2017年版，第74页。
⑥ 《重修炉神庵老君殿碑记》，王汝丰点校：《北京会馆碑刻文录》，北京燕山出版社2017年版，第27页。

建有河东会馆①等等。灵石县张家庄村当商杨氏,"巨族也,以豪富多,在京师开设当铺七十余所,京中人呼之当杨。"② 在北京的山西商人来自山西的各个地方,他们不仅依靠本地农副产品及手工业产品在京设立商号,而且根据北京市场的需要,组织贩运各种商品。随着经营规模的扩大和资金实力的日益雄厚,他们创建了为数众多的会馆。除以上提到的会馆外,还有山西太原商人创建的太原会馆,襄汾县商人创建的襄汾会馆,浮山县商人创建的浮山会馆,襄陵县商人建立的襄陵会馆、襄陵北馆和襄陵南馆,汾阳县商人创建的汾阳会馆,曲沃县商人创建的曲沃会馆,赵城县商人创建的赵城会馆,翼城县商人创建的翼城会馆、晋翼会馆,平定县商人创建的平定会馆,解州商人创建的解梁会馆,介休县商人创建的介休会馆,洪洞商人创建的洪洞会馆,永济县商人创建的永济会馆,代州商人创建的代州会馆,河东商人和临汾商人创建的河东会馆和平阳会馆,平遥、介休商人创建的平介会馆,河东商人创建的河东会馆。此外,还有山西商人创建的三晋会馆、山西会馆、汾水会馆等共有36家会馆。③

据统计,至光绪年间,在京师的山西会馆尚存44所,占彼时会馆总数387所的11.4%。这44所会馆中有省馆9所,在61所各省省馆中位居第一,占14.8%;县馆24所,占各地县馆174所的13.8%,也是数量较多的一个;行馆6所,占23所各种行业会馆总数的26.1%,也是数量最多的一个。此外,还有府馆5所。④

(三) 晋商在天津的会馆

清代及民国时期,山西商人在天津一共建有三所会馆:一所位于杂粮店街,一所位于锅店街,还有一所位于杨柳青镇。

---

① 王汝丰点校:《北京会馆碑刻文录》,北京燕山出版社2017年版,第33页。
② (清)王韬:《遁窟谰言》,河北人民出版社1991年版,第11页。
③ 王汝丰点校:《北京会馆碑刻文录》,北京燕山出版社2017年版,第16—166页。
④ 刘建生、刘鹏生:《晋商研究》,山西人民出版社2002年版,第455页。

表4-2　　　　　　　清代天津山西客商在津所建商业会馆

会馆名称	设立时间	地点
山西会馆	乾隆二十八年	杂粮店街
山西会馆	道光二年	锅店街
山西会馆		杨柳青镇

资料来源：《乡土之链》；光绪《重修天津府志》卷24《舆地》，《天津通志旧志点校卷（上）》，第995页；张正明：《中国晋商研究》，人民出版社2006年版，第519页。

位于杂粮店街的山西商人会馆名为"晋都会馆"，初建于清乾隆二十年（1755）。彼时，在天津经商的山西商人为数众多，为敦促乡谊并联结和壮大山西商人在天津的势力，在津山西商人160余家于清乾隆二十年（1755）捐资历时三年在杂粮店街一带修建了"晋都会馆"。会馆"坐震向兑"，取"坐财位，利财运"之意。在正厅内供关帝牌位，每年农历四月初八设供献戏，每月朔望"焚燃香火"。晋都会馆建成后，曾于乾隆二十七年（1762）重修。后来由于前来天津经商的山西人日多，而会馆因"地势偏小，规模狭隘，而我晋人每遇节焚香，逢时宴会，未免人稠地窄，咸兴龄凝之感"，因此于清嘉庆十一年（1806）将该会馆扩建，并改称"山西会馆"，彼时有上百家山西商人及字号参与捐款。该会馆曾于同治、光绪年间重修过两次。并在购置数亩义地，以供旅津去世后无力安葬者之用。

清中叶以后，锅店街一带山西商人势力日盛。清道光七年（1827）由山西十三行帮在此地创建"山西会馆"。彼时，山西人众商帮集资87650两在锅店街西头连接估衣街的位置建"山西会馆"。该会馆规模为彼时天津所有会馆中最宏大者，在清同治十二年（1873）天津海关贸易报告中记录为"天津北门外一幢美轮美奂之广厦"。山西会馆坐北向南，呈南北长东西短的矩形，占地10亩。会馆正门两边建有两层楼的门面10间，会馆大殿供奉关公坐像，东西分立关平、周仓塑像，会馆后院正北建"春秋楼"，楼上供关公读《春秋》像，后院建大礼堂。彼时，山西商人在天津主要经营杂货行、茶行、皮行、当铺、布行、钱庄、账局等行业。规模和实力较大的字号有晋六吉、黄德隆、晋源泉、晋和源，曾在锅店街山西会馆的修建过程中捐资甚多。此外，山西会馆的匾额由时任太子太保的祁藻题写，参与捐资的天津官员亦为数众多，可见当时在津晋商与官府的关系已经相当密切，亦可见其势力之雄厚。

二 归绥及包头的山西商人行社

归绥工商业在清雍正年间，开始出现以"行"和"社"命名的商人组织。彼时，土默特左翼都统丹津仿照北京的行会组织，成立了归化城工商业团体组织——十二行。清末，归化城乡耆会馆所属行社组织增至15个：宝丰社、醇厚社、聚锦社、青龙社、福虎社、集义社、威镇社、聚仙社、仙翁社、兴隆社、毡毯社、衡义社、集锦社、当行社、马店社。① 而未加入乡耆会馆的商人也各有组织，如福兴社、福庆社、铁行社、金炉社、染房社、药行社、山货行、煤炭行、杂营行、西营驼户以及茶庄、票庄、布庄、口庄、府庄等八大庄口。

据郭娟娟统计②，彼时归绥城内各行社有太阳社、三官社、安静社、合义社、通顺社、兴旺社、义仙社、平安灯社、醇厚社、平安社、意诚社、福庆驼社、青龙社、太平社、代州社、金炉社、平义社、陕西社、诚意社、真庆社、成宁社、集锦社、生皮社、纸坊社、蒙古社、集义社、圣母社、鄢侯社、公义社、诚敬社、义和社、马王社、义和社、车店行社、晋阳社、交城社、福兴羊社、良缘社、边宁社、福兴牛社、农民社、定襄社、福隆羊社、祁县社、上党社、云中社、宁武社、忠义社、骡店行社、介休社、崞县社、盂县社、单刀社、农围社、威镇社、瘟神社、成衣社、太谷社、榆次社、意和社、榆次社、书水社、福虎社、毡毯社、三义社、崇福社、宝丰社、诚意社、鲁班社、聚锦社、德先社、恒云社、净发社、京都社、崇德保安社、六合社、定福社、平安义社、忻州社、仙翁社、纸匠公义社、聚仙社、崇丰社、福盛社、银炉

---

① 据现立于雁门关李牧祠前的碑铭上镌刻的资料所统计。
② 郭娟娟：《旅蒙山西商人与内蒙古城市经济近代化（1860—1937）》，经济管理出版社2016年版，第56页。

社、灵佑社、太原社、寿阳社、税局德义社、蔚州社、金龙社、应浑社、汾孝社、荣丰社、老君社、吴真社、盖城社共99行社。其中有70%以上都是山西商人的行社组织。

包头城的商业兴起，于清乾隆、嘉庆年间，于道光二十六年（1846）始设大行，后改为公行。包头的行社组织与归绥相同，设正副总领各二人，以司其事，由各商业店铺分十大股，互推担任。每年公行应总领者四家，一切经费，岁费至三四万金。光绪二十九年（1904），改公行为公社，改总领为社长。彼时，包头有九行组织，大多属于商业，分别是：皮毛行、杂货店、油粮行、陆陈行、牲畜行、蒙古行、货店行、银钱行、当行。另外还有十六社，也是工商业组织：成衣社、威镇社、集义社、义合社、鲁班社、义仙社、合义社、清水社、仙翁社、金炉社、毡毯社、会仙社、恒山社、理发社、得胜社、公议仙翁社等。其中80%以上为晋商行社。

三 晋商在西北修建的会馆

晋商在西北市场上拥有很强的实力。甘肃兰州，根据《陇右纪实录》卷八记载："本处人经商者多业烟行，外省人除山西票商四家外，线业、杂货、木行，陕人居多。"新疆叶尔羌，"中国商贾，山、陕、江、浙之人，不辞险远，货贩其地。"① 新疆巴里坤，"山、陕、甘肃之商人辐辏已极，除会馆而外，各县之人又重集捐资，分立各县之会，以亲桑梓。"② 宁夏府中卫县，"市肆多为山陕人，春出布帛诸居人，夏收取偿夏售布帛，秋收取偿，必倍之。"③ 青海西宁，据光绪《西宁府续志》记载，"山陕商人在后街茶店地址创修山陕会馆。"

清乾隆时期，大量晋商赴陕甘宁青新各府州从事商业活动，他们或由某些大商号派驻而来，或为山西籍贯的大小商家，之间形成了互济互助、沟通商情的商人群体。他们在很多行业形成垄断之势，成为西北地

---

① （清）椿园：《西域闻见录》卷1，嘉庆十九年（1814）卢氏昧经堂刻本。
② 光绪《镇西乡土志》卷2《古迹》。
③ 乾隆《中卫县志》卷1《风俗》。

区商业发展的主导力量。早在清中期时，西北地区的晋商就开始创办会馆，清乾隆二十九年（1764），晋商在甘肃建立陇西山陕会馆；清乾隆三十一年（1766），晋商建立会宁山陕会馆①等。后来，晋商又在西北各地或独立、或合作建立了三晋会馆、山西会馆、秦晋会馆等。值得注意的是，清末兰州市场上，最有影力的会馆就有彼时山西与陕西商人共建的山陕会馆（俗称大会馆）。现在西北地区尚有多处会馆遗迹。明清至近代，晋商在西北各地捐资修建了为数众多的会馆，据不完全统计有数十个，参看表4-3：

表4-3　　　　明清晋商在西北地区修建会馆的不完全统计表

省份	地点	会馆名称	创建及沿革	资料来源
甘肃	兰州	山西会馆	建于咸丰五年在贡院巷	刘向东：《兰州服务志》，甘肃人民出版社1993年版，第8—9页
		山陕会馆	宣统年间	刘向东：《兰州服务志》，甘肃人民出版社1993年版，第8—9页
	榆中	东会馆	天启七年（1627）山西商人所建	刘文峰：《山陕商人与木邦子戏》，百花文艺出版社1996年版，第256页
	甘谷	山陕会馆	嘉庆十五年（1810）建	刘文峰：《山陕商人与木邦子戏》，百花文艺出版社1996年版，第257页
	景泰	陕山会馆	咸丰五年（1855）建	刘文峰：《山陕商人与木邦子戏》，百花文艺出版社1996年版，第258页
		山西会馆	雍正三年（1725）	刘文峰：《山陕商人与木邦子戏》，百花文艺出版社1996年版，第258页
	景泰道泉	三圣庙	建于道光二十九年（1849）有铜旗杆	林兢：《蒙新甘宁考察记》，甘肃人民出版社2003年版，第71页
	张掖	山西会馆	雍正三年（1725）	刘文峰：《山陕商人与木邦子戏》，百花文艺出版社1996年版，第258页
	临夏	山陕会馆	清中叶建，有中殿、戏楼、东西厢房、花园、花厅、供关羽像，在西部义地	刘文峰：《山陕商人与木邦子戏》，百花文艺出版社1996年版，第258页
	永昌	东会馆	清中叶修	刘文峰：《山陕商人与木邦子戏》，百花文艺出版社1996年版，第258页

---

① （清）成书撰：《多榆堂文集》卷1，咸丰元年（1851）刊本。

续表

省份	地点	会馆名称	创建及沿革	资料来源
甘肃	酒泉	山西会馆 陕西会馆	清代	刘文峰：《山陕商人与木邦子戏》，百花文艺出版社1996年版，第258页
	古浪 土门镇	山西会馆	清代	刘文峰：《山陕商人与木邦子戏》，百花文艺出版社1996年版，第258页
	古浪 大靖镇	山西会馆	清代	刘文峰：《山陕商人与木邦子戏》，百花文艺出版社1996年版，第258页
	武登山 汲歌镇	山陕会馆	清代道光年间	网页资料
	永登 红城镇	山陕会馆	不详	同上
	敦煌	山西会馆	清嘉庆十四年	刘文峰：《山陕商人与木邦子戏》，百花文艺出版社1996年版，第257页
	合水	关帝庙	不详	《合水县志》卷二
	夏河	山陕会馆	不详	《夏河县志》卷六
	狄道	关帝庙	清乾隆二十三年（1758），位于卅西门外	乾隆《狄道州志》卷五
	通渭	山陕会馆	建筑年代不详，位于西关中街报恩寺东	光绪《通渭县志》卷三
	平凉	山陕会馆	不详	《新修支那省别全志》卷七《甘肃卷》
	定西	山陕会馆	不详	《新修支那省别全志》卷七《甘肃卷》
	临水	山陕会馆	不详	《新修支那省别全志》卷七《甘肃卷》
	陇西	山陕会馆	不详	《新修支那省别全志》卷七《甘肃卷》
	成县	山陕会馆	不详	《新修支那省别全志》卷七《甘肃卷》
青海	西宁	山陕会馆	光绪十四年（1888）建，二十六年（1900）重修，有山门、钟楼、戏楼、香厅、大殿、三义楼	
	口县 （民和县）	山陕会馆	建于清，供关公、财神、马王爷、有大殿3间，过厅3间，戏楼3间	《青海文史资料》第16辑

续表

省份	地点	会馆名称	创建及沿革	资料来源
青海	湟源	玉皇庙	不详	
	大通	陕山会馆	不详	
宁夏	银川	太汾会馆	不详	刘文峰：《山陕商人与木邦子戏》，百花文艺出版社1996年版，第258页
		山西会馆	不详	同上
		三晋会馆	不详	同上
	固原	秦晋会馆	在米粮市西前营卫备处西侧	宣统《固原州志》卷二
新疆	迪化	山西会馆	乾隆四十四年（1779）	宗彩萍：《清末民国新疆会馆研究——以北疆地区为中心》，硕士学位论文，新疆大学，2017年
		山陕甘会馆	嘉庆六年（1801）	同上
		关帝祠	不详	纪昀：《阅微草堂笔记》，第39页
		晋陕会馆	清道光二十四年（1844）建，在原大西门外关帝庙内	《会馆漫记》，《乌鲁木齐文史》第8辑
	奇台	山西会馆	光绪二十五年（1899），位于今奇台县城西街	《奇台县史志》编纂委员会编：《奇台县志》，新疆大学出版社1994年版，第553页
	巴里坤	山陕甘会馆	嘉庆六年（1801）	宗彩萍：《清末民国新疆会馆研究——以北疆地区为中心》，硕士学位论文，新疆大学，2017年

（一）陕西的晋商会馆

清代，随着山西商人贸迁西北，在陕西从事商贸活动。伴随其资本实力的增大，贸迁人数的增多，山西商人在陕西多地建有会馆。详见表4－4：

表4－4　　　　清以降山西商人在陕西建立会馆统计表

州县	会馆	时代	崇祀	馆址	出处
西安	三晋会馆		关帝	梁家牌楼	光绪十九年《西安府图》
	山西会馆	清中叶		东关	嘉庆《咸宁县志·东关图》

续表

州县	会馆	时代	崇祀	馆址	出处
凤翔县	山西会馆				《支那省别全志》第七卷，第787—818页
户县	山西会馆			县城北街	民国《户县县志》卷二《乡村表·镇区》
泾阳县	山西会馆			县内	《陕西交通挈要》上编第六章《重要都会·泾阳县》
蓝田县	山西会馆			县城内	《重修鲁桥镇志》卷一《镇城》
华阴县	山西会馆	清中后期		岳庙镇	《华阴县续志》卷一《地理志·市镇》
澄城县	山西会馆				民国《澄城县附志》
白水县	山西会馆			西固镇	《白水县志》，陕西人民出版社
长武县	山西县志			西关	宣统《长武县志》城池图
永寿县	山陕会馆	乾隆三十二年（1767）		监军镇	嘉庆《永寿志余·寺庙》
	关帝庙	乾隆四十一年（1776）	关帝	县南三里风嘴	嘉庆《永寿志余·寺庙》
宜川县	山西会馆			县城内	民国《宜川县志》卷九《工商志》
汉中府	山西会馆			后街北华庙坊	民国《续修南郑县志》卷二《建置志·庙坛》
西乡县	山陕会馆				《西乡县志·城乡建设志》
兴安府	山西会馆				《支那省别全志》第七卷
石泉县	山陕会馆	道光二十四年（1844）	关帝	城北	道光《石泉县志》卷一《祠祀志》
汉阴县	山陕会馆	乾隆三十二年（1767）	关帝	东关	嘉庆《汉阴厅志》卷三《寺观》
商州（龙驹寨）	山西帮（临晋帮）会馆			龙驹寨城内	商洛地区交通局、交通史志编写办公室编：《商洛地区交通志》第四篇《航道·航运》，陕西人民出版社1993年版，第253页
镇安县	山西会馆				光绪《镇安县乡土志·地理志》
商南县	山西会馆				民国《商南县志》卷二《风俗》

(二) 甘肃的晋商会馆

据王俊霞的研究，清代至民国时期甘肃的晋商会馆为数众多，多数名为山陕会馆、关帝庙、山西会馆或者陕山会馆。据统计当时山陕商人在甘肃各地所建立的会馆多达26所。① 晋商会馆及足迹遍及甘肃各个地区，经营范围也遍及各个行业。

最早在兰州设立的就是康熙初年的"山陕会馆"，又称大会馆，位于会馆巷北端，内有关帝庙、药王庙、火祖庙、文昌阁、钟楼、鼓楼等。建于清光绪三十一年的山西会馆，建时有大门、前厅和正殿。此外，兰州城内还有三晋会馆和山西会馆。"三晋会馆又称新会馆，规模很大，是以绛太帮为主的山西商帮义捐而建，有商号为公产，一年房租收入颇丰"②。山西商人所建的山陕会馆、三晋会馆和山西会馆等会馆，因势力颇大，甚至"多为商界巨头和权贵利用"③，而成为客商控制和影响兰州市场的一个重要手段。值得注意的是，商路就是戏路，晋商云集兰州，发源于山西南部的蒲剧也循着商人的脚步来到甘肃，并且从刚开始在露天表演的蒲剧艺人，发展到在兰州设立完整的剧班。④

清末民初在甘肃经商他省商人为数众多，其中又以山陕商人及京津商人势力最强。晋商在兰州经商之人，最盛时达万人之多。⑤ 彼时的晋商活跃在甘肃市场的各个行当，甚至在金融、行店、皮货绸缎杂货等行业垄断一方。⑥ 不仅如此，许多山西商人还在当地"近亦渐入土著，置

---

① 李刚：《明清时期陕西商品经济与市场网络》，陕西人民出版社2006年版，第325页。
② 逸樵：《兰州海菜铺》，政协兰州市委员会文史资料委员会编：《兰州文史资料选辑》第17辑，兰州大学出版社1998年版，第164页。
③ 张玉钰：《略谈原兰州经商的山西绛太帮》，政协兰州市委员会文史资料委员会编：《兰州文史资料选辑》第5辑（内部发行），1986年，第156页。
④ 吉茂林：《回忆蒲剧在兰州》，政协兰州市委员会文史资料委员会编：《兰州文史资料选辑》第1辑（内部发行），1983年，第136页。
⑤ 李建国：《试析近代西北地区的晋商》，《青海社会科学》2008年第6期。
⑥ 马钟秀：《清末民初兰州的银钱业》，文史资料研究委员会编：《甘肃文史资料选集》第13辑，甘肃人民出版社1982年版，第38页。

田起屋,均列户民",成为当地居民的一分子。①

(三)青海的晋商会馆

据统计,清代至民国时期,晋商在青海的共建有 3 所会馆。其中,西宁山陕会馆是晋商最早在青海修建的会馆,该会馆位于西宁城东门外,又被称为"关帝庙",于光绪十四年(1888)由山陕商人共同捐资修建。在建筑结构上,该会馆以"中轴线布局、东西对称,(依次建有)东西廊楼、香厅、大殿、三义楼、西厢房、东西跨院"②。西宁山陕会馆"后来陆续建有湟源、大通、民和等分馆"③。清光绪年间,山陕籍客商在西宁的经商活动达到鼎盛,他们从业人数众多,资本实力雄厚,几乎掌控着整个西宁城的市场。光绪二十八年(1902),西宁成立商会,晋、陕 16 家大商号的经理为会馆的会首,完全操纵着西宁的商业。

(四)新疆的山西会馆

清末民初,晋商在新疆修建了 3 座会馆,其中有两座在迪化,一座在巴里坤。山西人在新疆建立会馆较早,据记载,早在清乾隆四十四年(1779),晋商就在迪化修建了会馆。并于嘉庆十年(1805)对该会馆进行了重修。清嘉庆六年(1801),山西、陕西、甘肃三省商人联合在巴里坤修建了山陕甘会馆。道光十六年(1836)左右,山陕商人在迪化共同修建了晋陕会馆。清末民国,特别是新疆建省之后,加上晋商对"票号"业的经营,越来越多的晋商来此经商,在包括奇台、玛纳斯、伊犁、伊宁、塔城、承化、绥定的广大城镇中均建有规模宏大的山西会馆。奇台是晋商在新疆的"根据地",实力相当雄厚,山西字号"天源成"就是当时奇台规模最大的商号之一。晋商于光绪二十五年(1899)

---

① 道光《敦煌县志》卷 7《杂类志·风俗》。
② 张志珪:《西宁的"山陕会馆"》,政协西宁市城中区委员会文史资料委员会编:《西宁城中文史资料》第 12 辑,2000 年,第 174 页。
③ 王昱:《青海简史》,青海人民出版社 1992 年版,第 232 页。

在奇台县城的西街上修建了山西会馆,据说比迪化的山西会馆更为壮观,会馆内建"有三层高的春秋楼"①。

第二节　晋商与近代商会

清末新政立法开始规范全国各个城市中的商人组织,但由于朝代更迭,大部分城市的商业团体重组活动延续到民国时期。改组后的商会组织形式及职权更加明晰,在沟通地方政府和商业基层社会的互动关系方面担任着重要角色。商会会长常以半官方的姿态出现在各级政府机构中。由于晋商此时在很多地区的市场中仍占据主要地位,因此商会领导成员中山西籍的商人所占比重较大。

一　晋商与归绥地区的近代商会

山西商人在归绥、包头等地的工商行业中占比重较大,且各行会中的会首有很多皆为山西人。据郭娟娟的研究②民国初年,归绥市行社改组商会,其领导成员中山西籍商人所占比重较大。彼时,商会会址设在归绥旧城小召西面的圪辽街,商会会长每届任期两年。至民国二十五年(1936)抗战全面爆发前,绥远商会会长共有九任,其中八任为山西籍商人。此外,在山西人占据主导地位的行业中,山西人担任行会首领的情况尤为明显。

(1) 归绥市粮业商业同业公会,约于20世纪30年代成立,会址位于小召前义丰恒店,主席周达德,常务李承、王善贵,有会员305人。③ 1946年2月22日整理改组,除常务理事任志全和朱光贞为内蒙古武川县和萨拉齐县人外,1人为晋中地区商人,3人为忻代商人。归绥市粮业商业同业公会会员籍贯、职务情况如表4-5所示:

---

① 奇台县史志编纂委员会编:《奇台县志》,新疆大学出版社1994年版,第553页。
② 郭娟娟:《旅蒙山西商人与内蒙古城市经济近代化(1860—1937)》,经济管理出版社2016年版,第125页。
③ 绥远通志馆编纂:《绥远通志稿》卷63《政党法团》,内蒙古人民出版社2007年版。

表4-5　　归绥市粮业商业同业公会会务姓名、籍贯表[①]

姓名	公会职务	籍贯	店铺职务
陈辉	理事长	山西文水	大德店经理
任志全	常务理事	武川县	福源公经理
朱光贞	理事	萨拉齐县	聚丰店经理
王登云	理事	山西崞县	兴盛店经理
杨青山	候补理事	山西忻县	裕源公经理
尹祯	候补监事	山西崞县	德盛店经理

（2）归绥市猪肉商业同业公会，可溯至1939年3月，成立时属日伪统治，故名厚和特别业猪肉业公会，会址在大东街王家巷2号。1946年6月19日第5次改选时有会员51人，其中山西籍有6人。

（3）1947年1月，现呼和浩特市档案馆所藏《归绥市茶食饭馆商业同业公会各商号家数表》载有会员商号306家。1948年8月21日换届改选，理事长项冀山（凤林阁经理），常务理事张子元（会丰轩）、白世贵（兴隆元副理）、理事刘凤璋（麦香村经理）、任德寿（厚德福经理）、候补理事高鸿魁（鸿记号经理）、监事王连财（庆荣元副理）、候补监事陈世海（隆祥号副理）。据同年10月统计，他拥有的会员数共57人，山西籍11人，其中晋中地区1人，与忻代地方毗邻的大同地方6人，忻州、五台3人。具体如表4-6所示：

表4-6　　归绥市茶食饭馆业同业公会会员表[②]

姓名	年龄（岁）	籍贯	商号职务	地址
李珠	61	和林县	凤林阁经理	小南街52号
马福	52	归绥市	古丰饭庄经理	大南街61号
阎久臣	51	北平	羊肉馆经理	北门内38号

---

① 根据刘宏主编《1945—1949年归绥市工商业同业公会档案简况》所载"1945—1949年归绥市工商业同业公会档案分述"内容整理，内蒙古大学出版社2011年版。

② 根据刘宏主编《1945—1949年归绥市工商业同业公会档案简况》所载"1945—1949年归绥市工商业同业公会档案分述"内容整理，内蒙古大学出版社2011年版。

第四章　晋商与西北—京津冀地区的行社组织

续表

姓名	年龄（岁）	籍贯	商号职务	地址
姚生龙	56	山西大同	隆兴元经理	北门外 10 号
刘璋	65	山西大同	麦香村副理	大南街 38 号
樊馀	57	归绥市	中和源经理	小南街 46 号
王梦弼	48	山西文水	瑞丰号经理	北门内 66 号
许庭芝	33	山西忻县	正心斋经理	北门内 1 号
陈凤亭	41	天津	新兴馆经理	小东街 74 号
陈世海	52	山西大同	仲三元经理	大南街 60 号
蔺炳南	47	山西定襄	德顺源经理	大西街 60 号
白世贵	31	归绥市	兴隆元副理	北门外 36 号
杨全铭	55	天津	言记号经理	北门内 2 号
马有祥	51	北平	古丰轩经理	西顺城街 61 号
任德寿	51	北平	厚德福经理	西马道巷 5 号
李击声	43	归绥市	兴和元经理	北门外 7 号
贾吉庆	42	归绥市	玉河源经理	牛桥街 51 号
李文升	43	河北通县	云记号经理	大西街 61 号
杨福	43	山西大同	隆祥号经理	圪辽街 44 号
卢桂林	56	河北宁河	新华号经理	车站北马路 19 号
李如芳	55	归绥市	四盛元经理	牛桥街 24 号
贾廷俊	48	归绥市	新发春经理	大召前 72 号
赵连明	52	归绥市	发福元经理	大召前 30 号
阎家栋	33	归绥市	德和元经理	大东街 40 号
刘万世	41	河北深县	双合居经理	大召商场 5 号
高鸿魁	42	河北武清	鸿记号经理	北门内 45 号
胡经	38	归绥市	四兴源经理	半道街 38 号
王乃勋	54	归绥市	荣福源经理	半道街 91 号
陈祥	31	归绥市	宝丰元经理	北门外 22 号
王玉文	58	河北任丘	福盛元经理	丰道街 101 号
徐昌	59	归绥市	昌义源经理	小西街 72 号
王魁	40	和林县	兴源经理	半道街 88 号
张玉美	59	归绥市	义顺斋经理	通顺街 80 号
白福	42	归绥市	同心堂经理	大十字 7 号

续表

姓名	年龄（岁）	籍贯	商号职务	地址
邸显旺	58	归绥市	德中堂经理	北门外 7 号
朱质明	44	山西五台	义记经理	小北街 59 号
哈德清	41	归绥市	德顺祥经理	大十字 8 号
杨凌枝	66	山西大同	三和堂经理	礼拜寺巷 2 号
李升庭	40	北平	富升元经理	三道巷 34 号
周根财	38	山西忻县	兴合源经理	大召前 11 号
刘永增	54	河北武清	同福永经理	塞北关街 34 号
张福	52	山西富山	长生园经理	新城南街 18 号
傅东汉	36	河北省	东义源经理	新城南街 12 号
吴炳山	36	山东省	兴华号经理	北门内 114 号
王银全	36	归绥市	玉和源经理	大召前 20 号
徐继元	27	归绥市	同兴号经理	新城东街 36 号
郝守业	53	归绥市	永聚德经理	新城北街 21 号
童鹤芳	43	浙江绍兴	鼎兴祥经理	中山里 35 号
王堂	42	山西大同	庆纯茂经理	大召前 22 号
高玉会	50	归绥市	双义合经理	新城南街 40 号
李珍	63	河北通县	万隆居经理	吉兴里 93 号
起云	38	归绥市	德庆荣经理	大南街 63 号
都占魁	46	河北定县	义兴成经理	小东街 72 号
邓荣	48	归绥市	聚盛源经理	小东街 65 号
马凯	21	丰镇	德记经理	北门外 33 号
杜有良	33	山西忻县	三合全经理	大十字 6 号

（4）归绥市毛制品工业同业公会，据 1947 年 9 月 13 日报表显示，共有商号 25 家，以生产毛毡、毛衣帽、毡靴等为主。1948 年 8 月 6 日改选，有商号赵记工厂、元和成、福成元、仁德公、新新工厂、复新工厂、晋丰涌、福聚成、天元成、德和成、永恒成、元积成、德兴义、达记、永兴工厂、德义成、德生义、德和义、工友实业社、兴盛铭、天义兴、义聚祥、义生荣、天德公、福记、福源昌、永兴长、成记、三合堂 29 家。公会领导成员 10 人，山西籍 8 人，1 人为祁县人，属晋中地区，

大同籍5人，左云籍1人，代县籍1人，如表4-7所示：

表4-7　　1949年7月24日，第三届公会领导成员名单表[①]

姓名	公会职务	籍贯	商号职务
韩泌	理事长	山西左云	永恒成经理
冯材	常务理事	山西代县	晋丰涌经理
阎高	常务理事	山西大同	兴盛铭经理
贺政	理事	山西大同	福成元经理
李圣民	理事	归绥市	复新工厂经理
党山	监事	山西大同	元积成经理
许国庭	监事	山西祁县	工友实业社经理
高有惠	候补理事	河北	天义兴经理
常名士	候补理事	山西大同	天德公经理
荀安元	候补理事	山西大同	德生义经理

（5）归绥市砖瓦灰石工业同业公会址在归绥羊岗子。据呼和浩特市档案馆藏1946年10月20日《会员姓名报告表》整理，会员15人，以山西籍和本地人为主，其余为河北、北京人。其中籍贯为山西崞县的7人，属忻代商人，如表4-8所示：

表4-8　　归绥市砖瓦灰石工业同业公会会员姓名籍贯表[②]

姓名	籍贯	所在店铺
刘章明	山西崞县	世义窑交际
牛亮	归绥市	世义窑交际
侯万财	山西崞县	世义窑司账
刘湳	山西崞县	兴记石铺经理
信俊良	山西崞县	兴记石铺学徒

---

① 根据刘宏主编《1945—1949年归绥市工商业同业公会档案简况》所载"1945—1949年归绥市工商业同业公会档案分述"内容整理，内蒙古大学出版社2011年版。
② 根据刘宏主编《1945—1949年归绥市工商业同业公会档案简况》所载"1945—1949年归绥市工商业同业公会档案分述"内容整理，内蒙古大学出版社2011年版。

续表

姓名	籍贯	所在店铺
李英才	河北交河	合成窑经理
王政元	河北仓县	双成窑司账
岳恒如	北京	三义窑经理
惠普联	归绥市	明义窑司账
曹敬德	归绥市	明义窑外交
杨春明	河北交河	合义窑经理
王登皋	归绥市	德明窑司账
刘秉禄	山西崞县	供职不详
刘俊禧	山西崞县	供职不详
刘琳玉	山西崞县	供职不详

(6) 归绥市漂染工业，1931年由传统染行改组成立，会址在通顺街涌泉茂。1946年3月，有会员店铺15家。公会领导成员共6人，其中山西籍4人，均为忻代两地及大同商人，如表4-9所示：

表4-9　　　　归绥市漂染工业同业公会领导成员表①

姓名	公会职务	籍贯	所在店铺
唐茂林	常务理事	山西大同	永吉昌经理
谢秋品	理事	河北冀县	复益兴副理
张明基	理事	宣化蔚县	正兴隆副理
刘师源	候补理事	山西阳高	复兴泉经理
侯子中	常务监事	山西崞县	泰和泉经理
张铎	候补监事	山西代县	涌泉茂协理

(7) 下列这则统计史料为日伪时期1944年的统计数据，服装业同业公会领导成员共9人，山西籍7人，6人为大同人，属忻代地区以北，1人为寿阳人，属山西中部地区，如表4-10所示：

---

① 根据刘宏主编《1945—1949年归绥市工商业同业公会档案简况》所载"1945—1949年归绥市工商业同业公会档案分述"内容整理，内蒙古大学出版社2011年版。

表4-10　　日伪时期厚和市服装业同业公会领导成员名单[①]

姓名	公会职务	籍贯
石辅卿	会长	河北冀县
祁贵	副会长	山西大同
范美	检查委员	山西大同
刘玉珩	委员	河北枣强
华文元	委员	山西大同
李正喜	委员	山西大同
聂萃金	委员	山西寿阳
程守荣	委员	山西大同
唐凤岐	委员	山西大同

（8）钱商业为清代山西商人占统治地位的行业，民国后依然如此。归绥钱商业同业公会于1931年成立，从传统行社宝丰社改组而来。1948年归绥市钱商业同业公会名册中共有商人10人，其中晋中商人5人，忻代商人2人，如表4-11所示：

表4-11　　　　　　归绥市钱商业同业公会名册[②]
（民国三十七年（1948）5月17日）

姓名	年龄（岁）	籍贯	商号职务	住址
朗经轩	49	山西代县	日升元钱庄经理	归绥旧城棋盘街三号
郝荣府	59	山西崞县	天亨永银号副理	归绥旧城棋盘街三号
杨兆业	53	山西太谷	天亨永银号经理	归绥旧城棋盘街五号
杜蔚堂	52	山西忻县	天亨永银号副理	归绥旧城棋盘街五号
贾级三	61	绥远归绥	义丰祥钱庄经理	归绥旧城圪辽街二十号
郭明远	45	绥远武川	义丰祥钱庄副理	归绥旧城圪辽街二十号
阎瑞元	59	山西祁县	裕盛厚钱庄经理	归绥旧城大南街七十五号

---

① 根据刘宏主编《1945—1949年归绥市工商业同业公会档案简况》所载"1945—1949年归绥市工商业同业公会档案分述"内容整理，内蒙古大学出版社2011年版。
② 根据刘宏主编《1945—1949年归绥市工商业同业公会档案简况》所载"1945—1949年归绥市工商业同业公会档案分述"内容整理，内蒙古大学出版社2011年版。

续表

姓名	年龄（岁）	籍贯	商号职务	住址
张大俊	49	山西太谷	裕盛厚钱庄副理	归绥旧城大南街七十五号
李东翰	53	山西文水	义聚昌钱庄	归绥旧城大南街头道巷一号
王锡九	43	绥远凉城	义聚昌钱庄副理	归绥旧城大南街头道巷一号

（9）包头自民国初年第一届商会成立到1937年为止共选举了十届商会，其领导成员共有40人，山西籍23人，其中忻代籍8人，晋中籍15人，十任会长中有八任为山西人，如表4-12所示：

表4-12　包头市历任商会会长、职员姓名表（刘泽霖调查）①

年度	姓名	职务	籍贯	所在商号
自民国元年至三年（1912—1914）	庞元龙	会长	山西代县	天德源
	罗映茂	副会长	山西祁县	复盛西
	杨志义	庶务	山西忻县	大益西
	白琇	会计	萨县	德盛魁
自民国四年至七年（1915—1918）	罗映茂	会长	山西祁县	复盛西
	杨志义	副会长	山西忻县	大益西
	王世威	庶务	包头市	义泰店
	张汝猷	会计	包头市	义同厚
自民国七年至九年（1918—1920）	高志定	会长	山西祁县	福盛全
	曹不承	副会长	包头市	庆丰裕
	郝喜禄	庶务	包头市	复顺久
	白玺	会计	山西祁县	同和店
自民国九年至十二年（1920—1923）	马邦印	会长	山西祁县	复盛公
	牛邦良	副会长	山西定襄	广恒西
	郭鸿禧	庶务	山西忻县	天裕德
	张汝猷	会计	包头市	义同厚

---

① 包头市地方志办公室、包头市档案馆、内蒙古社科院图书馆联合编：《内蒙古历史文献丛书》卷8，远方出版社2011年版。

第四章 晋商与西北—京津冀地区的行社组织

续表

年度	姓名	职务	籍贯	所在商号
自民国十二年至十四年（1923—1925）	张汝亮	会长	山西祁县	广恒顺
	李崇林	副会长	绥远	崇集永
	李凰山	庶务	山西偏关	广生店
	张汝猷	会计	包头市	义同厚
自民国十四年至十六年（1925—1927）	牛邦良	会长	山西定襄	广恒西
	李崇林会长 萨县副会长	副会长	绥远	崇集永
	张汝猷	会计	包头市	义同厚
	董献芳	会计	山西代县	同兴西
自民国十六年至十八年（1927—1929）	胡振业	会长	萨县	广生德
	高升堂	副会长	山西祁县	公和泰
	白英奎	庶务	萨县	广恒西
	高鸿飞	会计	萨县	复兴和
自民国十八年至二十一年（1929—1932）	郭振清	会长	山西祁县	复盛西
	侯茂勇	副会长	山西定襄	大益西
	杨立崇	庶务	山西祁县	义同厚
	郄相国	会计	包头市	仁和祥
自民国二十一年至二十三年（1932—1934）	乔晋德	会长	山西祁县	复盛公
	董世昌	副会长	萨县	广恒西
	朱贤五	庶务	山西祁县	义同厚
	张志清	会计	山西代县	义盛厚
自民国二十三年至三十二年（1934—1943）	董世昌	会长	萨县	广恒西
	朱贤五	副会长	山西祁县	义同厚
	张庆升	庶务	山西祁县	复盛公
	郄相国	会计	包头市	仁和祥

从表4-12中可以知道，各个商会的会长及成员大多为地方商业中实力较强或影响力较大者。如归绥粮业公会的裕源公、福源公两家商号，是20世纪30年代归绥粮食行业资本势力排名前五的店铺[1]，大德

---

[1] 全国图书馆文献缩微复制中心编：《中国边疆史志集成》卷31《内蒙古史志》，全国图书馆文献缩微复制中心2002年版。

店为祁县乔氏所开；经营饭馆的凤林阁、古丰饭庄、麦香村等字号均为彼时同业中的翘楚。钱业公会的日升元、天亨永、裕盛厚等字号，均属民国归绥地区的八大钱庄，其中以日升元为其首。包头商会中来自山西祁县乔氏复盛公、复盛西的成员为数不少。广恒西为忻州人邢宝恒于光绪年间开设，是包头皮毛业首户。

二　晋商在其他地区商会中的地位

晋商在西北—京津冀地区的其他城市中经商者甚众，其人数亦在工商业很多行业中占比重较大，即使在民国初年，外部商业环境和商人群体结构有所变化的情况下，晋商在改组后的近代商会中依然占据人数和职位上的优势。

例如，山西灵石的典当商人在民国时期的保定实力不容小觑，不仅在字号数量和人数上具有优势，而且在同业中的威望和地位也很高。参看表4-13—表4-15：

表4-13　河北清苑县当业同业公会委员统计表（1931年）

	姓名	年龄（岁）	籍贯	商号名称	职务
主席	段茂之	55	山西灵石县	义和成当	经理
常务委员	景瀛洲	44	清苑县	益丰当	经理
	田化南	48	清苑县	玉丰当	经理
执行委员	王子清	48	山西省灵石县	源生当德庆当	经理
	王岷斋	39	山西灵石县	聚和当	经理
	田乃萱	50	清苑县	益成当	经理
	郑耀宸	52	清苑县	福顺当	经理
	王安海	58	山西灵石县	万玉当	经理
	董彩臣	32	满城县	本利生当	经理
	朱虎文	31	清苑县	同茂当	经理
	张桂轩	55	山西灵石县	德庆分当、源生分当	经理

资料来源：姜锡东等编：《保定商会档案》第1卷（肆），河北大学出版社2012年版，第223页。

表4-14　　　　河北省清苑县当业同业公会会员名册

(1935年3月20日填报)　　　　　　　　　　　　　单位：人

会员牌号	营业主或经理人姓名	店员人数	代表姓名	年龄	籍贯	店址	备考
义和当	段茂之	17	段茂之	59岁	灵石县	西街	经理
			郑子祥	37岁			店员
益丰当	景海川	13	景海川	48岁	灵石县	东街	经理
			张玉恒	25岁			店员
玉丰当	田化南	17	田化南	54岁	清苑县	南街	经理
			张泽农	30岁	易县		店员
源生当选记	张桂轩	12	张桂轩	57岁	灵石县	关帝庙	经理
			王俊贤	55岁			店员
源生当余记	梁馀三	10	梁馀三	44岁	灵石县	秀水胡同	经理
聚和当	张耀堂	14	张耀堂	54岁	灵石县	北街	经理
			杨习之	43岁			店员
福顺当	史惠普	7	史惠普	47岁	易县	东街	经理

资料来源：姜锡东等编：《保定商会档案》第1卷（肆），河北大学出版社2012年版，第228页。

表4-15　　　河北省清苑县当业同业公会第一次当选委员名册

(1936年9月29日)

姓名	职别	年龄（岁）	籍贯	店铺	店址	备注
段茂之	常委兼主席	60	山西灵石县	义和当	西街	留任
景海川	常委	49	山西灵石县	益丰当	东街	留任
梁余三	常委	45	山西灵石县	源生当馀记	秀水胡同	留任
田化南	委员	55	清苑县	玉丰当	南街	留任
张桂轩	委员	58	山西灵石县	源生当选记	中山南街	留任
张馥斋	委员	49	山西灵石县	聚和当	北街	新选
张玉恒	委员	26	山西灵石县	益丰当	东街	新选

资料来源：姜锡东等编：《保定商会档案》第1卷（贰），河北大学出版社2012年版，第545页。

从表4-15可以知道，保定当业同业公会主席一直是由山西灵石县商人——段茂之担任；民国二十年（1931）保定当业同业公会委员中的山西灵石县商人与当地商人各占一半比例。民国二十五年（1936）

当业同业公会改选,委员共设置 4 人,而灵石籍的商人就占了 3 个席位,由此可知,山西灵石籍当商在保定典当业发展中起着举足轻重的作用。

此外,新疆地区的奇台县城,晋商为数众多,势力庞大。民国年间,奇台商会会长由创建于光绪十一年(1885)的山西商号——天盛魁的大掌柜担任多届。如从 1913 年到 1946 年,古城商会的届会长中由晋商出任的,就有 10 届,历届商会委员中,晋帮占各帮委员总数 39.47%。[①] 此外,晋商在当时奇台政权基层组织及其他社会法团中亦担任重要角色,如 20 世纪 30 年代的区、街、村长,20 世纪 40 年代的保、甲长,在汉族文化促进会担任会长等职务,为数良多。

第三节　晋商会馆的作用

清代,随着晋商行商地域范围的扩大,将会馆建到其经商版图的各个角落。在明清两朝近 5 个世纪的时间中,晋商在西北—京津冀地区共建有会馆 200 多所,几乎囊括了西北—京津冀地区大大小小的城镇,这些晋商会馆的作用在于:

一　强化晋商的内聚向心力

首先,会馆是以地域乡土为纽带的联谊组织,晋商可以通过会馆在异地与同乡联乡情,叙乡谊。明清时期的会馆,其首要功能是给流寓异地的同籍商人提供容身之所。其次,晋商会馆还常常为初到某地的、或失业的同乡提供就业机会。最后,晋商会馆还是山西商人的精神家园。彼时,晋商常年在外经商,远离家乡,数年不能回家。而且即便是有机会回乡,也是路途遥远。纪昀《阅微草堂笔记》描述说:"山西人多商

[①] 刘燕斌:《古城工商界的帮口》,中国人民政治协商会议新疆维吾尔自治区奇台县委员会文史资料研究委员会编:《奇台县文史资料》第 18 辑,1989 年,第 23—28 页。

于外，十余岁辄从人学贸易，候蓄积有资，始归纳妇，纳妇后始出营利，率二三年一归省，其常例也。或命途蹇剥，或事故萦牵，一二十载不得归，甚或金尽裘敝，耻还乡里，萍飘蓬转，不通音问者亦往往有之。"① 晋商除极少的时间在家乡外，几乎终生都在异地。因此，流寓他乡的商人们便对同样流寓在外的同乡表现出一种特殊的感情。且出于感情，同乡商人也易于接纳、帮助同乡人。

在会馆内搭建戏台，并定期举行祭祀大典，也是晋商联乡情的一种表现。家乡的戏曲为背井离乡、只身在外的人们营造出只有家乡才有的社会文化氛围。彼时，在西北—京津冀地区建有戏台的晋商会馆有很多，如甘肃甘谷县山陕会馆、景泰县陕山会馆、临夏山陕会馆、古浪县大靖镇山陕会馆、古浪县土门镇山陕会馆、青海西宁山陕会馆等，凡有会馆的地方，都有戏楼的存在。

二　增强晋商的对外竞争力

晋商会馆汇聚同乡商人于一处，使其便于彼此交流、增加信息来源、加快信息传递，从而在遇到问题时也能发挥集体智慧，协商解决。晋商通过会馆结成互助同盟，在与各地客商、当地牙行、土著商人的交往中，增加团体力量，在遇到摩擦与矛盾时借助会馆的力量，保护自身利益。如此一来，只身在外的晋商就有了组织可以依靠，他们不再势孤力薄，竞争力通过会馆得到了极大加强。

明人谢肇淛在其《五杂俎》中对彼时各地商人的性格进行了评价："新安人近雅而稍轻薄，江右人近俗而多意气。齐人钝而不机，楚人机而不浮。吴、越浮矣，而喜近名；闽、广质矣，而多首鼠。蜀人巧而尚礼，秦人鸷而不贪。晋陋而实，洛浅而愿；粤轻而犷，滇夷而华。"② 可见，经商环境的复杂性使单个晋商在异地很难应付各种麻烦，必须寻

---

① （清）纪昀：《阅微草堂笔记》，巴蜀书社1995年版，第131页。
② （明）谢肇淛：《五杂俎》卷4《地部2》，上海书店出版社2001年版，第74页。

求一个组织为之提供帮助和保护。此外，晋商不仅要面对外地客帮商人的竞争外，还要面临当地土著商人的倾轧，牙行、牙人的蒙骗和欺诳等各种问题。特别是，晋商有时还会受到当地官府的为难。此时，会馆不仅能够保护商人利益，还代表商人与当地官府斡旋。因此，借助会馆不仅维护了同籍商人的整体利益，而且增强了晋商的对外竞争力。

三 减少晋商内部的内耗力

随着晋商在异地经商人数的增加、势力的加强，晋商内部的各种问题和矛盾也逐渐产生。这时的晋商会馆便承担起协调山西商人的内部贸易摩擦、解决其内部矛盾、仲裁其内部争端的职能。晋商会馆对流寓异地的同乡商人进行协调，最常用的方法是定行规、整秩序，制裁不正当竞争，以达到减少晋商内耗，保障晋商力量的目的。晋商会馆作为山西商人固定的集合场所，运用其自身的号召力，集众商评议市价，制定行规，制裁不正当竞争，以保证本帮商人的正常发展，这也是晋商会馆长期广泛存在的主要原因。晋商会馆通过统一度量衡，规范市场行为，统一商务操作；通过统一行规，维护公平公正的行业秩序。会馆可以"爱集同人，公议条规"，例如甘肃武山县滩歌镇的山陕会馆，曾于清道光七年（1827）整顿当地的盐业市场，防止晋商内部的不正当竞争，规定"不准私买卖食盐，派乡保查询。有违反通报各盐行同仁并送官府惩处。如有开新店，须交公银十二两，每升盐出钱一文，施为会馆焚修香火之用。如停业不开，所为余盐以行价照卖同行，不准任意卖于他人。"[①] 晋商会馆减少山西商人内部贸易摩擦，增加晋商整体实力的职能可见一斑。

四 化解晋商经商的分散力

晋商在外经商，面临各种风险导致失败、破产歇业是常有的，甚

---

① 王俊霞：《明清时期山陕商人相互关系研究》，博士学位论文，西北大学，2010年。

至身死财散的情况也不鲜见。为了给同籍商人提供灵魂归宿和精神家园，许多晋商会馆购置义地义园、瘗所，以便"有义阡以埋葬，有公所以停柩"①。同时，会馆也为同籍乡人提供养病之所。彼时，西北—京津冀地区有义冢、墓地、义园文字记载的晋商会馆随处可见，参看表4-16：

表4-16　西北地区有义冢、墓地及义园的山陕会馆统计表

地址及名称	福地瘗所义园概况	出处
河州山陕会馆	在西郊有义园一处，雇人耕种看守	政协临夏回族自治州文史资料委员会：《临夏文史资料选辑》，第2辑，1986年
西宁山陕会馆	有义园、墓地二处	刘文峰：《山陕商人与梆子戏》，文化艺术出版社1996年版，第236页
湟源山陕会馆	山陕墓地一处	焦文彬：《古都戏曲》，文物出版社2004年版，第15页
张家口晋义社	义冢一处	王飞：《清代张家口经贸与商帮研究》，博士学位论文，山西大学，2020年

资料来源：王俊霞：《明清时期山陕商人相互关系研究》，博士学位论文，西北大学，2010年，第106页。

值得注意的是，张家口的情况比较特殊，它是以晋义社的名义来解决义冢问题的。晋义社是由在张家口的晋商文学山、胡云章、王晋源、曹公升等人的倡议下成立的，其目的在于建立一个义冢，为在张家口经商、生活，暴病身亡、客死他乡的山西人提供一个埋葬之地。于是张家口的晋商便在恰克图、库伦及张垣进行了募捐，并用筹得资金购买地亩、修建围墙、院落等建筑。②晋商会馆为流寓在外的山西商人在异地提供了养病、疗伤、停柩、厝葬等有组织的"乡缘社会化保障"，这些保障使晋商在异乡找到归属感，增加了山西商人的凝聚力，化解其向外寻找慰藉和保障的分散力。

---

① 光绪《汉口山陕会馆志》，光绪二十二年（1896）汉口景庆义堂刻本，第48页。
② 王飞：《清代张家口经贸与商帮研究》，博士学位论文，山西大学，2020年。

第五章　西北—京津冀地区的山西票号

明清时期，随着山西商业资本的发展，分离出了金融资本，主要的组织形式有当铺、钱庄、印局、账庄、票号等，遍布全国各地及亚欧一些国家和地区。彼时，上述山西金融机构在国外注册时，有的就直接叫"银行"，例如总号在山西祁县的合盛元票号，其在日本、朝鲜的分号就挂牌"合盛元银行"。据日本于1909年出版的中国驻屯军司令部所编写的《天津志》载："汇票庄俗称票庄，总称是山西银行。据说在一百多年以前业已成立。主要从事中国国内的汇兑交易，执行地方银行的事务。"美国学者费正清也曾指出："在外国人来到以前，在最上层信贷的转让是由钱庄经手。这些钱庄集中于山西中部汾河流域的一些小镇。山西银行常常靠亲属关系在全国设立分号，把款子从一个地方转给其他地方的分号，为此收取一些汇水。""在上层和低层之间还有几类大大小小的外国人称为地方银行的钱庄。小钱庄可以服务于它们所在地的社区，大的钱庄则常和分布在通都大邑的地方银号有往来。"① 因此，彼时的外国人把山西的金融机构统称山西银行。

上述山西金融机构最初只经营较为单一的金融业务：当铺经营消费抵押贷款；印局经营短期或临时小额信用贷款；钱庄经营钱币兑换；账局经营贷款；票号经营大额异地汇兑。但随着发展的深入，很快融入了

---

① ［美］费正清：《伟大的中国革命》，刘尊棋译，世界知识出版社2000年版，第72页。

其他业务,成为保留传统业务的同时,集存、放、汇、兑于一体的综合经营金融机构。因此,广义上的山西票号或山西银行代表晋商在明清时期所经营的,包括当铺、印局、钱庄、账庄、票号等在内的各种金融机构。而狭义上的山西票号,就是指晋商经营的,以异地款项汇兑为主要业务的金融机构。

第一节 遍布海内外的山西票号

明清时期,当铺、钱庄遍及大江南北。彼时中国的各大商帮大多经营当铺和钱庄,但其数量均没有晋商所经营的当铺、钱庄数量多、地域广。据统计,清乾隆三十年(1765)苏州府就有山西商人经营的钱庄81家,[①] 并建有"全晋会馆"。值得注意的是,彼时晋商经营的印局、账局和票号是别的商帮较少涉足的。除了京师及黄河上下、大江南北以外,甚至在偏僻的边远地方都有山西银行。

票号是晋商首创的,专门从事远程大额汇兑业务的金融组织,中国历史上第一家票号是成立于清道光三年(1823)的日升昌记,不数年,大获其利。其后,晋商纷纷投资票号。如祖籍山西介休县的侯财东,他聘请票号经理人——毛鸿翙,先后将自家开办的蔚泰厚、蔚盛长、天成亨、新泰厚、蔚丰厚5家绸缎庄改组为票号,史称"蔚"字五联号。山西票号在道光年间兴起,光绪时达到鼎盛,详见表5-1:

表5-1　　　　　　　　历年山西票号家数比较表

年份	家数
道光三年(1823)	1
道光六年(1826)	6
道光十七年(1837)	7

[①] 苏州历史博物馆、江苏师范学院历史系、南京大学明清史研究室合编:《明清苏州工商业碑刻集》,江苏人民出版社1981年版,第395页。

续表

年份	家数
咸丰元年至咸丰五年（1851—1855）	10
咸丰六年（1856）	11
咸丰九年（1859）	13
咸丰十年（1860）	15
咸丰十一年（1861）	14
同治元年至同治十三年（1862—1874）	26
光绪元年至光绪八年（1875—1882）	28
光绪五年（1879）	29
光绪九年（1883）	30
光绪十年（1884）	28
光绪十一年（1885）	27
光绪十九年（1893）	28

资料来源：据中国人民银行山西省分行、山西财经学院、《山西票号史料》编写组《山西票号史料（增订本）》，山西经济出版社2002年版，第21页和第213页数据统计得到。

从清道光四年（1824）到同治三年（1864），票号经历了一个迅速发展的过程。山西祁县、太谷、平遥等县先后有日升昌、蔚泰厚、天成享、蔚丰厚、蔚盛长、新泰厚、志成信、日新中、合盛元、协和信、协同庆、百川通、大德兴、元丰玖、协成乾、乾盛亨、谦吉升、蔚长厚、其德昌、三晋源、存义公、巨兴源、大德玉、祥和贞、义盛长25家票号的成立。票号的分支机构也强势扩张，北京、天津、太原、汉口、长沙、西安、沈阳等地都已经有了票号的分支机构。到清同治十三年（1874），山西已有26家票号，设立分支机构的城市，从原先27地增至70地左右，在全国初步形成了山西票号汇通天下的盛况。

到清光绪年间，山西票号在国内80多个城镇设立了分号，还在国外设立分号。清末，仅在俄罗斯、朝鲜、日本三国，就有山西票号及分号10余家：祁县帮的票号合盛元于清末在日本的神户、东京、横滨、大阪、下关，朝鲜的仁川、新义州、南奎山等地开设分号；平遥帮的永泰裕票号在印度的加尔各答开设分号。此外，在许多世界性的大城市如新加坡，伊尔库兹克、新西伯利亚、莫斯科、彼得堡、伦敦、纽约、旧金山等地都出现过山西票商的身影。山西票号在发展过程中因总号所在位置的不同而形成平、祁、太三帮票号，而此三帮之中，以平遥帮最早，且资本最雄厚。其次为祁县和太谷两帮。现将平、祁、太三帮票号情况统计如表5-2所示：

表5-2　　　　　　山西平、祁、太三帮票号统计表

票帮	票号	财东	经理	资本（两）	前身	创立年代
平遥帮	日升昌	李正华	雷履泰	32万	颜料庄	道光初年
	蔚泰厚	侯癸	毛鸿翙	24万	绸缎布庄	道光六年（1826）
	蔚丰厚	侯姓	范凝静	20万	绸缎庄	道光六年（1826）
	天成亨	侯姓	侯王宾	20万	布庄或货行	道光六年（1826）
	蔚盛长	侯姓	李梦庚	16万	绸缎庄	道光六年（1826）
	新泰厚	侯姓	侯王敬	16万	绸缎庄	道光六年（1826）
	蔚长厚		范光晋	15万	茶庄	同治五年（1866）
	协同庆	米、王姓	刘清和	12万		咸丰六年（1856）
	协和信	王姓	李清芳	10万		咸丰初年
	汇源涌	渠姓	殷启祥	14万		光绪初年
	百川通	渠姓	庞凝山	16万		咸丰十年（1860）
	宝丰隆		乔世杰	20万		光绪三十二年（1906）
合计				215万		
祁县帮	大德通	乔姓		24万	茶庄	咸丰年间
	大德恒	乔姓		24万		光绪七年（1881）
	三晋源	渠姓		30万		同治初年
	存义公	渠姓		20万	布庄	同治初年
	合盛元	郭姓		20万		道光十七年（1837）
	巨兴隆	载姓		10万		同治年间
	大盛川	张姓		20万		光绪十五年（1889）
	长盛川	渠姓		16万		光绪十年（1884）
	元丰玖	孙姓	王封晋	14万		咸丰九年（1859）
合计				178万		

续表

票帮	票号	财东	经理	资本（两）	前身	创立年代
太谷帮	志成信	负、孔姓		26万	丝绸、杂货庄	道光年间
	协成乾	负、张姓		24万		咸丰十年（1860）
	大德玉	常姓		20万	茶庄	光绪十一年（1885）
	锦生润	常姓		20万		光绪年间
	世义信	杨姓		30万	钱铺	光绪二十九年（1903）
	大德川	常姓		20万		光绪三十三年（1907）
合计				140万		
总计				533万		

清光绪九年（1883），山西票号的数量达到历史最高纪录——30家，随后有所下降，到19世纪90年代，基本保持在28家左右。据统计，在1893年，每家山西票号的平均资本已达到20万—30万两，资本总额也从1861年的420万两增加到1893年的840万两，如果再加上存款、官府汇兑等外部融入的资金，票号可支配资金规模保守估计应该在1000万两以上。

第二节　西北—京津冀地区的山西票号

一　京津冀的山西票号

（一）北京

山西票号在北京的分号开设于清道光初年。咸丰年间，因受太平天国运动影响，清政府下令准许京饷交票号汇兑，山西票号因此而鼎盛。彼时，在京票号实存8家,[1] 分别为日升昌、日新中、蔚丰厚、蔚泰厚、新泰厚、天成亨、巨兴和、志一堂。[2] 清末银行出现以后，票号逐

---

[1] 黄鉴晖：《山西票号史》，山西经济出版社2002年版，第107页。
[2] 志成信在北京的分号。

渐衰落。

咸丰年间太平天国运动爆发，福建道御史宋延春说："臣访闻得京师票号、账局共计百十余家。各本银一千数百万两……现在各商虽有收银回籍者，闻已不过十之二三，其余大半仍留京师，应请饬交户部一并查明，传集劝谕。"[①] 在随后不到5个月的时间，京师各商号共捐银339000余两、钱17万余吊，山西13家票商捐银6182两。[②] 据统计，清光绪二十一年（1895），山西票号在北京开设分庄17家。[③] 清末，又有义善源、锦生润、宝丰隆、大德川等票号相继在京师设立分号。据统计，清光绪三十一年（1905），在北京的山西票号有30家以上。[④]

（二）天津

清末天津城内票号数量众多，其中以平遥和祁县势力最大，参见表5-3。从表中可知，当时天津城内共有22家票号，其中平遥帮和祁县帮分别开设11家，太谷商人亦有经营。票号均在传统商贸中心区——北门外的估衣街和针市街，其中估衣街共有12家，针市街有6家，有3家位于山西会馆附近，日升昌票号坐落在山西会馆胡同。天津票号对近代天津对外贸易起到了很大的作用，例如皮毛业，19世纪80年代以后"皮货收购的业务才在西北一带真正活跃起来。这期间，天津的票号对洋行买办所提供的信用，是起有巨大作用的"。天津票号在上述各省设

---

① 《福建道监察御史宋延春奏折》，咸丰三年（1853）六月廿九日，《军录》财政类，卷号13-15，见中国人民银行山西省分行、山西财经学院、《山西票号史料》编写组《山西票号史料（增订本）》，山西经济出版社2002年版，第49页。

② 中国人民银行山西省分行、山西财经学院、《山西票号史料》编写组：《山西票号史料（增订本）》，山西经济出版社2002年版，第795页。

③ （清）李虹若：《朝市丛载》卷5《汇号》，京都荣宝斋光绪乙未版，见中国人民银行山西省分行、山西财经学院、《山西票号史料》编写组《山西票号史料（增订本）》，山西经济出版社2002年版，第319页。

④ 北京地方志编纂委员会编：《北京志·综合经济管理卷·金融志》，北京出版社2008年版，第86页。

有分号，它们之间维系着频繁的金融交往。在促进商品流通、支持埠际贸易开展方面所起的积极作用，有力地推动了社会经济的发展。对促进国内的经济交流也起到了很大的作用。票号的活动到19世纪末20世纪初，已经不是局限于为商品的流通过程服务，而是发展到与商品的生产过程运动相联系了。

表5-3　　　　　　　清末山西商人在天津所开设汇业商号

商号	地点	商号	地点	商号	地点
日升昌	山西会馆胡同	中兴和	针市街易馨栈	协成干	针市街易馨栈
蔚泰厚	估衣街	合盛元	嘉兴里	志诚信	估衣街
蔚长厚	肉市口西	大盛川	肉市东口	以上均为太谷商号	
蔚丰厚	山西会馆对面	大德恒	山西会馆对面	源丰润	针市街恒远里
蔚盛长	针市街晋义栈	大德通	估衣街集义栈		
新泰厚	估衣街	大德玉	估衣街集义栈		
百川通	估衣街	大美玉	估衣街集义栈		
协同庆	针市街	三晋源	估衣街集义栈		
协同信	针市街	福成德	估衣街集义栈		
千盛亨	估衣街集义栈	长慎涌	估衣街集义栈		
永泰庆	估衣街集义栈	存文公	估衣街		
以上均为平遥商号		以上均为祁县商号			

资料来源：羊城旧客《津门纪略》，来新夏主编：《天津风土丛书》，天津古籍出版社1986年版，第77页。

（三）张家口

张家口是清代中国最北部的金融中心。清中叶前后产生金融机构——账局、票号等均以张家口作为重要据点。山西太谷曹家于清道光年间在张家口设立的锦泰亨票号，是当地开设最早的山西票号。随后，祁县帮的大德通票号、平遥帮的百川通票号纷纷于清同治元年（1862）在张家口开设分号。至清末，山西票号在全国的95个地区设置了475家分号。彼时，张家口共设有15家票号分庄，约占分号总数的3.2%，位居全国第8位，仅仅排在京师、天津、上海、汉口、重庆、太谷、祁县之后。① 彼时，在张家口设立分号的山西票号分别是：福成德、协同庆、大盛川、大美玉、大德玉、长盛川、志成信、中兴和、大德恒、裕源永、恒裕隆、长慎涌、恒隆光、存义公、大德通。②

表5-4　　　　道光三十年张家口票号业务往来一览表　　　　单位：两

汇款城镇	张家口收汇	张家口交汇
河口镇	26300	
苏州	27000	1000
京师	28300	4000
平遥	9300	17765
祁县	18240	
太原	4700	
天津	3400	606
汉口	5000	4000
太谷	2003	
成都		3000
清江浦		1000
三原		8500
扬州		250
合计	124243	40121

资料来源：黄鉴晖：《山西票号史》，山西经济出版社2002年版，第119页。

山西榆次县商人常立训先后请于嘉庆十九年（1814）和道光二十年（1840），分别投资白银5万两和3万两，在张家口开设大升玉、大泉玉两家账局。据统计，清宣统二年（1910）张家口至少有13家账局。③ 这些账局都经营对工商业的存款和放款业务，并兼营对候选官吏的放款业务。④

---

① 刘建生、刘鹏生：《晋商研究》，山西人民出版社2005年版，第142页。
② （清）陈其田：《山西票庄考略》，经济管理出版社2008年版，第53页。
③ 中国人民银行山西省分行、山西财经学院、《山西票号史料》编写组：《山西票号史料（增订本）》，山西经济出版社2002年版，第10页。
④ （清）李遂等：《晋游日记》，学苑出版社2006年版，第79页。

表 5-5　　　　　　　　清代中叶张家口开设的账局

账局名称	祥发永	大升玉	大泉玉
开业年代	乾隆元年（1736）	嘉庆十九年（1814）	道光二十年（1840）
总号所在地	张家口	张家口	张家口
设分号城镇	京师、上海	京师、上海	京师
资本（两）	40000	50000	30000
股东姓名	王庭荣	常立训	常立训
股东籍贯	山西省汾阳县	山西省榆次县	山西省榆次县
总经理姓名	宋文蕙	张祯喜	王桂淮
总经理籍贯	山西省汾阳县	山西省汾阳县	山西省汾阳县

资料来源：据中国人民银行山西省分行、山西财经学院、《山西票号史料》编写组《山西票号史料（增订本）》，山西经济出版社 2002 年版，第 10 页表改制。

二　西北地区的山西票号

晋商自明以来就有经营金融业务的历史传统，清代更是占据了我国金融市场的大量份额："雍正时，我国北方已出现与商业发生借贷关系的金融组织，称账局，亦称账庄，账局主要分布在北京、天津、张家口、太原等商埠，经营者多为晋人。"① 晋商从事长途贩运贸易，需占用大量资金，如晋商远赴兰州经营水烟业"每家烟坊的资金大都在万两白银以上，甚至有十万银元之多"②。而当时"西北诸省陆路多而水路少，商民交易势不能尽用银两，现钱至十千以上，即须马驮车载"③。"从光绪至民国初年，山陕帮在青海的商业额大约占到青海地区总商业额的 50% 左右。"④ 为商品货款结算方便和保证资金安全，经营异地大额汇兑业务的票号及经营同地借贷业务的当铺、钱庄及钱铺等金融组织，迅速在西北滋生。至 19 世纪 80 年代末，山西票号在西北的分支机

---

① 张正明：《晋商兴衰史》，山西古籍出版社 1995 年版，第 111 页。
② 李思仁：《凤翔陈村的生字水烟》，中国人民政治协商会议陕西省凤翔县委员会文史资料征集研究委员会编：《凤翔文史资料选辑》第 3 辑，1986 年，第 61—62 页。
③ 张正明：《晋商兴衰史》，山西古籍出版社 1995 年版，第 112 页。
④ 任斌：《略论青海"山陕会馆"和山陕商帮的性质及历史作用》，《青海师范大学学报》1984 年第 3 期。

构与家数大致如下：陕西：西安、三原、汉中。甘肃：兰州2家、肃州（今酒泉）2家、凉州（今武威）3家、张掖2家。① 宁夏：银川。新疆：迪化（今乌鲁木齐），1890年1家。

清代，陕西西安为西北地区最重要的金融市场之一。清末民初，西安有票号、钱庄、银号等金融组织"二百余家"。② 陕西三原县城亦为西北金融中心之一，每年经此地划汇全国的白银达2000万—3000万两。山西票号在西北开有多家分号："蔚丰厚在三原、兰州、肃州、迪化（乌鲁木齐）等设有分号"，"天成亨设分庄于陕甘，新疆等地"③。青海虽无票号，但西宁"有当铺110多家……用实物抵押借贷融通，典当业的利息一般为月息3%。不仅放债，也接受存款。青海地区的典当业几乎为晋商人所垄断"④。

（一）陕西的山西票号

清咸丰年间（1851—1861），日升昌、蔚泰厚、蔚丰厚和日新中4家山西票号的分号开始陆续设立在西安城内。清同治时期，泾阳县有10余家山西票号。清光绪时期，三原县有9家山西票号，南郑县（今汉中）有1家山西票号。据统计，清末西安城内共有山西票号12家，分别有平遥帮的日升昌、新泰厚、蔚丰泰、蔚长厚、蔚成长、百川通、蔚泰厚、协同庆、天成亨等票号分号；祁县帮的合盛元、大德通分号。太谷帮并没有在此地开设分庄。这些票号多在西安和三原设有分庄，汉中有平遥帮的协同庆一家。晚清至民国，陕西的山西票号资本实力雄厚，与各通商大埠的联号联系紧密，并在咸丰末年为清政府汇解公饷，例如左宗棠镇压陕甘回民起义的款项，主要由山西票号在西北各地的分号承接汇兑。山西票号分庄的广泛设立为彼时商业网络的形成

---

① 黎迈：《甘肃金融业之过去与现在》，《西北资源》1941年第2卷。
② 叶启贤：《解放前的西安银钱业》，西安市文史资料研究委员会编：《西安文史资料选辑》第10辑，1986年，第107—108页。
③ 张正明：《晋商兴衰史》，山西古籍出版社1995年版，第174页。
④ 崔永红：《青海经济史》，青海人民出版社1998年版，第233页。

提供了制度保障。至光绪末年,山西票号的业务范围已经扩展到存放款、借贷、信托等领域。① 清末民初,在西安、三原、汉中三地的山西票号中,以西安的山西票号实力最雄厚,不但开展汇兑业务,更为商品的运销提供便利。咸丰末年,西安票号开始汇解公饷,时间长达40—50年。山西票号的存款来源主要是官府廨库及达官显贵,放款对象主要是钱庄、银号、大商号及官僚等,并结合汇解公款对地方官府提供财政借款。

(二) 甘肃的山西票号

在兰州城设有分号的山西票号有蔚丰厚、天成亨、协同庆,其经营规模都很大。彼时,兰州每年出产水烟1万—2万担,在上海的平均售价为每担45两白银,每年从上海一地汇回兰州的烟款就有约90万两白银,以每1000两汇水10两计算,仅水烟一项,兰州的山西票庄每年就可获利9000多两。其他行业,如布业、茶业、皮毛业等汇款之巨,可想而知。②

(三) 新疆的山西票号

与甘肃一样,在新疆开设分庄的山西票号分别是:蔚丰厚、天成亨、协同庆。蔚丰厚票号在于1884年进入新疆市场,是新疆历史上第一家票号。协同庆票号于1894年在新疆设立分号。天成亨票号于1898在新疆设立分号。这三家分号均设在迪化城内,专营汇兑和存放款业务,内地各省都有连号。东家大都为山西平遥的富户。因其资本雄厚,握有新省商业之大权,仅次于津商,为全疆第二位。民国前,晋商执新疆金融的牛耳。蔚丰厚、天成亨、协同庆均为山西平遥帮票号,它们都承汇清政府对新疆的协饷,以及新疆汇往内地的商业款项。

---

① 魏永理、李宗植、张寿彭:《中国西北近代开发史》,甘肃人民出版社1993年版,第424页。

② 马钟秀:《清末民初的兰州银钱业》,甘肃人民出版社1986年版,第126页。

第三节　山西票号的作用

山西票号既解决了长途运现的困难，又巧妙避开了各地不同成色银两换算的麻烦。各地分号在所属总号的指导下，互相支援，从而在全国范围内形成了一个汇兑网络。随着时间推移，票号频繁调度各地资金，支持商品流通，为晋商形成市场网络奠定基础。

与欧洲的商业革命和金融革命平行发展的中国明清商业革命和金融革命中，山西票号扮演了一个十分重要的角色：它推动了白银贸易的发展，推动了中国经济的商品化、货币化、国际化。彼时，中国的白银货币净流入，这意味着中国商品的净输出。同时，山西票号启动了中国经济国际化的开关。山西票号的出现和兴起结束了中国传统商贸结算和往来方式，使跨国交易成为可能。具体而言，山西票号在西北—京津冀经济带行程中的作用有以下几点：

第一，山西票号兴起以后，为不同地区间的金融调拨提供了巨大便利，为南北各地商业交流带来了空前的方便，使各个城镇更加紧密地联系在一起。冯桂芬在咸丰二年（1852）指出："今山西钱贾，一家辄分十数铺，散布各省，会票出入，处处可通。"说明彼时票号促进资金流动所发挥的作用已经逐渐被社会公认了。从目前能查阅到的山西票号早期账册来看，票号创办初期其汇兑活动比较着重调度北方商业城市的金融。19世纪40年代的学者——许楣对票号所签发的汇票功能评述说："今之汇票，有累至千金者"，"千金之票，欲金而得金"，而且"交银于此，取银于彼，从无空票"。彼时，票号亦引起朝廷官员的关注，咸丰三年（1853）江南河道总督杨以增说："各省银号汇兑银两，盈千累万，仅以一纸为凭者，信也。"正因为票号向来以信用为本，因此在此后的相当长时间内，得到社会的广泛信任，引发了中国金融革命。各地分号在所属总号的指导下，互相支援，从而在全国范围内形成了一个汇兑网络。随着时间推移，票号频繁调度各地资金，支持商品流通，为晋商形成市场网络奠定基础。

第二，以山西票号为代表的山西银行业对彼时中央银行制度有所创新。明清时期，大批金融企业为了提高行业协调和管理的效率，自发创造了同业行会等组织，如包头的裕丰社、归化城的宝丰社、大同的恒丰社。上述组织的职能包括管理、监督、约束以及仲裁同行纠纷等。《绥远通志稿》记载："清代归化城商贾有十二行，相传由都统丹津从山西、北京招致而来成立市面商业。……其时市面现银现钱充实流通，不穷于用，银钱两业遂占全市之重心而操其计盈，总握其权，为百业周转之枢纽者，厥为宝丰社。'社'之组设起何时，今无可考，在有清一代始终为商业金融之总汇。""社内执事统称总领，各钱商轮流担任。"由于商业市场与金融市场的活跃，宝丰社作为钱业行会在市场中有很高的话语权。宝丰社可以组织钱商制定市场规程、监督执行如收缴沙钱、销毁不足价货币、昭示商民不得以不足价货币行使市面等职能。尽管宝丰社没有垄断货币发行，也没有代理财政款项收解，但它有类似"银行的银行"和管理金融行政的职能，可以说宝丰社是中国早期中央银行制度的雏形。

第三，山西票号对西北—京津冀经济带的形成有明显的促进作用。山西票号的兴起，方便了钱货交割，使西北—京津冀地区的商品贸易频率加快，贸易范围扩大，贸易的深度和广度也得到拓展。晋商在西北—京津冀地区开设的钱庄、票号、典当、银楼等金融组织客观上活跃了民间借贷，为当地百姓生活提供了便利。同时，晋商经营货币，对西北市场的近代化起到积极作用。

第六章　晋商与西北—京津冀地区的商业城镇

传统的商路上会有数量众多的商业城镇及其组成的商贸市场，商贸市场是商品交易的场所，在商业活动中的作用极为重要：商品价值在商贸市场得以实现，商人、消费者都在商贸市场中各得所需。晋商在明初靠"开中制"攫取"第一桶金"，崛起于中国商界，他们前往位于渤海湾的长芦盐场、两淮盐场业盐，前往两湖两广地区贩茶，在北京等城市修建会馆，晋商的全国市场体系的"点"（会馆）与"线"（商路）初步建立。本章我们就集中讨论清代晋商在西北—京津冀地区所建立市场体系中的另一个"点"——城镇中的商业的发展。

第一节　晋商与京津冀的城市商业

山西不仅地理位置靠近京津冀地区，更在商业活动中与京津冀地区有着千丝万缕的联系。不仅有大量晋商贸迁该地区，更随着商业活动的深入，商路的发展，带动了大量商业城镇的繁荣。与此同时，京津冀地区的贸易商品种类、商业城镇都呈现了新的发展态势。晋商或以商贸活动为特点，占领某一行业；或以金融汇兑为优势，操控金融市场。当地甚至有一些行业完全由晋商掌控：如天津、京师、山东、河南、张家口等地的典当业几乎为晋商经营，而且其伙东全是山西人，其中又以灵石、介休人居多。彼时，天津全市的典当业均为山西人经营，即便是有其他地区的资本进入天津典当业市场，但山西经营者仍占90%。①

一 京师及天津

（一）京师

京师，亦即北京，清代及民国时期的政治经济文化中心，也是商贾云集之地。山西地近京师，在供应京城消费方面占据了地利之便，清人徐珂在其《清稗类钞》中就曾说："京师大贾多晋人。"据张正明统计，清代北京的山西会馆有44家。② 晋商在京师把持和垄断了很多行业：③ 平遥县商人垄断了颜料业；临汾和襄陵商人控制着京师的粮油业，并在纸张、干果、杂货等行业从业甚众；翼城商人掌控了布行；潞安商人在铜、铁、锡、炭等行业中独占鳌头；曲沃商人在烟业实力较大，并于雍正年间修建了河东会馆；盂县商人则主要经营氆氇行。此外，毡帽行、账局、钱庄也以山西人居多。彼时，晋商在北京从事行业涉及近30个行当，计有银钱店、粮店、酒铺、油盐店、砖瓦厂、烟铺、茶馆、当铺、干果店、碾房、煤铺、木厂、杂货铺、粥铺、客店、估衣铺、成衣铺、饽饽铺、饭店、草铺、香铺、铜锡器店、古玩店、羽缨局、炉房、铜器作坊、小煤窑、砖瓦窑等。此外还有一些晋商从事贩羊、贩骡马买卖和在工部铸钱局工作等。值得注意的是，晋商在北京的布商实力不容小觑，乾隆四年（1739），在京山西布商修建晋翼会馆，捐输记录中的布行字号有成记布铺、晋升布店、钦记布店、钦诚号、同升布店、元成布铺、天太布铺、钦章号、元亨布铺、广兴布铺共10家。道光十七年（1837），布行公所在京师新建，彼时有名可查的布商字号有玉成施、大顺施、晋成号、通顺号、大兴施、广成号、德丰号、天河号、务本

---

① 陆国香：《山西之质当业》，《民族》1935年第4卷第6期。
② 张正明：《晋商兴衰史》，山西古籍出版社2001年版，第99—100页。
③ 张正明、张舒：《晋商兴衰史》，山西经济出版社2010年版，第86页。

号、增益号、义生号、兴成号、如意号、富有号、恒顺信标、通顺李标共 16 家。① 据黄鉴晖调查，彼时在京师的 57 家茶庄中，晋商占 17 家（介休 8 家、祁县 6 家、汾阳 2 家、太谷 1 家）；京师有典当行 157 家，山西占 107 家；京师有账局 268 家，山西占 210 家。②

（二）天津

从清前中期开始，随着天津商业的日益发展，山西前往天津经商之人逐渐增多。随着商业的更加发展，清咸丰间，天津城内出现了被称为"八大家""十大家"的顶级富商。其中，王家祖籍山西，早年于长芦盐场发家，后开设益德钱铺，经营行业涉及当铺、海货店等，拥有大片土地和房产。清光绪时，晋商在天津形成包括当行帮、盐务帮、颜料帮、染店帮、铁锅帮、洋布帮等行当在内的 12 商帮。值得注意的是，天津开埠之后，华北乃至广大的西北地区都成为了天津的腹地，大量货物从西北、山陕、直隶、山东等地运至天津出口，同时洋货在天津海关纳税后分销华北、西北各处。据清同治七年（1868）海关贸易报告记载，彼时进口洋货的消费市场包括山西太谷县、潞安府、太原府、汾州府、平阳府、大同府、蒲州府以及朔平府共 7 个府县。

二 直隶（冀）其他相关地区

清乾隆时，直隶总督方观承曾说："保定、正定、冀、赵、深、定诸郡，所出布多精好。"③ 清中叶后，花布业及与之相关的印染业在直隶地区有较快发展。山西与直隶毗邻，因此晋商躲在这一区域收购棉布、经营布业，曾有"西鄙资布帛之用，郡近秦陇，地既宜棉，男女多事织作。晋贾集焉，故布甫脱机即并市去，值视它处亦昂"④ 的记

---

① 李华编：《明清以来北京工商会馆碑刻选编》，文物出版社 1980 年版，第 29—39 页。
② 黄鉴晖：《晋商经营之道》，山西经济出版社 2001 年版，第 6—7 页。
③ 方观承：《棉花图·织布》，载张研、孙燕京主编《民国史料丛刊·经济·农业》，大象出版社 2009 年版，第 571 页。
④ 乾隆《正定府志》，上海书店出版社 2006 年版，第 310 页。

载。清末民初，伴随着高阳地区纺织业的兴起，周边一些县成为棉花的主要产地。山西平定州和忻州商人在该区域非常活跃。彼时，平定州商人在此地多开染坊；忻州商人则很多从事布业。由于该区域大面积植棉，因而粮食不能自给，需要从山西输入。彼时，由山西输入直隶的"粮食以小米、高粱、黑豆为最多，小麦、黄豆、绿豆、黍子、玉米次之"，上述粮食"产于山西寿阳、榆次一带，运销正定、定州、新乐及石家庄附近各县"①。值得一提的是，这一时期，山西高平县商人在河北的开州、武安、馆陶县、东明县、东鹿县、晋州、任丘县、磁州、府城县、获邑、藁邑、保定府、饶阳县、清河县、获鹿、高阳县、宁晋县、辛集市、蠡邑、冀州、深州、束邑、孟县、大名府、热河、深泽县、安平县、祁州、无极县、元城县、南宫县、威县、博野县等府州县，以及金滩镇、南孟镇、兴安镇、直隶隆平县陈村镇、广府镇、尹镇、旧城镇、邱集、束岸集、典兴集、东庄集、碾头集等集镇广泛进行商业活动。②晋中地区的灵石商人则在北京、天津及"在河北省涿县、高阳、无极、杨柳青等10多个县、镇经营当铺"③，"据光绪初年统计，灵石商人在上述城市的109家银号供职"④。

综上所述，直隶粮食依赖山西，而山西用布则从直隶输入，两地在形成区域性社会分工的同时，客观上促进了商人的贸迁和商业活动的频繁。而随着商人活动的增加，晋商对河北地区金融业发展的促进，使得当地城市繁荣，商业城镇数量增加。

（一）晋商东出太行山的第一站——正定

清代，正定是河北中部偏西重要的商业中心。明末清初，山西平阳

---

① 戴建兵编：《传统府县社会经济环境史料（1912—1949）——以石家庄为中心》，天津古籍出版社2011年版，第16页。
② 杨伟东：《明至民国高平商人的发展脉络探析——以碑刻为中心》，硕士学位论文，河北大学，2018年。
③ 阎爱英总主编：《晋商史料全览·晋中卷》，山西人民出版社2006年版，第611页。
④ 阎爱英总主编：《晋商史料全览·金融卷》，山西人民出版社2006年版，第390页。

第六章 晋商与西北—京津冀地区的商业城镇

府盐商在正定势力较大，于明崇祯初年与其他晋商共同创建了晋宁庵。清代中叶，晋宁庵改建山西会馆，增祀关帝，重修山西会馆的商号数量达到近百家。彼时，在正定经商的晋商主要以平阳府、泽州府、潞安府、平定州及汾州府为主，经营行业涉及盐业、花布业、典当业、酒业及铁业等，且实力强大，商人和商号数量大幅度增加。清乾隆时期曾重修正定山西会馆，功德碑中出现的典当业字号共有23家，分别是"宝生当、宁远当、日新当、公盛当、□兴当、□裕当、合泰当、万盛当、万顺当、庸盛当、永惠当、永茂当、恒盛当、广生当、荣兴当、恒泰当、永丰当、天裕当、兴盛当、永和当、合兴当、增盛当、永隆当"①。彼时重修山西会馆共花费了1912两9分白银，其中"除收布施疏头银三百三十三两八钱九分，庸盛当、永惠当、永茂当、恒盛当、广生当、荣兴当、恒泰当、永丰当、天裕当、兴盛当、永和当、合兴当、增盛当、永隆当拾肆家公费银一千五百六十八两二钱，每家施银一百一十一两五钱二分。"② 由此可见，晋商开办的当铺在正定占有绝对的垄断地位。除了典当业外，正定酒业、铁业、盐业等亦为晋商所垄断，除"烧酒来自山西"③ 外，民间所使用的铁农具也多来自山西平定州等地。正定府无极县"商其大者曰盐、曰典，皆山西人挟资为之"④。凡此种种，不一而足。

清中叶，随着纺织技术的提高，直隶中部地区开始大量出产质优价廉的土布，晋商前往当地大量收购。彼时，晋商在正定开设的布店有永和花布店、乾亨花布店、隆泰花布店、同德花布店、锦源花布店等数家，其中以永和花布店规模最大。⑤ 这些店铺主要在本地收购土布之后，运销大同、五台、忻县、崞县、归绥、包头，以及陕西五原等

---

① 乾隆三十二年（1767）《重修晋宁庵碑记》，现存河北省石家庄市正定县城山西会馆。
② 乾隆三十二年（1767）《重修晋宁庵碑记》，现存河北省石家庄市正定县城山西会馆。
③ 乾隆《正定府志》卷12《物产》，上海书店出版社2006年版，第311页。
④ 乾隆《无极县志》卷1《风俗》。
⑤ 中国人民政治协商会议正定县委员会文史资料委员会编：《正定文史资料（内部资料）》第2辑，1996年，第178页。

地。如前所述，清末民初，正定地区大面积种植棉花，植棉面积约占耕地的十之七八，以致粮食不能自给，需要从山西输入。民初，正定府的区域商业中心地位被石家庄所取代，被纳入以天津为中心的市场网络之中，晋商逐渐丧失了其在正定商界的垄断地位。但彼时山西的忻州商人和平定商人仍然在当地的花布业、印染业、铁业、典当业和银钱业中很活跃。

(二) 保定——晋商商会的聚集地

保定，位于京津西南，清代至民国是直隶省治所在，为传统政治中心城市，位于直隶中地区与山西商业往来、产品运销的必经之路。近代以来，随着保定的公路、航运、铁路等近代交通网络的建成，不仅使保定成为商业金融中心，同时也便利了晋商前往保定进行商业活动。清末，晋商在保定修建的三晋会馆（即山西会馆），是彼时客帮在保定所建会馆中规模最大的一座，晋商之实力可管窥一斑。

清末民初，晋商在保定经营多种行业，并在包括油漆颜料业、粮油业、金融业等行业中独占鳌头。在民国三十年（1941）在保定经营油漆颜料业的字号共有10家，其中山西占6家。民国三十三年（1944）10月此行业的名册报表中从理事长到监事均为山西籍商人，10家经营颜料油漆的店铺山西占了7家。[①] 此外，粮油业也是晋商在保定经营人数较多，实力较强的一个行业。民国二十年（1931）粮业同业公会总册共有90家，山西籍占39家，占比达到43.33%，以山西平定人王荷卿所开信义恒及山西阳曲县智馨斋所开和义号规模最大，[②] 彼时粮业会长亦为山西籍商人。

此外，晋商在保定的金融业也非常活跃，主要经营当铺、钱庄等行

[①] 河北省地方志编纂委员会编：《河北省志·金融志》，中国书籍出版社1997年版，第105页。

[②] 河北省地方志编纂委员会编：《河北省志·金融志》，中国书籍出版社1997年版，第105页。

业。并在民国年间改组同业公会的时候，在行业工会中独占鳌头。关于这一部分内容，本书将在随后的篇幅中展开论述。

（三）邯郸、邢台

清代至民国时期，山西晋东南地区的泽州府和潞安府的商人，大多出黎城东阳关，经由"太行八陉"之滏口陉进入直隶到达邯郸，随后通过南北官道前往北京。位于晋东南地区泽州府的高平县，留存有大量清代碑刻资料，其中所见的河北地区的商号也是比较多的，主要分布在河北的中部和南部，北部则较少。在前往河北中部和南部的晋商中，又以南部较多，主要分布在武安、磁州、府城县、获邑、饶阳县、清河县、宁晋县、深州、安平县、南宫县、威县、广平、曲周县、邱邑、临漳县，主要在今河北邢台、邯郸一带。前往河北中部地区的晋商主要分布在如下地区：晋州、任丘县、东鹿县（束鹿县）、藁邑、保定府、高阳县、辛集市、蠡邑、深泽县、祁州、无极县、元城县、博野县等，均位于从山西东出太行之后前往京师的沿线及附近。河北北部则主要分布在张家口地区。①

正定府无极县是北方重要的棉布产区，乾隆年间，山西布商广泛活跃于直隶产棉区，他们"在无极县城、郭庄等集镇和产布的甄村、南马、南侯坊等村镇开设布店60余家"②，并常年定居于此，基本上垄断了无极的布匹市场。彼时，在无极地区从业的山西布商有1000人左右，占当地商业人口的50%。

第二节 晋商与西北商业城镇

近代，晋商通过河西走廊及蒙古草地贸迁包括陕、甘、宁、青、新

---

① 杨伟东：《明至民国高平商人的发展脉络探析——以碑刻为中心》，硕士学位论文，河北大学，2018年。

② 黄鉴晖：《明清山西商人研究》，山西经济出版社2002年版，第246页。

等在内的广阔西北地区,不仅使得西安、榆林、兰州、西宁、银川等原本热闹的城市更加繁荣,更使得原先一些偏僻甚至荒凉的边疆小城发展成为通商大埠:如地处宁、蒙交界的磴口,随山西沁州、河曲等处商人前来贸易而成为商业城镇;① 甘肃凉州则成为山、陕、津、京及缠回商人辐辏的"凉庄";新疆奇台则成为晋商在新疆商贸活动的大本营,进而成为东疆第一大商埠。清乾隆时期,晋商在西宁所创办的"晋益老"字号,为当地最早的一家大型商号,有"先有晋益老,后有西宁城"的谚语,而其他西北地区的城镇也流传着有关晋商字号带动当地城镇起步的类似谚语。

一 晋商贸迁带动陕西城市的发展

(一) 西安

西安是陕西省会,"为洋货荟萃之区"②,不仅是东、北、南路运来洋货和杂货的聚散之地,也是(北)京广(东)福(建)杂货集中购运之地。西安是本省及西北地区牲畜外运的输出口岸,还担负着部分西北药材东运的中转职能,也是东南布匹运发本省的集散地。西安是西北地区的商品集散中心。清末民初,晋商活跃在西安市场,为敦乡谊在西安城内建有山西会馆、三晋会馆等会馆,其中大约建于清嘉庆朝之前的东关城中的山西会馆为西安城中最早兴建的商业会馆。③

(二) 咸阳

咸阳建于渭河北岸,为"西北支邑首冲,控巴蜀而扼甘凉,右辅

---

① 林竞:《蒙新甘宁考察记》,甘肃人民出版社2003年版,第44页。
② 陕西清理财政局编辑:《陕西全省财政说明书·岁入部·厘金》,清宣统元年(1909)排印本。
③ 因为清嘉庆《咸宁县志》东郭图中已标有"山西会馆",因此判断该会馆至迟在嘉庆年间就已落成。

关门锁钥"①，是关中地区货物流通的集散与转运市场。清代，煤炭是山西输入陕西的重要商品，供应关中沿黄河、渭河两岸各县的需要。咸阳是山西煤的集散市场，有"石炭由山西水运至咸阳，再陆运至鄂，每年约销四五万斤"②的记载。彼时，山西泽州、潞安及晋西北地区所产铁货，先集中在山西河津樊家镇，装船通过水路由黄河、渭河运至陕西关中渭河沿岸各县。此外，清代关中地区亦为山西河东盐（潞盐）的销售区域。清代关中乾州、武功、兴平等县均出产菜子油，沿渭河水运大庆关，转售晋南，"油商……买油于潜河（乾州）各处，转售于晋南，岁可数千万斤"③。另据《秦疆治略》载"（咸阳）城内系水陆码头，商贾云集，气象颇形富庶。其实各铺皆系浮居客商，货物皆从各县驮载至此，由水路运往晋豫。至粮食、木板亦由西路车运而来，用舟载至下路。"④清末，咸阳城内外地商人云集，"以锅、铧、炭及估衣、当铺为最，而钱商、油商次之。而锅、铧且达于甘省……油商……买油于潜河（乾州）各处，转售于晋南，岁可数千万斤"⑤。由此可知，清代渭河水路从山西、韩城运来煤、铁、盐等货皆在咸阳卸载出售。同时，咸阳又是将关中所产菜油、粮食输往山西的主要市场。此时，咸阳城不仅是陕西关中地区的重要商业城市，更为晋陕两省商品交易的转运中心。

（三）榆林

清乾隆元年（1736），政府批准榆林府部分地区"准食蒙盐，并无额课"，从而疏通了鄂尔多斯盐、碱等商品流向内地的通道。自此，大批榆林商民携带茶、烟、布匹、皮靴、火镰、佩刀、铜锡器、皮货、羊毛口袋、毡、马鞍挽具、银器等手工业品出口外贩卖，买回蒙

---

① 乾隆《咸阳县志》卷17《艺文·记·臧应桐（重修咸阳城碑记）》。
② 民国《户县乡土志》卷10《商务》。
③ 民国《重修咸阳县志》卷1《物产》。
④ （清）卢坤：《秦疆治略·咸阳县》，清道光年间刻本。
⑤ 民国《重修咸阳县志》卷1《物产》。

古所产之驼、马、牛、羊以及相应的畜产品。榆林城由此而成为北方重要的畜产品集散地及毛皮专门市场。清代，陕北榆林城的商业辐射范围较广，向北可达内蒙古、向西可至山西、向东可至定边、向南可达关中。本地所产羊皮、绒毛为泾阳毛皮加工的主要原料。篙子、麻油、羔皮等货销往山西。而本地所需梭布、棉花、绸缎洋货、铁等商品则又自山西贩来。特别是将本地所产羊皮、羔皮、毡、麻油等商品大量销往山西和京津冀地区，再将京津冀及晋省所产绸缎洋货、梭布、棉花等货物转销本境。① 民国时期，榆林城"每岁跑边的边客七月回家，秋高牛马肥硕，均牵归贩卖，届期晋商及南路秦川的客人辇金群来，争购牛马，交易畅旺，牛马成群，故有七、八、九、十月四大集会。蒙汉麇集，商贾辐辏，皮毛货物满载汇聚。因之经纪栈店，奔走关说，承交过付之人赖以生活，觅利者充斥市场"②。彼时，从蒙古贩运货品或销本境，或运往陕、晋、豫乃至直隶各处，每年数量均十分可观。③

（四）其他陕北商业城镇：潼关县城、韩城县城、大荔县城、柠条梁、安边堡、云岩镇、羌白镇、秦渡镇、新窑镇

潼关县城地控陕、晋、豫三省之门户，与晋省的粮食交易频繁。清嘉庆年间，潼关城内除有东西南北四条大街外，还有东关街、大北街、南北街④等数条街道。西大街是全城重要的粮食交易场所，有福鑫元、义和长、公盛和、公心益、万盛公、同德福、振兴福、天泰和、林盛启、同心福等多家粟店，⑤ 其中多家为晋商经营。

韩城县城地处要冲，城内商业繁盛。清代，该城商户500—600家，主要集中在南北街，其中"中街最繁华，北街较南街尚富，西街小店

---

① 民国《榆林县乡土志·商务》。
② 边客也叫边商，是到蒙古做生意的汉族商民，当时仅榆林城就有一千余边客。
③ 民国《榆林县乡土志·物产》。
④ 嘉庆《续潼关县志》卷上《建置第二·街市》。
⑤ 渔关县志编辑委员编：《渔关县志》第11篇《商业》，陕西人民出版社1992年版。

代书、古董零货所属"①。清康熙年间，城内市集发展为常集，"米粮杂货每关一月，俱集城外，花布则在察院门口，日以为常"②。此外，县城内每年还举办三次庙会，二月初二于唐真人祠举办，八月十二日祭城隍，十二月初八在北阁寺，③届时各地商人、游客山人云集此地，商贾辐辏，热闹非凡。

大荔县城是同州府城所在地，渭北十县的中枢，既是本地商品的集散中心，同时又承担渭北韩、台压、澄、蒲、白诸县粮食聚散与转运的职能。城中每旬三七日为会期，韩、台区、澄、蒲、白诸县所产粮食皆集中于大荔县，通过驴驮车载运往华州、华阴、潼关、渭南等处。外地客商所购买的粮食则多水路运往西安、河南、山西等地。由于交易繁盛，城内遂于每月一、五、九日专设"粟集"，④为固定的粮食交易日，会期上市粮车，少则数十车，多则上千车。⑤清中后期，大荔县城中又产生了固定的粟行，行商坐贾皆备。

大荔县的羌白镇是该县一处重要的皮货加工地，其加工和经营皮货的历史久远，明代已声名远播。自甘肃、陕北等地皮毛在此加工后运销京津及南省。由于加工技术好，皮货质量高，而于"每岁春夏之交，万贾云集"⑥，贸易极盛，是当地著名的皮业生产与销售中心。

靖边县柠条梁镇即今梁镇，为东达怀远、绥德，西经灵武可达银川，南经化子坪、真武洞（安塞）可去延安，北经城川可达包头的交通要冲，当地盛产"食盐、皮毛、甜甘草"，为清后期陕北重要的商业城镇。清咸丰间，柠条梁镇建有三街六巷，居民过万。山西、河北、山东、河南、天津、包头、上海、南京等地的毛皮商，榆林、米脂、绥

---

① 光绪《韩城县乡土志》卷1《地理》。
② 康熙《韩城县续志》卷2《市会》。
③ 康熙《韩城县续志》卷2《市会》。
④ 光绪《续修大荔县旧志存稿》卷4《土地志·城乡会会日》。
⑤ 大荔县地方志编辑委员会编：《大荔县志》第9篇《商业》，陕西人民出版社1994年版。
⑥ 道光《大荔县志》卷6《土地志·物产》。

德、清涧的清油商，四川、贵州、广东、湖北的甘草商，清涧的红枣商，咸聚于此，货运数量很大。据民国十九年（1930）的相关记载，当年由柠条梁镇运往外地的特产有白皮约3万多张，黑皮约3万张，白毛约5万多公斤，紫绒约1.5万—2万公斤，清油约15万公斤，甘草约5万公斤，狐皮和扫雪皮数10万张；当年从外地输入的商品有土布数千匹，洋布千余板，棉花约1万公斤，生铁约2500公斤，红枣约1万公斤，杂货香表约1万公斤。①

定边县的安边堡沿长城向东可通晋冀等省，向西过定边城可直下宁夏、甘肃，向北出边外可通张家口再通京津等地，向南可通三原、西安，交通条件便利。清代，安边堡是商品运出宁夏、甘肃的重要集散地，因货物数量较大，城内繁荣富足而有"驮不完的柠条梁，填不满的安边城"之说。

云岩镇位于宜川县城西北八十里，"镇西通临真，北达延安，东至龙王迪之要道"②，是山西货物西运陕北内陆，以及内陆货品东出晋省的重要商品集散地。清末至民国时期云岩镇内"商号约百余户，多晋人"③。每月二、五、八集会，"居民遐迩云集，交易而归，其种类以杂货、油酒、当业为大宗"④，是可与县城相比拟的商业城镇。

鄠邑区秦渡镇位于终南山北，是终南山所产山货的外运重要孔道，交通便利，区位优势明显。清康熙年间，此镇市集逢偶日开市，"贸易者多山西、河南客商，较县集为盛"⑤。清雍正年间，商贸繁荣，为保护商民人身财产安全，而"筑城建门司启闭"⑥。该镇商业在道光、同治年间发展到极盛，山货行成为其特色行业。⑦

---

① 张萍：《明清陕西商业地理研究》，博士学位论文，陕西师范大学，2004年。
② 民国《宜川县志》卷9《工商志》。
③ 民国《宜川县志》卷9《工商志》。
④ 民国《宜川县志》卷9《工商志》。
⑤ 康熙《鄠县志》卷1《建置·市集》。
⑥ 雍正《鄠县重续志》卷2《建置·市集》。
⑦ 杨志俊：《民国年间秦渡镇市场商贸》，载中国人民政治协商会议陕西省户县委员会文史资料研究委员会编《户县文史资料》第7辑，1991年。

第六章　晋商与西北—京津冀地区的商业城镇

同州府白水县新窑镇（今尧来镇）位于县城西北 15 千米处，交通便利，是周边所产农副产品及山货集散地，亦为山西布匹与日用百货北运的必经之地。山西、同州、蒲城、渭南、富平等地客商常年来往不断，晋商在此地建有会馆，① 该镇被称为白水第一大镇。

二　晋商与甘肃城市

明清以来，外来的山西、陕西商人因实力强大，在河西走廊沿线贩运土特产品，是甘肃地区的主要客商。现在河西各县镇中所存宏伟的晋陕会馆，就是创设在这一时期。山西商人的活动推动了甘肃城市商业的兴起和发展。

（一）兰州

兰州，地处甘肃中部，黄河穿城而过，宋金时期已设有榷场，明清两朝更因藏、蒙、回、汉各族商人及各地特产聚集于此而成为西北贸易中心之所在。清乾隆间，兰州已是"炊烟出屋，瓦者万家，廛居鳞次，商民辐辏"的"一大都会"了。② 兰州是晋商在西北地区最为重要的商贸舞台之一，在此经商的山西人曾达万人之多，并在清康熙年间与陕西商人共同建有"山陕会馆"。近代，在兰州的晋商主要经营茶庄、酱园、行栈、绸布、百货、五金、铁器、杂货、行商，以及包括银钱、当铺、票号在内的金融等业，并一度在茶庄、皮毛、银钱等业形成垄断之势。兰州是西北茶叶的贮藏和集散中心，晋商是运茶至西北的主力，曾独立承办甘新茶政。19 世纪 60 年代新疆内乱及西北回乱前，兰州茶叶贸易均由晋商把持，称为"东柜"。此外，兰州亦为甘肃重要的皮毛市场，山、陕、冀、宁等省商人及洋商纷至沓来，然实力以晋商最强，其次为洋商。民国二十年（1931）后，随政府对洋商子口半税优惠制度

---

① 白水县志编辑委员会编：《白水县志》第 1 章《建置志·集镇》，西安地图出版社 1989 年版。

② 乾隆《皋兰县志》卷 1 《形胜·地理志》。

的废除，洋商皮毛业优势顿失，纷纷撤庄，至此，甘肃皮毛市场全由晋商控制。彼时，兰州金融业甚为发达，有票号、钱铺60余家，每年与沪、苏等金融中心的收汇款项达数百万两白银，其中多为晋商票号所为。此外，兰州以北与青海接壤的永登县，亦集中多家晋商，县城15家布匹商号中，以山西商号大顺成实力最大。由于在兰州人数众多，晋商特建三晋会馆以联络乡谊。

清季到民国，兰州城内商贸繁荣，市区人口虽仅有10万，[①] 但城内"客商骈集、阛四达、肩摩毂击"。彼时兰州城内有店铺700多家，包括京货行、杂货行、茶行、大布行、药材行、水烟行、皮货行等。因此，有"京洋土产，几于百物俱备"[②] 的说法。兰州与京津冀市场的商业联系，主要经过兰州以下的黄河筏运，经宁夏府城、包头、张家口[③]而完成。京津冀洋杂货由张家口运至宁夏后转运兰州，并经兰州市场转销甘、凉、安、肃一带[④]。兰州为西北第一大城，亦为西北第一大市场，为西北及甘肃商业之"总汇"。

（二）凉州

凉州，位于甘肃西北部，河西走廊东端，自古为河西要郡。清代及民国时期，凉州城交通便利，商贾辐辏，店铺鳞次栉比。彼时，凉州商贾云集，以"山陕帮"实力最盛，他们不仅操纵着以甘、凉二州为中心的河西市场，并对兰州与山西、内蒙古等地的贸易产生巨大影响。凉州城商贾辐辏，店铺鳞排"开张稠密，四街坐卖无隙地，精粗美恶，货不尽同"。货物从这里"运往瓜州，以利塞外"，有"凉庄"之称。

---

① 民国《甘肃通志稿·民政》，载中国西北文献丛书编辑委员会编《中国西北文献丛书·西北稀见方志文献》卷28，兰州古籍书店1990年版。
② 光绪《重修皋兰县志》卷8《风俗·土产》。
③ 民国《甘肃省志·实业》，载中国西北文献丛书编辑委员会编《中国西北文献丛书·西北稀见方志文献》卷33，兰州古籍书店1990年版。
④ 民国《甘肃省乡土之稿一·农产贸易》，载中国西北文献丛书编辑委员会编《中国西北文献丛书·西北稀见方志文献》卷30，兰州古籍书店1990年版。

其境内平番县，亦呈现"行商坐卖，虽乡村小堡，亦多有也"① 的景象。境内古浪县"农则其风更朴，田分山川，终岁勤劳，衣食外即有赢余，不知逐末，商贾乃多陕、晋人"②。

（三）酒泉

酒泉，旧称肃州，位于河西走廊西端阿尔金山、祁连山与马鬃山之间。东接张掖，南接青海，西接新疆，北接内蒙古，自古为河西重镇、西北最重要的地方性民族市场之一。市场上集中了沿东南而来的陕西大布与纸张，沿西路而来葡萄干、杏干、棉花、俄货，沿北路来京津杂货。此外，敦煌棉花，青海的皮毛、牲畜均在此集中，因此城内外店铺有数百家之多。近代，随玉门油田的开采及西北皮毛业的兴盛，酒泉逐渐繁荣。20世纪20—30年代，酒泉"城内外大小商店三百余家"，"商人以晋人为多"③，达数千人。晋商在酒泉主要从事金融、采矿、皮毛、酱园、茶庄、百货、绸缎、染坊等生意，以采矿及皮毛业为主。晋商在酒泉所开设的规模较大的字号有三义堂、圆义成、万盛永、永泰恒、蔚隆章、三盛源、元兴祥、福泰和、聚义涌、大义昌、二聚合、德聚合、大恒昌、义和成、灵德堂、继美丰、福德隆、晋丰恒、洋子公司、正太公司、恒记有限责任公司等。其中，三义堂为总号设于归化城的皮毛字号；恒记有限责任公司则垄断了玉门油田的开采权。彼时，经商酒泉的山西人有数千之多，为联络乡谊，特于城北建山西会馆，并购城南、城东两处义地，以葬客死的山西同乡。

（四）拉卜楞寺集镇

拉卜楞寺位于甘南夏河县城，是甘南、青海、四川等省的宗教中心。由于拉卜楞寺在河曲藏区具有崇高的宗教威望，所以寺院会期也同

---

① 乾隆《永昌县志》卷3《风俗》。
② 乾隆《古浪县志》卷3《风俗》。
③ 林竞：《蒙新甘宁考察记》，甘肃人民出版社2003年版，第119页。

时是贸易期,因此在该寺周边形成商业繁荣的集镇。甘南畜产丰富,经营皮毛业的商人云集拉寺集镇。清后期,在拉卜楞集镇交换的商品,主要有从外地输入的茶、绸、烟、布类、彩缎、纸张、陶瓷、棉花、青盐、清油、酒、面粉、铜器等,从本地输出的羊毛、狐皮、白羔皮、猪俐皮、獭皮、马、牛、羊、蘑菇、酥油、鹿茸、庸香、羊油、牛油等。① 每年正月、二月、七月、九月、十月,以二、七月在拉卜楞寺举行大型集会。20世纪30年代,津、京、山、陕等地的国内商人乘洋行渐退之势而进入甘南藏区,主导当地的商贸活动。20世纪30年代,"拉寺输出货物,以皮毛为大宗,故本地营业资本较大者为皮商。此种皮商,多系平、津一带之富商,每年九月携款运货而来,翌年四月运载皮货而返。此外有山西、陕西及本省资本较小之皮商,多收买黑皮、羔皮等,运往天水、长安、大同等地。"② 由此可知,拉卜楞寺市场皮毛商均来自国内,商以京、津两地商人实力最强,而山、陕及本地商人略逊之。晋商虽然在拉寺集镇市场未能居于主导地位,但仍可在皮毛业中占一席之地。他们在此广设商铺,收购土产,贩运皮毛,组建行会,使集市繁荣,秩序井然。

(五)临夏

临夏,旧称河州,位于甘肃南部黄河上游,西倚青海,南靠甘南藏区,北濒兰州,近代为甘肃西南部重要的商品集散地及汉藏贸易枢纽。彼时,临夏城内的山、陕商号虽只30余家,然"资本甚大,握商界之牛耳"。其中山西商号自立和资本达四五十万两白银;敬信义资本达五六十万两白银。这些字号大都从事皮毛生意,兼营百货。其中资本额度较大的为山西商号——自立和及敬信义,两家资本总额达120万两白银。此外,由于人数众多,晋商亦于此地建有壮丽的会馆

---

① (民国)李式金:《拉卜楞之商业》,载《边政公论》1945年第4卷第9—12期合刊。
② 马鹤天著,胡大浚点校:《甘青藏边区考察记(西北行记丛萃)》,甘肃人民出版社2003年版,第55—56页。

以亲乡谊。① 民国间河州改易"临夏",其境"人多富庶,故其经济力量特别充实,所以货物集聚亦相当雄厚"②。

此外,甘肃的永登、永昌、张掖等皮毛集中市场亦为晋商活跃的商埠,永登的天成福、永昌明、德义昌、德运协、天成和;永昌的西发源、德协成、乾元、庆兴源、西北货栈、裕中;张掖的锦丰泰、三义成、万泰永、德协成、乾元等字号均为晋商开设的皮毛交易商号,活动范围囊括青海北部及嘉峪关外。

三 晋商与宁夏城市的兴起与繁荣

(一) 银川

银川位于宁夏平原中部,东临黄河,西倚贺兰山与内蒙古接壤,曾为西夏首都。清末民初,银川商业极盛,城内"大小商店共三百二十五家,(其中)晋商居十之六"。当地最负盛名的羔皮加工业,"大抵为山西交城人(垄断),(而)宁夏皮商仅能制作粗皮"。彼时,晋商开设之祥泰隆为经营出口的最大商号,每年皮毛出口额达百万余元。此外,位于河套平原源头,乌兰布和沙漠东部边缘的磴口县城,为宁夏北部的重要商镇,当地居民中汉人占三分之一,且"皆山西之沁州、河曲,陕西之府谷"③ 等处前来经商者,进而逐渐兴盛。

(二) 吴忠堡

吴忠堡,位于宁夏中部的宁夏平原腹地,黄河穿城而过。明代为九边要镇,作为商业城镇的兴起始于近代。清末,随甘、青等地皮毛经黄河外运而逐渐繁荣,成为回汉商人聚集之区。晋商在此地经营百货、金

---

① 马鹤天著,胡大浚点校:《甘青藏边区考察记(西北行记丛萃)》,甘肃人民出版社2003年版,第23页。
② 民国《甘肃省乡土之稿一·农产贸易》,载中国西北文献丛书编辑委员会编《中国西北文献丛书·西北稀见方志文献》卷30,兰州古籍书店1990年版。
③ 林竞:《蒙新甘宁考察记》,甘肃人民出版社2003年版,第44页。

融、皮毛等传统产业，城内八大商号中，晋商独居其四，资本额达数十万大洋，①其中以"自立忠"商号实力最强。20世纪20—30年代，吴忠堡"商业之盛，甲于全省"②，被称作"小上海"。

（三）花马池镇

花马池镇，位于宁夏东部，为盐池县治，所产池盐运销宁、晋、陕、蒙等地。民国以前，该镇只是官盐产地，商业发展缓慢。民国以来，随着山陕及本地商人贸迁，该镇商业发展迅速。晋商在花马池镇商业中独占鳌头：民国初年，该镇商号26家，其中山西商号15家；盐池县解放后，该镇商号38家，其中山西商号23家，更有山西字号在1955年社会主义改造前，发展成资本万元的商号。③晋商所营字号大都多业并举，除经营绸缎布匹、针织品、日用百货、各类副食品、油盐酱醋、米面杂粮外，还兼营磨坊、油坊、醋坊、碾坊；设立牧场，圈养牲畜；饲养骆驼，运输货物；收购甘草、皮毛等。其中规模较大者有宝生珍、万兴和、万盛长等。④此外，晋商还开设有瑞茂堂、万盛长等中药铺；⑤张守田饭馆、张仲刚饭馆⑥等饭店。出现了药商原柄堃、皮毛商张复元、永记号经理张永新、宝生珍财东权鼎珍等在当地较有名望的商人，⑦并建有山西会馆。⑧

---

① 刘斌、胡铁球：《失之东隅　收之桑榆——近代以来中国西北地区回族商业发展述略》，《青海民族研究》2008年第1期。
② 范长江：《中国的西北角》，新华出版社1980年版，第195页。
③ 武常新：《盐池县城的商号》，载政协宁夏盐池县委员会文史资料研究委员会编《盐池县文史资料》第5辑，宁夏人民出版社1996年版，第55—91页。
④ 武常新：《盐池县城的商号》，载政协宁夏盐池县委员会文史资料研究委员会编《盐池县文史资料》第5辑，宁夏人民出版社1996年版，第55—91页。
⑤ 聂志盐：《池县医药简况》，载政协宁夏盐池县委员会文史资料研究委员会编《盐池县文史资料》第4辑，宁夏人民出版社1988年版，第44—51页。
⑥ 武常新：《盐池县城的商号》，载政协宁夏盐池县委员会文史资料研究委员会编《盐池县文史资料》第5辑，宁夏人民出版社1996年版，第55—91页。
⑦ 王玉萍：《从盐池县商业看近代晋商在西北行商特色》，《沧桑》2010年第1期。
⑧ 任永训：《对盐池县文化遗址的初步调查》，载政协宁夏盐池县委员会文史资料研究委员会编《盐池县文史资料》第3辑，1987年，第109页。

四　晋商与青海城市

（一）西宁

西宁，古称西平郡，位于青海东部，湟水中游河谷盆地，自古为"丝绸之路"南路与"唐蕃古道"必经之地，是西北交通要道及军事重镇，有"西海锁钥""海藏咽喉"之称。明清时期，"山、陕、甘、川的汉、回、藏族商人"，逐渐出现在西宁市场上，且人数越来越多，或经营长途贩运，或开设商号，深入牧区进行商品交流。清雍正三年（1725），西宁卫改为府治，城内有东南西北4条大街及29条小街，有粮面、茶果、骡马驴、柴草、石煤、石炭、缨毛、牛羊等8处市场。彼时城内"辐辏殷繁，不但河西莫及，虽秦塞尤多让焉。自汉人、土人而外，有黑番，有回回，有西夷，有黄衣僧，而番回特众"，且城中"牝牡骊黄，伏枥常以万计。四方之至……羽毛齿革，珠玉布帛，茗烟麦豆之属，负提辇载，交错于道路"①。山西商人创办了西宁地区最早的商号——"晋益老"②，有"先有晋益老，后有西宁城"的说法。近代，随着青海羊毛的大量产出外运，西宁商业繁盛。彼时，城内有多家经营羊毛收购的字号，其中著名商号聚益、福益、福兴、德源、永丰等为晋商所设。③除羊毛外，晋商在西宁还经营"布匹、土产杂货、茯茶、铁器五金、酱园"④以及金融等行业。清光绪二十八年（1902），西宁成立商会，推举晋、陕商帮16家大字号的经理为会首，至此西宁商业全由山陕商人掌控。彼时，位于西宁大通县东峡乡衙门庄村北侧的广惠寺衙门街，亦"有商号三四十家，（且）半为晋人"。由此，晋商

---

① （清）梁质人：《秦边记略》卷1《西宁卫》，同治十一年（1872）安徽藩署敬义斋版。
② 晋益老商号为山西商人樊某所开，位于西宁东门街、府门街一带。
③ 乔南：《商路、城市与产业——晋商对近代西北经济带形成的作用浅析》，《经济问题》2015年第5期。
④ 天顺：《廖氏兄弟与裕丰昶》，青海省政协学习和文史委员会编：《青海文史资料集萃·工商经济卷》，青海省政协学习和文史委员会，2001年，第164页。

在西宁的实力可见一斑。民国时期,西宁市场实力最大的商人均来自山西或陕西,他们开设的三义和、同昌玉、永盛恒、隆兴泰、天昌正、万顺源、庆泰西、忠信福、晋和祥、庆盛西、聚义店、永积昌、忠兴昶、广泰元等数十家商号均为当地的大、中商号。

(二) 青海其他地区商业发展

民国时期,山陕商人在西宁创办了协和商栈,分号则遍布青海各地。湟源的兴海客栈、贵德的生成商栈、同仁的兴隆商栈、循化的统盛商栈、共和的经海商栈、同德的协永商栈、上五庄、济成商栈、鲁沙尔人集成商栈等都是其分支机构,并在乐都、民和、叠源、大通、互助、化隆、海东、八宝等相对偏远的地区也开设了分号。协和商栈这种遍设分庄的经营方式,在青海形成了以西宁、湟源为中心的市场网络。彼时,青海南部的玉树也有晋商的身影。[1] 为更好地进行商业活动,晋商还和陕商在当地创建了"歇家""刁郎子"等集客店、经纪人、贸易、仓储为一体的贸易中介组织。"歇家"最初为客商与蒙藏牧民之间的中间商,后自办"歇家"字号经营皮毛收购业务,而"最早的歇家,本系山陕籍商人,到后来成为湟源皮毛集散的主要媒介人和推销员"[2]。规模较大的有德兴旺、世诚和、义成昌、瑞凝霞、天德王、协成裕等字号。

碾伯县(今乐都)有街道4条及米粮市。巴燕戎城(今化隆回族自治县)有东西两条大街及米粮、牛羊、驴马等3个市集。西宁之西50里的名多巴,是一处大市集,"细而东珠、玛瑙,粗而氆氇、藏香,中外商贾咸集。一种缠头回子者,万里西来,独富于诸国,又能精鉴宝物,年年交易以千万计"[3]。

---

[1] 姚红:《明清时期西商与西北的民族贸易》,硕士学位论文,青海师范大学,2010年,第23页。

[2] 阎成善:《湟源的歇家、洋行、山陕商人与刁郎子》,中国人民政治协商会议湟源县委员会文史资料组编:《湟源文史资料选辑》第5辑,1999年,第10—11页。

[3] (清) 冯一鹏:《塞外杂识》,借月山房汇钞本。

五　晋商与新疆城镇

（一）迪化

迪化，即今乌鲁木齐，清代及民国时期的新疆首府，位于天山北麓，准噶尔盆地南缘。清初平定准噶尔叛乱后，随着各项惠民利商政策的实施，迪化得到迅速开发，在乾隆时已是"商民云集，与内地无异"的城市。近代，晋商经西北商路到达新疆，在迪化经营金融、茶庄、皮毛、运输等行业，开设"永盛生""晋星功""蔚丰厚""天成亨""协同庆"等商号及票号，促使迪化成为店铺鳞次栉比，商贾辐辏，"繁华富庶，甲于关外"①的边疆城市。

（二）奇台

奇台，旧称古城子，位于天山北麓，准噶尔盆地南缘，迪化（乌鲁木齐）以东190多千米，是北通外蒙古，东接内地的通衢。在清政府平定准噶尔叛乱之后，随着内地军队及商民的到来，奇台商业发展迅速。至清末民初，奇台"廛市之盛，为边塞第一"，成为"商贾荟萃之区"，已然成为"地方极大，极热闹"的城市。据统计，清光绪三十四年（1908）时，奇台已经有300余家工匠铺，960余家商铺，骆驼4万峰，每年有价值200万—300万两白银的商品由内地及国外输入奇台。彼时，大量内地商人经大草地或河西走廊前往奇台经商，并在当地形成八大商帮，其中以晋商实力最著。彼时，晋商经东（张家口）、西（归化城）两口，过外蒙古草地，将茶叶运至奇台及"回疆八城，获利尤重"，又"将米面各物返回北路，以济乌里雅苏台等地"，致使"从此直北去，蒙古食路，全仗此间"。至民国八年（1919），奇台城内8家年贸易额在20万元以上的字号，其中山西商号独占其四，分别是天元

---

① （清）椿园：《西域闻见录》卷1，乾隆四十一年（1776）抄本。

成、大顺玉、永顺和、义成祥。其中天元成是奇台第一大商号，主营茶叶、皮毛、布匹、百货、药店及黄金等行业，每年在奇台与归化城间往来2—3趟，将3万余千克的货物输入归化城。晋商因其雄厚的商业实力而成为奇台商界翘楚：1935—1946年间，奇台商会的17届会长中，晋商任10届，山西籍委员更占到会员总数的39.47%。① 由此，奇台成为新疆东部第一大商埠。②

（三）巴里坤

巴里坤，位于新疆东北部、内地前往新疆的孔道之上，因而成为北路商务荟萃之地，城内商货云集、市廛鳞次，"烟户铺面比栉而居……晋民尤多"③，"山西、陕西、甘肃之商人辐辏已极"。晋商在此地主营钱、当两行及百货等业。巴里坤于清道光年间达到鼎盛。④

（四）哈密

哈密，位于新疆东部，自古为丝路咽喉，是新疆通往内地之要道，有"新疆门户"之称。清代历朝用兵出关西征，均以哈密为基地。清乾嘉之际，哈密因与内地频繁的贸易往来逐渐繁荣，城内"商贾云集，百货俱备"，客民一度"多至二千余人"⑤，而成为"一大都会"⑥；城外东、西二关，更因地当孔道而"商民辐辏，号称殷庶"⑦。清光绪初年，左宗棠率军西征，设大营于哈密，吸引两湖、山、陕、津、京等处商人前

---

① 刘国俊：《清末民初的奇台晋商》，《新疆地方志》2008年第2期。
② （清）方士淦：《东归日记》道光戊子年四月十七日条，《小方壶斋舆地丛钞》第2帙，甘肃人民出版社2002年版。
③ 沈云龙主编：《近代中国史料丛刊》第74辑，台北：文海出版社1972年版，第2885页。
④ 中国社会科学院中国边疆史地研究中心主编：《新疆乡土志稿》，全国图书馆文献缩微复制中心1990年版，第212页。
⑤ 《清高宗实录》卷411，中华书局影印本1986年版。
⑥ 《清高宗实录》卷411，乾隆十七年（1752）三月，中华书局影印本1986年版；（清）椿园：《西域闻见录》卷1。
⑦ 钟兴麒、王豪、韩慧校注：《西域图志校注》卷9《疆域二》，新疆人民出版社2002年版，第178页。

来经商。① 据统计,清光绪十一年(1885)哈密新城南门外有汉人商贾500余家,且皆为山西、陕西、甘州、凉州等处商人开设。他们将烟、茶、绸缎布、纸、火柴、砂糖、瓷器、铜铁器等商品由内地运来新疆销售;再将新疆所产皮张、药品、各种干果、和田玉、驼绒、羊毛等商品输往东部及南部各地。② 内地商人的大量前往,刺激了该地的商业发展,哈密因此而成为"货物麇集、商务盛兴"③,拥有商店货栈六七百家④的都会。

(五)喀什

喀什,位于天山南麓,东临塔克拉玛干沙漠,东北与阿克苏相连,富庶"甲于南疆"。据林竞《新疆纪略》载,喀什"回城"——疏附县在民国六年(1917)前后,"商务之繁,人烟之庶,比于省城"⑤,城内"交通繁盛,市廛栉比"⑥,"街市纵横,楼房层列"⑦,市场上"瑰货雾集",且"雕玉缕金之器,跨越上国"⑧。中外商人云集于此,"富商豪客,不知凡几"⑨。值得一提的是,晋商所经营的蔚丰厚商业银行在此地金融业中占有一席之地。"汉城"疏勒,虽商务远逊于回城(疏附),⑩ 但物产丰饶,农产品丰富,尤其盛产棉花。城内津、京及晋商颇多,⑪ 经营京广杂货兼营汇兑。喀什与俄国、阿富汗、英印贸易往来

---

① 张大军:《新疆风暴七十年》,台北兰溪出版社1980年版,第2279页。
② 许崇灏:《新疆志略》,正中书局1944年版,第127页。
③ 中国社会科学院中国边疆史地研究中心主编:《新疆乡土志稿·哈密直隶厅乡土志·商务》,全国图书馆文献缩微复制中心1990年版,第271页。
④ 林竞:《西北丛编》,上海神州国光社1931年版,第234页。
⑤ 谢彬:《新疆游记》,新疆人民出版社2001年版,第130页。
⑥ 林竞:《新疆纪略》,民国七年(1918)天山学会于日本东京铅印,新疆人民出版社2013年版,第23页。
⑦ 吴绍磷:《新疆概观》,南京仁声印书局1933年版,第152页。
⑧ 谢彬:《新疆游记》,新疆人民出版社2001年版,第129页。
⑨ 吴绍磷:《新疆概观》,南京仁声印书局1933年版,第152页。
⑩ 谢彬:《新疆游记》,新疆人民出版社2001年版,第144页。
⑪ 吴绍磷:《新疆概观》,南京仁声印书局1933年版,第152页。

密切，商业甚为繁盛，而被称为"葱岭之东一大都会"。

（六）莎车

莎车，即叶尔羌，位于塔里木盆地西缘，喀什东南，为东西方陆路交通枢纽。彼时，内地"山、陕、江、浙之人，不辞险远，货贩其地"[1]；国外安集延、阿富汗、克什米尔等地商人"亦皆来此贸易"[2]。莎车亦由"回城"和"汉城"组成。其中，"回城"有商民3300余户，是莎车"人烟稠密之区"，其南门"沿街廛肆，鳞次栉比，人口稠密，甲于他县"[3]。城内长十余里的八栅大街的商业最为繁华，[4] 有"缠回著华所萃"[5] 之美誉。"汉城"人口则相对较少，有商民480余户，市街整齐，商铺栉比。莎车物产丰富，每年出产"茧数千斤，丝数百缝，牛羊马驴二万头"，所产绢绸"冠于全疆"，玉石[6]及"皮毯丝布"[7] 则大量销往欧洲、英印[8]及内地，由此莎车为南疆都会。

（七）塔尔巴哈台

塔尔巴哈台位于天山北路，从乾隆年间起，内地商人开始来此地经商。清道光十六年（1836），清政府准许赴塔尔巴哈台贸易的内地商民在此定居，更促进了塔尔巴哈台地区的商贸长期繁荣。光绪年间，每年有价值6000余两白银的商品自张家口、归化城等地运来；每年有价值3000多两白银的土产杂货自陕甘和新疆其他城镇运来此地；每年自湖北、山西运来的砖茶达14万—15万块。

---

[1]（清）椿园：《西域闻见录》卷1，乾隆四十一年（1776）抄本。
[2] 汪永泽：《新疆风物》，民国三十二年（1943）版，第60页。
[3] 谢彬：《新疆游记》，新疆人民出版社2001年版，第151—152页。
[4] 汪永泽：《新疆风物》，民国三十二年（1943）版，第61页。
[5] 谢彬：《新疆游记》，新疆人民出版社2001年版，第151页。
[6] 谢彬：《新疆游记》，新疆人民出版社2001年版，第118页。
[7] 谢彬：《新疆游记》，新疆人民出版社2001年版，第154页。
[8] 林竞：《新疆纪略》，民国七年（1918）天山学会于日本东京铅印，新疆人民出版社2013年版，第23页。

(八) 东疆玛纳斯、昌吉、呼图壁、阜康、济木萨、古牧地、木垒等城

玛纳斯、昌吉、呼图壁、阜康、济木萨、古牧地、木垒等县城均位于迪化及奇台周围地区，虽城市规模较小，然城内商业繁盛，其发展亦与晋商贸迁密不可分。

玛纳斯，旧称绥来，地处新疆腹地，迪化西北，该城"扼西至伊(犁)塔(尔巴哈台)，北至阿勒泰之通衢，形势重要"①，故有迪化"西大门"之称。玛纳斯盛产"孜麦果瓜、金玉、膏油、皮革、鹿茸之属"，有"小四川"之名，为迪化等地提供粮食供给，其"殷庶为奇台亚"②，故有"金奇台、银绥来(玛纳斯)"③ 的说法。玛纳斯的商业在清道光间已有所发展，城内商铺210余家，光绪初年发展至330余家，成为"商民辐辏，庐舍如云，景象明润，丰饶与内地无异"④ 的城镇。玛纳斯的商人大都来自内地，以晋、津商人最多。⑤ 玛纳斯地理位置优越，而与北部的塔尔巴哈台、科布多及东部的奇台、迪化，甚至甘肃、山西、四川等省的商号均有贸易往来，所售商品有来自迪化、古城的布匹；吐鲁番的棉花；内地的药材，等等。彼时，每年有8000—9000余张皮子，4万余斤兽毛，100余架鹿茸，运销晋、蜀等省；贝母、紫草运销内地者亦达1000余斤，⑥ 故成为"东贾晋、陇、蜀，北贾科(布多)塔(尔巴哈台)"的商业枢纽。

昌吉、呼图壁、阜康、济木萨、古牧地、木垒等城与玛纳斯相似，

---

① (清) 李德贻：《北征日记》，光绪三十三年 (1907) 抄本。
② 谢彬：《新疆游记》，新疆人民出版社2001年版，第68页。
③ 张志主编：《中国风土志丛刊》，广陵书社2003年版，第109页。
④ (清) 林则徐：《荷戈纪程》，道光壬寅年 (1842) 十月二十日条，中华书局1962年版。
⑤ 袁大化修，王学曾、王树楠等纂：《新疆图志》卷1《建置一》，上海古籍出版社1992年版，第15页。
⑥ 中国社会科学院中国边疆史地研究中心主编：《新疆乡土志稿》，全国图书馆文献缩微复制中心1990年版，第150—151页。

位于距迪化或奇台不远的区域内。近代，这些小城镇也因内地商人的贸迁而有所发展。昌吉城内有商民 200 余户，商业区集中于城东关一带，虽摊贩居多而无"大贾"，然因地处迪化与玛纳斯之间，故商业繁荣。位于昌吉西部的呼图壁，在民国六年（1917）有 1600 余户居民，大小商店 70 多家。阜康城与济木萨均位于迪化、奇台两城之间。阜康城盛产烧酒，每年有数万斤烧酒销往迪化、奇台。① 其境内紫泥泉镇，有 3 家马店，20 余家店铺。济木萨城内居民 700 余户，店铺 60 余家，其"城外万家烟火，市肆无物不有"②。位于迪化北部的米泉县城——古牧地，城内店铺 50 余家。而奇台东部的木垒，城内亦有居民 200 余户，商业繁盛。③

（九）北疆城镇

清代，以阿克苏为中心，崛起了温宿、乌什、柯平等城镇。以伊犁为中心，崛起了宁远、塔尔巴哈台等新兴城镇。彼时阿克苏城内"街市交错，茶房、酒肆、旅店莫不整齐"；"伊犁地区内地之民争相前往，村落相连，烟火相望。巷陌间羊马成群，皮角毡褐之所出，商贾辐辏。甚至有绍兴酒、昆戏等，都来到此地"。④

由此可见，近代晋商的贸迁西北不仅使大量商业城镇随之兴起和繁荣，更加速了当地物产与东部地区的交流。

第三节　西北—京津冀商路上的山西商业城镇

晋商的西北—京津冀商路从山西的北部经过，归化城、绥远城、丰镇、大同、包头等城镇都是这条商路上的重要节点，在东西商品的运销

---

① 谢彬：《新疆游记》，新疆人民出版社 2001 年版，第 227 页。
② （清）方士淦：《东归日记》，道光戊子年四月十六日条，甘肃人民出版社 2002 年版。
③ 殷晴主编：《新疆经济开发史研究》，新疆人民出版社 1992 年版，第 309 页。
④ 赵翼：《皇朝武功纪盛》卷 2，《平定准噶尔正编述略》，转引自何一民主编《近代中国衰落城市研究》，巴蜀书社 2007 年版，第 233 页。

中起到举足轻重的作用,因此,这里我们只对山西北部的城市进行讨论:清代至民国时期,山西北部商业城镇数量的增加、城内商业的繁荣。彼时,口外六厅都属于山西管辖。晋商在山西北部的商贸活动,带动了当地经济和城镇的发展,同时城内商业亦随着商人贸迁和商品流通及金融业的发展而繁盛和活跃。清代边墙以北地区兴起了诸多商贸市场,较前代有了很大的发展。以整个归绥六厅、山西北部地区以及与之相邻的沿黄区域,其商业发展程度不仅可以从当地商业城镇的数量进行考察,也可以从城内商业发展状况得到反映。

一 归绥六厅

归绥六厅位于山西北部,包括归化城厅、萨拉齐厅、托克托城厅、和林格尔厅、清水河厅和武川厅。清代及民国时期,是晋商北上恰克图及外蒙古地区贸易的必经之路,亦为连接京津冀与西北的连接地带。归绥地区土地垦殖的扩大,带来了商业的发展和城镇的繁荣。

(一) 归化厅城①

归化城蒙语为"库库和屯",意为"青色的城",是漠南的政治经济中心和交通枢纽,也是沟通漠北、漠西、天山以北各地区的经济联系的总汇,"外番贸易者络绎于此,而中外之货亦毕集,乃扼要之地"②。清康熙二十二年(1683)规定,蒙古各部进京贡使限定200人,其余人允许在张家口、归化城进行交易,这使得归化城的蒙汉贸易进一步发展起来。清乾隆年间随着蒙古各部的经济发展,蒙汉之间物资交流日益扩大,归化城"商贾云集,诸货流通,而蒙古一带土产日多,渐成行市"③。彼时的归化城"设蒙古都统一员,副都统一员,管所部八千人,

---

① 乔南:《清代山西经济集聚论》,经济管理出版社2008年版,第231—234页。
② (清)张鹏翮:《奉使俄罗斯日记》,载毕奥南整理《清代蒙古游记选辑三十四种》上册,东方出版社2015年版,第13页。
③ 张正明、薛慧林:《明清晋商资料选编》,山西人民出版社1989年版,第50页。

有城郭土屋屯垦之业，鸡、豚、麻、黍、豆、面、葱、韭之物"①。清乾隆二年（1737）归化城新城建成，"城广二里许，地颇肥饶，牛羊骡马贸易中心"②。彼时城内有商业铺面1850间，商贾云集，经济繁盛，"冠盖云屯，市廛置列，极民物繁庶之盛"③。由于人口集中，城内外赛社活动亦十分频繁，"岁三百六旬，赛社之期十逾七八，此外四乡各厅尚难指数。戏楼、酒肆大小数十百座，整日间蟠炙煎熬，管弦呕哑，选声择味，列座喧哗"④。由此可见，彼时的归化城已经是塞外一大都会。

蒙古人笃信藏传佛教，归化城内藏传佛教寺院众多，每年来此朝觐的蒙古人络绎不绝。他们"把大量的牛、马、羊和骆驼赶到了那里，同样也用车子把皮货、蘑菇和盐巴运往那里，这是鞑靼沙漠中仅有的产品。他们作为交换而在回程中运去了砖茶、布帛、马鞍，在供奉的佛像前焚烧的香烛、莜麦面、小米和某些炊具"，"青城特别以其大宗的骆驼毛伊交易而著名。城中主要街道都通向聚散一个辽阔场地，它是出售所有骆驼的聚散地"。清中叶，"青城（归化城）的商业贸易规模很大"⑤，俨然是一个大宗农牧产品的聚集地。

砖茶是归化城中交易的大宗商品，以二四砖茶为主。⑥ 这种茶叶受到当地汉族居民和土默特居民的欢迎。资料显示，光绪十年（1884）这种砖茶在归化城的销售量达4万箱。⑦ 皮毛加工业是归化城的一个重要行业。"从呼和浩特所消费的牛羊身上剥下的皮几乎不往外运，而是

---

① （清）张鹏翮：《奉使俄罗斯日记》，载毕奥南整理《清代蒙古游记选辑三十四种》上册，东方出版社2015年版，第13页。
② （清）范昭逵：《从西纪略》，《小方壶斋舆地丛钞》第2帙，上海着易堂清光绪十七年（1891）版。
③ 光绪《归化城厅志》卷19《风俗》。
④ （清）张曾：《古丰识略》卷21《赛社》，咸丰九年（1859）抄本。
⑤ ［法］古伯察：《鞑靼西藏旅行记》，耿升译，中国藏学出版社2006年版，第125页。
⑥ 二四砖茶一般指二十四块一箱的砖茶。
⑦ ［俄］阿·马·波兹德涅耶夫：《蒙古及蒙古人》第2卷，刘汉明等译，内蒙古人民出版社1983年版，第92—104页。

就地在城北和城西的皮革厂加工……制革时去除的毛在呼和浩特加工成各种产品。"① 金融业也是归化城的重要行业。在雁门关的集资中，宝丰社捐钱 155 千文，当行捐钱 60 千文，而大裕当则在行业之外又单独捐钱 5 千文，这三者合计已达 220 千文，占全部捐款的 22.8%。又如，前述的大宗牲畜交易并不在归化城内，来自蒙古各部的牲畜和其他商品多运往包头和可可以力更，而货款则在归化城结算，"因为这里有许多家银号，支付货款比较方便"②。此外，大盛魁、天义德等商号在蒙古各部落也经营放款业务。③

清末，归化城沟通西北地区与京津冀的作用更加明显，城内销售和运出的棉布及纺织品几乎全是从天津等开埠口岸运来的外国货，这些商品又随永德魁、一善堂、三合元、庆中长、天裕德、大庆昌、元升永等旅蒙商字号源源不断运往蒙古及广大的西北地区销售，换回骆驼、马、牛和羊及皮毛等商品。彼时，归化城市场上中国产的奢侈品并不多见，而随处可见从欧洲来的商品：座钟、灯、自动玩具、梳妆盒等。而旅蒙商中，山西商人占到了相当的比例，因此说没有山西商人，"该城迅速发展是不可能的"④。清末民初，归化城中除有道台衙门、二府衙门、土默特葛兰达衙署和关税总署外，还有繁华热闹的商业街——南大街。市廛繁华，商品种类众多。

（二）绥远厅城

清乾隆二年（1737）开始修建绥远城，乾隆四年（1739）六月竣工。起初，绥远城的修建是为了能与在其西南 5 千米处的归化城"连

---

① ［俄］阿·马·波兹德涅耶夫：《蒙古及蒙古人》第 2 卷，刘汉明等译，内蒙古人民出版社 1983 年版，第 92—104 页。
② ［俄］阿·马·波兹德涅耶夫：《蒙古与蒙古人》第 2 卷，刘汉明等译，内蒙古人民出版社 1983 年版，第 98—99 页。
③ ［俄］阿·马·波兹德涅耶夫：《蒙古与蒙古人》第 1 卷，刘汉明等译，内蒙古人民出版社 1989 年版，第 293 页。
④ ［俄］阿·马·波兹德涅耶夫：《蒙古及蒙古人》第 2 卷，刘汉明等译，内蒙古人民出版社 1983 年版，第 92—104 页。

为犄角，声势相援，便于呼应"①。故虽城内南街一带"民兵拥集，廛舍栉比，商贩骈列，百货杂陈"②，但就整体而言，绥远厅城内仅有一处市场，且商铺房屋数量较少。③ 居民所需日常用品大都依赖归化城。归化、绥远二城中间有道路相连，两城"市廛毗连"，路上车水马龙，如同一座城市。④ 由于包括晋商在内的各地商人在当地的活跃经营，加之其优越的地理位置，绥远城逐渐与归化城一样，成为繁荣的城市。

（三）萨拉齐厅城

萨拉齐，蒙语是"挤奶者"的意思。地处大青山南部，黄河以北，位于西包头镇以东，归化城西南。明嘉靖时为西土默特的放牧之地。清雍正十二年（1734）在当地添设一名官员（笔帖士），⑤ 以协助归化城理事同知办理此地内蒙古百姓的事务。清乾隆二十五年（1760），在萨拉齐设理事通判厅，设厅之后，改称萨拉齐。萨拉齐厅城内共有4条大街，14条小街，巷道52条，城中"街廛宏阔"，建筑齐整雅致，街市整洁。⑥ 城内商业以经营粮、布、茶、烟、炭等五种商品为大宗，经营者以晋商为主。据记载，清乾隆十四年（1749），萨拉齐城内即有店行、面行、杂货行及当行等四大行业。⑦ 中街居于大街中心，廛舍栉比，是全城商业荟萃之所。至19世纪60—70年代，已是初具规模的城池了。⑧ 该镇商业在清代道光以后又有发展，道光十九年（1839）《重修玉皇庙乐楼碑记》中载，彼时有19家萨拉齐镇字号参与重修，且组织重修的

---

① 《清高宗实录》卷16，乾隆元年（1736）四月甲戌，中华书局1986年版。
② 绥远通志馆编纂：《绥远通志稿》卷17《城市》，内蒙古人民出版社2007年版。
③ 绥远通志馆编纂：《绥远通志稿》卷17《城市》，内蒙古人民出版社2007年版。
④ （清）王轩等纂修：《山西通志》卷30《府州厅县考》，中华书局点校本1990年版。
⑤ 《清世宗实录》卷150，雍正十二年（1734）十二月乙巳，中华书局1986年版。
⑥ ［法］古柏察等：《鞑靼西藏旅行记》，中国藏学出版社1991年版，第166—171页。
⑦ ［日］今堀诚二：《中国封建社会の构造》第3部《县城》第2编《萨拉齐·城隍庙等所在资料》，转引自乌敦《近代绥远地区城镇体系研究》，博士学位论文，内蒙古大学，2014年，第29页。
⑧ 绥远通志馆编纂：《绥远通志稿》卷17《城市》，内蒙古人民出版社2007年版。

"乡总"也由商号担任。① 至光绪初年，续修玉皇庙时，有28家店铺参与重修，一定程度上反映出了萨拉齐镇日渐繁荣的商业状况。②

(四) 张皋镇

清代隶属丰镇厅，在厅东北140里的回子河畔，是归化城土默特地区通往京师及张家口的要道。由于张皋以东车辙较窄，而以西车辙较宽，所以当地成为来往商旅休息、更换车轴的重要站点。随着垦务深入，张皋镇周边所产的大量山药、莜麦、小麦等粮食均集中于该城，继而外运，因此该镇是当地的粮食集散中心。民国时期，镇内街衢已是"街道迂回，市廛湫隘"③，形成东南西北及人市街等数条街道，店铺鳞次栉比，百余家商号充塞街巷的情形。④

(五) 隆盛庄村

清代隶属丰镇厅，在厅东北80里的隆庄河畔，是丰镇厅最大的镇，汉族人称之为"隆盛卓尔"，蒙古人称之为"隆盛浩特"⑤。隆盛庄北连察哈尔游牧地，且为内蒙古西部前往五台山朝觐的必经之路，处于口外交通要道之上，因此不仅是牧民采购粮食、茶叶、布匹等日用品，出售牛、羊等畜产品的市场；亦为每年成千上万朝觐者经过此地时添置旅途必要商品之处。19世纪90年代，隆盛庄西面集中了许多小商店、烟馆、杂货市场。⑥ 逐渐成为绥远东部地区重要的畜产品和粮食市场，清

---

① [日]今堀诚二：《中国封建社会の构造——その历史と革命前夜の现实》，（东京）日本学术振兴会刊1978年版，第507页。
② [日]今堀诚二：《中国封建社会の构造——その历史と革命前夜の现实》，（东京）日本学术振兴会刊1978年版，第506页。
③ 绥远通志馆编纂：《绥远通志稿》卷27《商业》，内蒙古人民出版社2007年版。
④ 朱力：《古镇张皋》，载乌兰察布盟地方志办公室编《乌兰察布修志文荟（第2辑）》，1985年，第50页。
⑤ [俄]阿·马·波兹德涅耶夫：《蒙古与蒙古人》第2卷，刘汉明等译，内蒙古人民出版社1983年版，第45页。
⑥ [俄]阿·马·波兹德涅耶夫：《蒙古与蒙古人》第2卷，刘汉明等译，内蒙古人民出版社1983年版，第36页。

末粮食年交易量达到 15 万石左右;① 同时成为"张家口到归化城这条大道上最大的居民点之一"②,并成为丰镇厅之巨镇。彼时,隆盛庄镇有东、西、南、北四条大街,南北长一里半,东西长半里。③ 马桥街为最繁盛的商贸荟萃之处。该城外筑土堡,周围六里,土堡开 7 门,北门通向察哈尔游牧之地,南门则通向山西的阳高、大同等地,四通八达,④ 商业贸易繁荣。

(六) 隆兴长

隆兴长镇,清末民初属五原厅,位于萨拉齐厅城以西 400 里,地处河套通往外蒙古地区的必经之路,于清同治、光绪年就有外地农民前来开垦。隆兴长是后套富庶之地,最初为当地商人王同春的农庄中心。清光绪十八年 (1892),王同春独资开挖义和渠,于光绪二十六年 (1900) 挖至隆兴长,由西南向西烟镇是穿街而过,渠上架桥,为当地最热闹繁荣之地。彼时,黄河上的船只可以顺渠穿城而过,因此渠水来时,镇内热闹非凡。彼时,隆兴长镇有东、西、南、北四条大街,其中东街最为繁华,商号林立,人烟稠密。⑤ 清光绪二十九年 (1903) 设置五原厅,曾一度商议将厅城建于隆兴长镇。民国初年,由于开通了通往包头的汽路,隆兴长较前更为繁荣。彼时,镇内有商号 170 余家,⑥ 其中 50 多家经营粮行、杂货业。⑦ 至此,隆兴长成为当地最大的镇,也是河套三大粮食、货物集散中心之一。⑧ 再如丰镇厅城,该城之巨商大贾"率皆太原、忻、代、云郡、蔚州人",

---

① 马步峰:《丰镇县解放前的商业》,载丰镇县志编纂委员会编《丰镇史料》第 4 辑,1984 年,第 106 页。
② [俄] 阿·马·波兹德涅耶夫:《蒙古与蒙古人》第 2 卷,刘汉明等译,内蒙古人民出版社 1983 年版,第 44 页。
③ 绥远通志馆编纂:《绥远通志稿》卷 27《商业》,内蒙古人民出版社 2007 年版。
④ 绥远通志馆编纂:《绥远通志稿》卷 17《城市》,内蒙古人民出版社 2007 年版。
⑤ 绥远通志馆编纂:《绥远通志稿》卷 17《城市》,内蒙古人民出版社 2007 年版。
⑥ 绥远通志馆编纂:《绥远通志稿》卷 27《商业》,内蒙古人民出版社 2007 年版。
⑦ 韩梅圃编著:《绥远省河套调查记》第 4 编《工商·现今商业概况》。
⑧ 韩梅圃编著:《绥远省河套调查记》第 4 编《工商·现今商业概况》。

"往来运贩归化、绥远、张家口各城"。① 清末,该村商贸繁盛,周边农民常常到此地与蒙古人及其他地方的商人交易粮食、牲畜和皮毛,是绥远东部地区重要的畜产品和粮食市场,清末粮食年交易量达15万石左右。② 同属丰镇厅的张皋镇随着垦务深入,当地盛产山药、莜麦、小麦等粮食,张家口、大同等地商人常到此收购,该镇遂成为粮食集散中心。

(七) 可可以力更

可可以力更位于大青山以北,距离归化城百余里,当地"风劲气寒",土地贫瘠,但由于地处归化城北面沟通外藩各部的要冲,故为"蒙汉交错、商民云集"的重要城镇。当地有山西商人所建之关帝庙,道光初年重修该庙时,有"同庆合、恒益鸣、广和昌、永兴隆、常兴元、德和义、兴盛鸣、兴泰明、复兴号、永和号"等10家字号参与其中。③ 道光十一年(1831),本镇商户再次对关帝庙进行了重修。据统计,参与此次重修的该镇字号增加到15家。到了光绪年间,可可以力更已经成为一个非常繁华的城镇,包括山西商人在内的汉族商人"在这里做各种小生意,把面粉、糜子、茶叶、麻布、皮货等商品卖给蒙古人"④。

二 晋北地区

(一) 大同府城⑤

大同府,三面临边,最号要害。⑥ 大同府城,明代为"九边"之

---

① (清)德溥修,麻丽五纂:光绪《丰镇厅志》卷6《风土》;光绪《丰镇厅志》卷5《户口》,光绪七年(1881)刻本。
② 马步峰:《丰镇县解放前的商业》,载丰镇县志编纂委员会编《丰镇史料》第4辑,1984年,第106页。
③ [日]今堀诚二:《中国封建社會の構造—その歴史と革命前夜の現実》,(东京)日本学术振兴会刊1978年版,第712页。
④ [俄]阿·马·波兹德涅耶夫:《蒙古及蒙古人》第2卷,刘汉明等译,内蒙古人民出版社1983年版,第103页。
⑤ 乔南:《清代山西经济集聚论》,经济管理出版社2008年版,第235—238页。
⑥ 光绪《山西通志》卷99《风土记上》。

"大同镇"所在,是一座军事城堡。但彼时该城由于其处于蒙汉边境的地理位置,使得城内兵丁人数众多,因而消费能力巨大,商业繁荣,有"大同地方,军民杂处,商贾辐辏"①,"至若陆驮水航之物,藏山隐海之珍,靡不辐辏而至者,大都多东南之产"②,其"繁华富庶,不下江南"③ 的记载。清代,随蒙汉关系的缓和,大同的军事地位逐渐废止,而由于其北临口外,地逼边墙的地理位置优越性,成为蒙汉贸易的要冲。清代,大同城内街坊以四牌楼十字街为适中之地,街口四面建坊,街东曰和阳,街西曰清远,街南曰永奉,街北曰武定,四条大街直抵四座城门,④ 将大同城分为四隅,城内共有大小街巷 136 条。⑤

清初,大同城的商业中心在"城之南关也",此地"商贾货财之所凑集"⑥。清中叶,城内商贾云集,"邑之懋迁者太原、忻州之人固多,而邑民之为商者亦不少"⑦。在清乾隆三十四年(1769)《云冈堡石佛寺历年续修工程并历年施舍银钱春瞻地亩碑记》中就有布行、杂货行、干菜行、帽行、皮行、缸行、当行和钱行的捐款记载。此外,据清乾隆五十九年(1794)《重修上华严寺善举》记录,彼时参与重修布施的商号达 100 多家,其中仅当铺就有 12 家之多。至清道光十五年(1835)《重修下华严寺碑记》中的捐银记载,大同城内的行业有了更为细致的划分,分别是:棉布行、粟店行、钱行、碾行、当行、油行、南宫行、估衣行、口米行、银行、木店行、口袋行、帽行、毡行、毛袄行。⑧ 清同、光年间,大同城内商业更加繁荣,清光绪十一年(1885)《上华严寺开光碑记》中记录布施商号上百家,其中捐钱千文以上者有 60 余家。而五年之后的清光绪十六年(1890)重修上华严寺时的布施商号

---

① (明) 戴金编:《皇明条法事类纂》卷 42,科学出版社 1994 年版。
② (明) 利瓦伊祯纂修:万历《山西通志》卷 6,万历年间修,崇祯二年(1629)刻本。
③ (明) 谢肇淛:《五杂俎》卷 4《地部二》,中华书局 1959 年版。
④ 道光《大同县志》卷 5《坊表》。
⑤ 道光《大同县志》卷 8《风俗》。
⑥ 顺治《云中郡志》卷 13《艺文》。
⑦ 道光《大同县志》卷 8《风俗》。
⑧ 黄鉴晖:《明清晋商研究》,山西经济出版社 2002 年版,第 54 页。

中，捐钱达到千文的达到上百家。

彼时，大同城内的皮毛业和铜锡加工业最为繁盛。皮毛业主要集中在南关一带，南关的四条主要大街上布满百余家毛皮作坊。清季大同的皮庄达80余家，皮货总值达百余万两。当地的铜锡加工业颇具规模，主要由回族商人把持，清嘉、道年间，大同的铜锡器不同加工业已经非常出名，相关店铺主要集中在城西南隅的各条街市上，并形成了铜匠街、铜铮子巷等街巷。清末，大同有铜锡器作坊70余家，经营总额10万余两。[①] 由于大同城内人口日益增多，使"城中四角街巷一百三十六条，房舍比栉，毫无隙地"，且城内房屋还在不断修建和增多，需要大量修建房屋的匠人，使得匠人"盖一人之身而百工之所为备"[②]，故城内房牙和泥靛补衬牙活动活跃。此外，大量当商的存在也是对当地商业发展繁荣的一个重要反映。

（二）杀虎口[③]

杀虎口，古称参合径，位于朔平府右玉县城西北70里，三厅县（右玉、和林格尔、清水河）交界处，"长城内外，蒙古诸番，部落数百，而杀虎口乃直北之要冲也，其地在云中之西，扼三关而控五原，自古称为险塞"[④]，是中原通往蒙古地区主要通道上的重要节点，亦为清代山西最早设立的一个税关。

杀虎口，旧称"杀胡堡"，明代中叶成为蒙汉交易的重要场所。明嘉靖二十三年（1544）筑堡，周长2里，高3丈5尺。明万历四十三年（1615）于近堡处另筑新堡，名平集堡，周2里，中建客店，内外交易，[⑤] 由于两堡分设，终为不便，遂在两堡中间东西筑墙，合二为一，前后左右各开堡门，东西南北四下畅通，合堡周长540丈，共计3里，

---

① 高春平：《晋商与明清山西城镇化研究》，三晋出版社2013年版，第58—60页。
② 道光《大同县志》卷8《风俗》。
③ 乔南：《清代山西经济集聚论》，经济管理出版社2008年版，第229—231页。
④ 雍正《朔平府志·序》。
⑤ 雍正《朔平府志》卷4《建置·城池》。

并驻有官吏、兵丁。① 从而,杀胡堡边疆贸易市场逐渐完善。堡内"汉夷贸迁,蚁聚城市,日不下五六百骑"②。由于特殊的地理位置,杀虎口的商业贸易随着清统一蒙古而愈发兴隆起来。关口内外店铺林立、商贾云集,往来交易的蒙汉商人接踵摩肩。商贸的发达,使杀虎口的经济地位得到提升。外蒙古的广大地区,特别是唐努乌梁海、科布多、扎萨图汗部、三音诺颜部及内蒙古六盟地区牧民生活所需的绸缎、布匹、茶叶及日常生活器具皆主要由内地商人,经杀虎口出关供应。而蒙古之牛、羊、驼、马、皮革、木植等所出,均有杀虎口缴税进关销往各地。③ 因此,杀虎口成为蒙汉商品交汇的要冲,在雍正年间,已形成"商贾络绎"④ 的关市。

(三) 代州城⑤

代州城,位于山西省北部,地理位置重要,交通条件显著。太原经代州:往北过雁门关达朔平府、大同,再往北进入内蒙古;往东过繁峙、灵丘到达直隶境内。故清代代州城的商业较为繁盛,南来北往的客商云集此地。归化城内地大小商号、票号都是从雁门关走向关外。

(四) 宁武府城

宁武关,位于山西北中部,依山傍河,边塞险地。⑥ 太原通往大同的官道经过此地,该地的商业贸易活动日渐繁荣。宁武城遂成为当地政治、军事、文化、商业中心。清中叶以后,宁武城内店铺林立,庙宇成群,商业繁荣,生活安定。清末民初,宁武城内有商号 200 余家,东关、西门街、南门街和头百户街四处商业最为繁华。其中尤以南门街为

---

① 雍正《朔平府志》卷4《建置·城池》。
② 《明神宗实录》卷558,万历四十五年 (1617) 六月丙申,上海书店出版社1990年版。
③ 黄鉴晖:《明清晋商研究》,山西经济出版社2002年版,第281页。
④ 雍正《朔平府志》卷7《赋役·税课》。
⑤ 乔南:《清代山西经济集聚论》,经济管理出版社2008年版,第240—241页。
⑥ 光绪《山西通志》卷99《风土记上》。

盛。东关街主要经营粮食和木材；西门街和头百户街则是杂货集散地。南门街是现成的商业中心，有大小字号30余家，并设有夜市，每至夜间南门街车水马龙，热闹异常。

（五）丰镇厅城①

丰镇，又称"衙门口"，原本是位于德胜口外的一个村庄。清乾隆十五年（1750）置丰镇厅，光绪十年（1884）升为直隶厅，是清末山西口外散厅之一。丰镇城的墙垣始建于清乾隆十八年（1753），城内"有不少石头砌成的房屋、庙宇和戏台，他们都是一部分用烧砖，一部分用加工粗糙的石块砌成。"② 光绪《丰镇厅志》记载：该城"大街通衢有九，小巷僻路亦数十余条，民房廛舍比栉鳞密"。城隍庙街是商贩聚集之区，最为繁华。光绪初年，全城"土著民人"4480余户，约3万口。清宣统三年（1911）九月，"以该城为全城适中地，创设市场。场地四周，均有青石栏杆缭绕，高尺许，门端建牌坊，额文曰'丰镇'"③。该城之巨商大贾"率皆太原、忻、代、云郡、蔚州人"，"往来运贩归化、绥远、张家口各城"。④ 城内商业繁荣，俄罗斯旅行者曾这样描述："城里店铺虽很小，但是店铺里面的买卖却像街上的景象那样十分兴旺，市场上的小生意很活跃，尤其是剃头匠、鞋匠和裁缝等日常服务性行业最活跃。"⑤ 清末，绥东、京、津、晋等各地粮商汇聚于此，年成交量达到53万石。⑥ 有记载称，"无论从居民人数，还是从本

---

① 乔南：《清代山西经济集聚论》，经济管理出版社2008年版，第238—240页。
② ［俄］阿·马·波兹德涅耶夫：《蒙古与蒙古人》第2卷，刘汉明等译，内蒙古人民出版社1983年版，第47页。
③ 绥远通志馆编纂：《绥远通志稿》卷17《城市》，内蒙古人民出版社2007年版。
④ 光绪《丰镇厅志》卷6《风土》；光绪《丰镇厅志》卷5《户口》。
⑤ ［俄］阿·马·波兹德涅耶夫：《蒙古与蒙古人》第2卷，刘汉明等译，内蒙古人民出版社1983年版，第47页。
⑥ 杨润：《丰镇县工商业发生、发展、变化及其组织与作用》，中国人民政治协商会议内蒙古丰镇委员会编：《丰镇文史资料》第1辑，中国人民政治协商会议内蒙古丰镇委员会编，1989年，第6页。

地贸易和转口贸易量来说，丰镇都算是张家口与归化城之间最大的一座城市。"①

（六）忻州城及周边繁华市镇

忻州在晋中盆地北部，有晋北锁钥之称。清代，忻州地区"土满人稠"，而且土产无多，生活所需棉布及石炭等，均由外地贸易而来。清中叶以后，"家有千丁，多分赴归化城营谋开垦，春季载耒耜而往，秋收盈橐襄而还"②。由于忻州城是晋省中南部前往内蒙古地区的必经之路，因此在清末民初，境内往来商民众多，形成了一些市镇。其中以三交镇和奇村最为繁华。三交镇在忻州西50里，南临阳曲县，西毗静乐县，是连接东西南北的交通要道，具有区位优势，因此为商贾云集之所。奇村镇，在忻州西北40里，清康熙间置镇，丰富的温泉资源吸引各地商民前来。城内店铺林立，商贾云集，所售商品包括各类五金、杂货、服装、棉布等。

（七）左云县城

左云县城，位于大同府西北，是大同左卫和云中卫驻扎之地，该城始建于明永乐年间。经由杀虎口出去往包头镇、鄂尔多斯等地的商旅，以及从晋北前往陕北的商旅都必经左云县城，因此左云城自明代以来一直商旅辐辏，市场繁荣。《朔平府志》中载"左云县……明初设卫，卫云西要路，兵道协镇，驻□于斯，粮饷商旅，多所经过，城关接连，室庐相望，颇称富庶"③。光绪时期，左云县城内"米粮市在东、西、南、北四街轮流。每市十日，周而复始。炭市在东、北街二处。草市在南、北街二处。牛驴市在城内鼓楼北"④。

---

① ［俄］阿·马·波兹德涅耶夫：《蒙古与蒙古人》第2卷，刘汉明等译，内蒙古人民出版社1983年版，第47页。
② 乾隆《忻州志》卷2《物产》。
③ 雍正《朔平府志》卷3《方舆志·风俗》。
④ 光绪《左云县志》卷3《市集》。

(八) 天镇城

天镇县城位于大同城东北 160 里处,境内的新平堡、平远堡属于明代九边之军堡,清代军事作用废止,堡内居民每年七月初三至十四日有市集。彼时,天镇县城的南街每月十日有市集、西街每月二十日有市集。天镇县白线除务农之外,也从事手工业及商业,外来商贾并不多。新平堡和谷大屯等地是商贾聚集之处。清乾隆《天城县志》曾记载:位于县城的慈云寺,每年八月初十起至二十日为止有庙会;新平关帝庙每年五月初十起至二十日止有庙会,届时各乡村亦都会在本村龙王庙迎神赛会,百姓进行商品交易。清末,随着商品经济的快速发展,天镇县城从正月到七月,月月有庙会及市集。其中以永嘉堡的五月十三龙王庙会(又称花会)、新平堡的三月初三真武庙会及五月十八龙王庙会、谷大屯七月初一的湖神庙会等规模最大,摊位鳞次栉比,街上车水马龙。

(九) 灵丘县城

清光绪时,灵丘县城内有多个集市和庙会,其中东关集、西关集均为俱双日集。庙会有西关府君庙会、东关东岳庙会、吴家窑奶奶庙会、管家堡奶奶庙会、北门外龙王庙骡马会、八腊庙会等。其中西关府君庙会六月初一起,10 日罢;东关东岳庙会九月十五日起,半月罢。此外,四月初八日吴家窑奶奶庙会,会期一天;四月十八日管家堡奶奶庙会,会期一天;六月初一日北门外龙王庙骡马会,最少四天,长则月余;七月二十日八腊庙会,由西门农户主持。[①]

三 晋西北沿黄(河)地区

(一) 西包头镇

西包头属萨拉齐厅,在归化城以西 300 里,濒临黄河。清初它不过

---

① 光绪《灵丘县志》卷 3《市集》。

是个小村落，嘉庆十四年（1809）升镇，设巡检司。乾隆中叶归化城设关征税，其中牲畜税一项，系在绥远城、西包头、萨拉齐、和林格尔、托克托城等处"设立蒙古笔帖式二员并安设书役，抽收四项牲畜税钱"①。道光三十年（1850）间黄河土默川航段中心码头河口镇被淹，河运中心西迁至包头的南海子渡口。以此为契机，该镇商业得以迅速发展，很快成为宁夏、甘肃、青海等地皮毛、药材和粮食的集散中心。②咸丰四年（1854），清政府将西包头镇、萨拉齐、托克托城三处定为归化城的分税口，凡"口内贩来一切货物并从口外贩入土产等货"，可"就近在西包头等处税厅照例完纳，赴归化城入栅时即验明放行，毋庸再征。"③山西祁县乔家开设的复盛公是包头的著名商号，乾隆年间乔家在包头经营粮油业起家，嘉道以降陆续开设了复盛公、复盛全、复盛西以及其他复字号店铺，经营范围逐渐扩大。仅复盛公、复盛全、复盛西三大号在包头就有19个门面，伙计达四五百人之多。民间有"先有复盛公，后有包头城"之谚。④此时的包头城已经成为四周由高1.5丈土垣围绕，基宽2丈，顶宽1丈，雉堞6尺，周长7000米的城池了。全城筑有六门，分别是东、南、新南、西、西北、东北门，均无门楼。⑤清末，包头城内已经形成包括前大街、东街、草市街、财神庙街、北门大街、富三元巷、平康里在内的多条街巷。其中前大街是商贸活动最为繁盛之区，东街次之，财神庙街等又次之。⑥城外有两处官渡：南海子可停泊大型船阀，为主要码头；二里半处，由于堤岸较高，仅能栓停小船筏，主供冬季过河渡口。

---

① 光绪《大清会典事例》卷236，中华书局影印本1991年版。
② 内蒙古自治区地方志编纂委员会：《内蒙古自治区志·商业志》，内蒙古人民出版社1998年版，第218页。
③ 光绪《大清会典事例》卷238，中华书局影印本1991年版。
④ 刘静山：《山西祁县乔家在包头的"复"字号》，载穆文英《晋商史料与研究》，山西人民出版社1996年版，第286页。
⑤ 绥远通志馆编纂：《绥远通志稿》卷17《城市》，内蒙古人民出版社2007年版。
⑥ 包头市志修志委员会修，孙斌纂：《包头市志》卷2《地理志·城市》，远方出版社2010年版，第61页。

第六章　晋商与西北—京津冀地区的商业城镇

雁门关集资中来自西包头镇的捐款包括两部分：其一，《张家口布施碑》中西包头的捐款，计有208家商号，共捐银684两；其二，宣统二年季秋月残碑中所镌西包头镇的捐款，计有135家商号，共捐银185.9两，捐钱6.3千；二者合计，该镇共有340余家商号参与集资，共捐银869.9两，钱6.3千。其中可区分出行业者，如大德恒是祁县乔家开设的票号，复盛公、复盛全、复盛西等号则以经营粮油、杂货为主；广恒西店是皮毛字号，如月号是货店，永和成、兴隆昌是曲沃的烟号，等等。

（二）托克托厅城

托克托厅城位于西包头镇东，归化城西南，地处黄河岸边，黑河在该厅境内汇入黄河。清康熙、雍正时，该城已经建有财神庙，并搭建黑河桥，① 城内工商业已经达到一定规模，显现出其水陆要冲的地位。清乾隆六年（1741）设归绥道，衙门在归化城，并设协理通判于托克托城，负责处理汉人事务，由归绥道管领。清乾隆二十五年（1760），改设托克托理事同知厅，即托克托厅。这一时期，山西前往内蒙古的移民逐渐增多，在城内聚居，故而托克托城被视为"黑河沿岸居民辐辏、商贾络绎的古丰州雄都"②。内蒙古大青山木植"由黄河运至河保营交税发卖；或从陆路驮往归化城，并进杀虎口交税发卖"③。黄河托克托河口村是木材产地集散市场。木材沿黄河至河保营，再运至山西河津县仓头镇市场售卖，并在此收取木筏税，船板也在仓头发卖。④ 这里聚集

---

① ［日］今堀诚二：《中国封建社会の构造》第3部《县城》第2编《托克托·关帝庙等所在资料》，转引自乌敦《近代绥远地区城镇体系研究》，博士学位论文，内蒙古大学，2014年。
② ［日］今堀诚二：《中国封建社会の构造》第3部《县城》第2编《托克托·关帝庙等所在资料》，转引自乌敦《近代绥远地区城镇体系研究》，博士学位论文，内蒙古大学，2014年。
③ 乾隆二年（1737）三月十二日杀虎口监督色楞泰奏，见第一历史档案馆藏档案。
④ 《晋政辑要》卷11《户制·杂税8》；乾隆八年（1743）十月十八日山西巡抚刘于义奏折，见《历史档案》1990年第3期。

的木材,通过河南向北方各省乃至江苏转输。清道光朝后,托克托城逐渐成为归化城西南部的商业重镇。通过对光绪年间重修财神庙碑记的分析,我们可以知道,彼时托克托城地区有炭行、戏曲业、皮毛加工业等行业。

(三) 河口镇

清代隶属托克托厅,厅南5里,地处黑河汇入黄河的交汇处,因此得名。由于其便利的河运条件,河口镇在清初即为有名的水陆码头,清嘉庆二十五年(1820),清廷批准在河口镇囤积转运盐碱等物,彼时该镇成为蒙地盐碱囤积内运之场,①"由河套运来之粮食、盐碱、甘草,均囤积于此,转销各地"②。同时,土默特所产商品有相当一部分从此处水运外地,"口外蒙古厂地宽阔,人物繁庶,粮粟棸籴,较别务尤急,除各厅粟店行开设而外,如归化城之可可以力更等村,托克托城之河口、萨拉奇之包头镇等处,皆米粟总汇,居民就近粜卖"③。此时的河口镇,不仅是托克托厅最大的市镇,而且是仅次于归化城的繁荣城镇。④ 彼时,河口镇筑有城垣,镇内以禹王庙为中心,向东南、南、西、北等四个方向形成三道街、二道街、头道街和后街等四条大街,大小商号店铺鳞次栉比,亦有多座寺庙点缀其中,全镇街市的建筑"甚为宏阔"⑤。清道光三十年(1850)黄河决口,河口镇及码头被毁,黄河货运码头西移,当地商业,"舟车驮运,络绎不绝"⑥。受到影响。但即便如此,河口镇仍不失为一个重要的商市。19世纪60年代,当地"米粟汇聚"。清末,当地商业"尤称繁盛"。

---

① 绥远通志馆编纂:《绥远通志稿》卷27《商业》,内蒙古人民出版社2007年版。
② 绥远通志馆编纂:《绥远通志稿》卷17《城市》,内蒙古人民出版社2007年版。
③ (清)张曾:《古丰识略》卷20《市集》,载《中国边疆史志集成·内蒙古史志》第27册,全国图书馆文献缩微复制中心影印本2002年版,第183页。
④ 绥远通志馆编纂:《绥远通志稿》卷81《水路》,内蒙古人民出版社2007年版。
⑤ 绥远通志馆编纂:《绥远通志稿》卷17《城市》,内蒙古人民出版社2007年版。
⑥ 张曾纂:《归绥识略》卷17《市集》。

（四）河曲县城①

河曲，清代属保德州，位于山西省西北部的晋、陕交界处，西、北濒临黄河，与陕西隔河相望。黄河由北环西向南流经县境长达 74 千米。清康熙年间已经是"人烟稠密，商贾辐辏"②的晋西北"水旱码头"了，曾有诗以"一年山水流莺啭，百货云集瘦马驼"③来称赞当时河曲商贾云集的繁盛景象。彼时，河曲城外"船筏运载，商贩流通"，城内"市肆田庐，人烟辐辏"，是"水陆通衢"。④清末民初是河曲商业最为繁荣的时期，随着水陆中转货物的增多，省内外商人纷纷前来贸易，并在当地开设众多的商号，其中以神池宫氏所开设的"十大成"最为著名。彼时城内有鼓楼街、南门街、南关街、西门街、西阁街、东门街、大栅街、马营围街等八条大街。⑤据民国元年（1912）地方商会统计，当时河曲城内有粮店 20 家、油坊 48 家、酒坊 40 家、金银铺 8 家、当铺 10 家，杂货铺 31 家、盐店 5 家、药材店 6 家。

（五）保德州城

保德州城，迫临黄河，⑥位于太原府西北的黄河岸边，隔黄河与陕西府谷相望。清中叶以前，由于"地偏僻且瘠薄，舟车不通"，因此保德州城"商贾罕至，民贫鲜生理"。当地日常生活用品全靠外来供给，虽有商贩，但也"仅小贩无大贩，累旬不见银，惟以钱米贸易"⑦。"商仅小贩，积货者少，日用常物往往不继，城中尤甚，食品不足，取之蒙古，出外谋生半居蒙古部落，商贾全赖河上水运油粮，他物绝少，半年

---

① 乔南：《清代山西经济集聚论》，经济管理出版社 2008 年版，第 244—245 页。
② 同治《河曲县志》卷 6《碑记》。
③ 河曲县志编纂委员会编：《河曲县志·序》，山西人民出版社 1989 年版。
④ 同治《河曲县志》卷 7《艺文》。
⑤ 同治《河曲县志》卷 2《城池》。
⑥ 光绪《山西通志》卷 99《风土记（上）》。
⑦ 乾隆《保德州志》卷 2《形胜·风尚》。

油粮拥塞,别无生理,肩挑贸易而已,按近日约七百人。"① 清乾隆四十八年(1783)《重修关帝庙捐资碑记》中镌刻有 71 家字号布施的记录,可以从商号名称直接看出经营商品的店铺有当铺、油坊、盐店、碾坊、皮坊、染坊、银局、渡口、香料店、锦店等。由此可以从一个侧面反映彼时保德州城的商业情况。清嘉庆、道光间,保德州的商业有了进一步发展。清道光八年(1828)保德州建楼修殿,共有 52 家商铺的捐款记载,其中有 17 家外地字号,分别来自榆次、禹门、绛州和湖南安仁,且捐资金额占全部捐款的 1/3,也可看出彼时保德州商业贸易的范围和对象更加广泛,商品运销范围也越大。

(六) 碛口镇②

碛口镇,清代属汾州府临县,与陕西境内水路码头吴堡隔河相望,处于西通秦陇、东连燕赵、北达内蒙古、南接中原的位置,是"境接秦晋,地邻河干,商旅往来、舟楫上下之要津"③。临县"四面皆山,湫水中流,自东北而西南,夹水入河,其川口不过里许,名曰碛口,实为临县之门户"④。清乾隆年间,"河水泛溢,冲毁县川南区之侯台镇并黄河东岸之曲峪镇,两镇商民渐移居积于碛口,"⑤ 随着人口的增多,碛口设镇,"碛口之名已古,而碛口镇之名则自清乾嘉间始着"⑥。碛口位于黄河与湫水河相交汇的大同碛的上游。黄河主河道流经碛口镇脚下,形成平水期水面宽 350—500 米,是可以停泊 200—300 艘木船的天然码头。有两条主要商道将碛口镇的货物外运:一顺湫水河北上,经侯台镇、樊家沟、翻吴老婆山,经离石到吴城,再经由吴城转往晋中各地;一渡湫水河,南下麒麟滩,沿黄河滩下孟门,至军渡,赴晋南、河

---

① 光绪《保德县乡土志》卷 6《户口》。
② 乔南:《清代山西经济集聚论》,经济管理出版社 2008 年版,第 245—247 页。
③ 王洪廷:《碛口志》,山西经济出版社 2005 年版,第 232 页。
④ 民国《临县志》卷 9《山川》。
⑤ 民国《临县志》卷 9《山川》。
⑥ 民国《临县志》卷 9《山川》。

南各地。① 良好的水陆运输条件下，碛口成为山西境内黄河上一处重要的水陆码头。碛口镇便利的地理位置和交通条件，成为晋省西部……人烟辐辏，货物山积。② 至清道光初，碛口镇已是"水陆小埠"③ 了。据清道光二十七年（1847）的统计，彼时碛口镇有坐商60余家，行商则不可胜数。清末，碛口镇的商业进入鼎盛，为了便于管理，清政府于"咸丰初，汾州府通判移驻碛口，设三府衙门，又设厘税局。光绪三十三年（1907），复设临县巡检"于此。④

彼时，碛口镇主要由三条商业街，13道小巷构成，小镇依山就势，院院层叠。城内有坐商360余家，日渡船只50多艘，装卸货物不下百万斤。有搬运工人2000余人，日过驮货牲畜3000余头。全年营业额在50万元（银圆）以上者有10余家，每年货船不下4000余艘。有粮油店、花店、银匠铺、染坊、磨坊、当铺、皮毛店、盐碱店、饭铺等多种行业，⑤ 可见当时碛口繁荣景象。

（七）黑峪口镇

清代隶属太原府兴县，在兴县西50里的黄河岸边。黄河上游的货物在黑峪口起岸后沿着蔚汾河谷先到兴县城，然后分别经东、南、北三条陆路运往省内：东路经东家庄铺、阳会崖铺、界河口铺至岚县，继而再往东南到达太原；南路经平渊头铺、柏树坡铺、康宁庄铺、界堠墕铺至临县白文镇；北路经触河沟铺、苏家吉铺、赤峪沟铺可至县境北部。⑥ 因此，黑峪口镇在清代乃至民国是当地主要的货物集散地。彼时，因晋陕两省数量众多的商品，例如粮食、土特产品等源源不断运

---

① 阎刚平：《碛口—黄河古码头，晋商西大门》，载《文史月刊》2005年第7期。
② 高春平：《明清以来山西碛口镇的商业兴衰》，载张正明等主编《中国晋商研究》，人民出版社2006年版，第177页。
③ 民国《临县志》卷9《山川》。
④ 民国《临县志》卷9《山川》。
⑤ 山西史志研究院编：《山西大典》卷2《地市概览》第9编《吕梁地区·临县》，中华书局2001年版。
⑥ 兴县志编纂委员会编：《兴县志》，中国大百科全书出版社1993年版，第218、222页。

来黑峪口镇,再经此地转运他处,因此清廷在此设立税关,并驻扎军警、建筑碉堡,以便保护。黑峪口镇作为黄河中游的重要水运码头,常住人口及商民曾一度达到 2000 人,而各地往来的客商除来自邻近县镇外,亦有来自北京、内蒙古、山东等地者。彼时,黑峪口镇的两条商业街上,店铺林立,饭馆、商铺、药铺等鳞次栉比。镇上集市交易亦十分活跃,隔天便有集期。因此,黑峪口镇为晋陕两岸闻名的商业繁荣之所在。

(八) 孟门镇

清代隶属永宁州,在州西 60 里,位于黄河岸边,北临碛口,南靠军渡,西南隔黄河与吴堡相望,自古为军事要地。北周曾在此地设置定胡县;唐改为孟门县;元置孟门关,并设离石巡检司衙署;明改离石巡检司署为孟门巡检司署,归永宁州管辖;清废孟门司,为孟门镇。清代随着商品经济的发展,孟门镇的军事性质逐渐削弱,而经济地位逐渐提升,成为当地商贸中心之一。各地商品在此云集,镇上商贾辐辏,店铺栉比。清乾隆间,内蒙古所产之粟船筏装载,水运沿黄河而下,卸聚孟门市廛之处。南贾往来,奔趋于此要,皆为渔利而来也。集市之地,子午为街;从南至北一里之余,其形之直如矢。东西街市两厢排列,其势之形比如栉。清代孟门镇的繁华由此可见一斑。彼时,城内主要行业包括典当业、杂货业、酒坊、骡马店等,该镇是黄河中游一大商业市镇。

(九) 壶口镇

清代隶属平阳府吉州,在平阳府西 200 里,在吉州西 40 里,紧邻黄河,为清代山西沿黄地区重要的水运码头之一。由于黄河流经晋陕峡谷水流湍急,行至壶口瀑布之处,舟楫便无法通行。因此,从陕、甘、蒙等地来的船只航行至此便停泊下来,或将所载货物起岸转运他处或直接转手交易。正因如此,壶口镇外的龙王辿码头在明代已是商船云集,而壶口镇内则是店铺林立,成为繁荣一时的黄河中游著名的水旱码头及商品集散地。清代,壶口镇一带的商贸活动更加繁盛,龙王辿码头亦为重要的商品交易场所,各地客商纷纷驻扎于此进行交易。彼时,壶口镇聚集了来自陕北、晋南、晋北等地区的众多商号,极盛时字号数量达60多家,所经营的店铺主要有钱庄、当铺、皮货店、京货、粮店、盐店、药店、染坊、客栈等。清中叶,随着航运业和商品交易的迅速发展,壶口镇出现以当地村民为主的搬运组织——六股头,全镇有800多户,共3000多人参与该组织,壶口镇的航运贸易之规模巨大可见一斑。彼时,壶口镇的集市贸易也相当发达,每旬二、七为固定集期,每月至少开市六次,邻近商民均前来交易。此外,每年农历七月十五的庙会亦为商品交易的重要场所,晋陕两省的客商均来此交易,其间,还有戏曲名伶演出助兴,热闹非凡。

第七章　晋商与西北—京津冀商品通道的建立

明清时期，随着晋商遍及海内外的商贸活动，为联络乡谊以及壮大自身实力，其在所到之处遍设会馆、行社。社会的进步、经济的发展、商业的繁荣，使得国内旧有的金融系统无法满足彼时日益增长的国内外贸易的需要，于是山西票号应时而生。同时，由于晋商南下北上的商业活动，促进了国内大量城镇的繁荣。综上所述，晋商在全国范围内形成了以山西为核心，晋商会馆、山西票号、商业城镇为"点"，商路为"线"的全国性的市场体系，而在这个体系当中，西北—京津冀这个部分尤为引人注目。

彼时，晋商进入西北地区展开商贸活动，该地区显现出诸如：连接西北与内陆商路繁忙，区域内多个商业核心城市崛起，皮毛贸易逐渐变成西北地区的优势产业，与中部中转市场及东部港口的联系日益密切等特点。这不仅是西北地区经济结构内部协调发展的结果，更是由于以晋商为主的商人活动促使当地自然及劳动力资源与经济潜力得到充分发挥，商路拓展使得当地与区域外保持畅通经济联系的综合结果。京津冀作为我国东部地区的重要组成部分，在开埠之后，对外商业贸易交流频繁。晋商在京津冀地区的商贸活动同样也带动当地城镇相关产业及经济整体的快速发展。山西在地理位置上位于我国西北地区和京津冀地区的中间位置，客观上连接了两个地理单元。同时随着近代西北地区所产皮毛的大量东出，京津冀地区商品的大量西入，特别是山西商人的贸迁，人为地加紧了西北和京津冀地区的联系。不仅连接了东西商路，还促进了东西货物的运输，更成为西北—京津冀商品通道形成的重要一环。

西北—京津冀商品通道建立后，在城市发展、专业市场体系建设等方面体现出了独有的特点。例如在西北—京津冀地区开始出现超越省域的商业中心；山西作为连接东西的关键地带，境内出现大量税关；专业的西北皮毛市场体系开始建立等。

第一节 超省域商业中心出现

山西不仅地处北方游牧民族与南部农耕文明的交错地带，同时位于西北游牧与东部农耕民族之间，由于自然环境不同，产业结构多样，区域间商品交换频繁，而山西起到了两种经济结构间商品交流与转换的连接作用，承担了东南与西北数省乃至十数省商品转输的桥梁与纽带作用，因此形成了超省域的商业中心。清代至民国，归化城、包头、张家口等位于西北—京津冀区域的城市均担负着数省区不同种类产品的集散与转输功能。因此，彼时上述城市的商业职能是超省域的，其经济中心地位均在府、县、省级之上。此类城市，地理环境的优越性，平原广畴，人口集中，交通发达。

一 归化城

清廷对西北地区的平定及治理，在扩大疆域的同时，为各地经济往来提供了前提。"归化城地当山西省至蒙古地方的交通要道，又是西经包头镇通往甘肃、陕西等地的必由之路，自古以来称张家口为东口，而称归化城为西口。"[①] 随着商道不断拓展，使得该城商贸辐射范围随之

---

① 民国《山西省志·山西旧志二种·附录》，民国九年（1920）刊本点校，中华书局2006年版，第281页。

扩大,"归化城不仅同蒙古西部首府乌里雅苏台、科布多方面的通商贸易十分发达,而且对于陕甘地区和新疆方面,也扼贸易之门户。特别是通往新疆贸易枢纽古城的骆驼路被发现以来,其吞吐范围愈形扩大"①,进而蒙古与新疆的广大市场形成了稳定的贸易网络。而归化城强大的经济辐射能力、商品转运功能,为其成为"超省域商业中心"提供了有利的条件。

归化城商贸市场兴起于明代,但发展于清代,"此地系内外物资的集散之地,市场活跃,大量皮毛、羊毛、驼毛等由蒙古运来此地,再转往天津以及其他地方。"② 清顺治十五年(1658),俄国人巴伊科夫途经归化城,所见归化城内建筑多由砖砌,店铺鳞次栉比,商品琳琅满目,多种货物的结算均可用茶叶衡量。③ 康熙时期,归化"城南居民稠密,视城内数倍,驼马如林,间以驴骡"④,城内"外藩贸易者,络绎于此,而中外之货亦毕集"⑤。且随着雍、乾时期归绥六厅土地的开垦,带来大量移民,归化城已经成为地域性商贸中心。乾隆以降,商路更加畅通,使得归化城迅速成长为土默特贸易中心,并逐渐成为中国西部与东部商业贸易枢纽。随后清廷于归化城设立了榷关,分销或转运的商品被强制性运输到归化城交纳关税,促使归化城增长为区域性商贸中心。

由于归化城位于西北—京津冀交通枢纽,是东、西部商品运销的中转站,因此归化城商人多在新疆开设分号。如新疆迪化城内"大贾皆自归化城来,土人谓之北套客,自归化至迪化,仅两月程""一切海鲜皆由

---

① 民国《山西省志·山西旧志二种·附录》,民国九年(1920)刊本点校,中华书局2006年版,第391页。
② 民国《山西省志·山西旧志二种·附录》,民国九年(1920)刊本点校,中华书局2006年版,第281页。
③ 袁森坡:《论清代前期的北疆贸易》,《中国经济史研究》1990年第2期。
④ 钱良择:《出塞纪略》,《昭代丛书·辛集》卷23,世楷同堂藏康熙三十年(1691)影印本,第15—16页。
⑤ 张鹏翮:《奉使俄罗斯日记》,《中国近代内乱外祸历史故事丛书》,台北:广文书局影印1967年版,第8页。

京贩至归化城，北套客转贩而至"①。可见，清前中期，归化城与新疆已建立起稳定的贸易关系。彼时，新疆、蒙古、宁夏等处的牲畜、皮毛都汇集于此再进行分销。归化城牲畜市场有很多处，极为发达。其"马市在绥远城，曰马市；驼市在副都统署前，曰驼市；牛市在城北门外，曰牛桥；羊市在北茶坊外，曰羊桥；其屠宰牲畜，剥取皮革，就近硝熟，分大小皮货行，交易在城南门外十字街，俗呼为皮十字"②。彼时的归化城已经成为西北—京津冀经济带上的皮毛集散和转运中心。清末民初，当地的棉纺织品几乎全部为洋货：花旗人头粗洋布、杂牌粗洋布、花旗飞龙斜纹布、杂牌斜纹布、细洋布、杂牌细洋布、白洋标布、象城羽毛、太和羽绫、虎牌哔叽等。店铺中充斥着欧洲所产奢侈品。民国时期，归化城依旧保持其皮毛集散中心的地位，"系内外物资的集散之地，市场活跃，大量皮毛、羊毛、驼毛等由蒙古运来此地，再转往天津以及其他地方"③。

表7-1　　　　　清末民初归绥皮毛牲畜商品运销情况表④

类别	名称	来源	销路
皮张类	猞猁皮、狼皮	新、甘、宁、青	北平、天津
	沙狐皮	本省	北平、天津
	灰鼠皮、狸子皮、狗皮、兔狲皮、獭皮、扫雪皮、貂皮、包瘦皮、夜猴皮	新、甘	北平、天津
	黄羊皮、山老羊皮、猾子皮、马皮、驼皮、狐皮、狐腿皮、羔腿皮、羔子皮、牛皮、盘羊皮	新、甘及本省	北平、天津
绒毛类	羊毛、驼毛、羊绒、马尾子	新、甘及本省	北平、天津
牲畜类	牛、羊、驼、马、骡	蒙古	晋、冀
	猪、驴	省内各县	晋、冀

---

① （清）纪昀：《乌鲁木齐杂记》，《小方壶斋舆地丛抄》（第2帙），上海著易堂铅印本1891年版，第123页。
② （清）张曾：《古丰识略》卷20《市集》，《中国地方志集成·内蒙古府县志辑》第6册，凤凰出版社影印本2012年版，第87页。
③ 民国《山西省志·山西旧志二种·附录》，民国九年（1920）刊本点校，中华书局2006年版，第281页。
④ 绥远通志馆编纂：《绥远通志稿》卷27《商业》，内蒙古人民出版社2007年版，第638—639页。

归化城作为彼时的超省域商业中心,具有以下功能:第一,是西北及内外蒙古地区的牲畜、皮毛制品加工转运中心。"蒙古各扎萨克赶牲畜来(归化)城","内地商贾将茶布等项贩运出口,换回驼马牛羊",须在归化城缴纳牲畜税。① 每年蒙古人都会把大群的牲畜赶到归化城中售卖,② 这些牲畜在马市、驼市、牛桥、羊桥等专门的牲畜市场交易。③ 此外,归化城内有为数众多的大小皮行,专门从事皮革硝熟生意。并有大量制作蒙古靴、毛毯等皮毛制品的作坊,产品广销蒙古地区、天津、江南等地。④

第二,是内地茶、布绸、杂货销往西北及内外蒙古地区的转运中心。运往西北和蒙古地区的布、茶、绸缎等商品均于归化城完纳税课。⑤ 西北地区对东部地区所生产的茶、布匹、绸缎、杂货以及洋货等商品的需求量很大,而上述商品均由归化城转运。清后期,每年归化城销售砖茶 10 万多箱,转销蒙古、新疆 8 万箱。⑥

第三,是土默特商品粮的加工转运中心。清初归绥地区农垦面积逐渐扩大,清中后期当地成为商品粮输出地。归化城早在康雍时期已经就有"米价甚贱"的记载,为归绥商品粮汇集地。粮食通过黄河运至山西各州县。此外,归化城粮食加工业兴盛,清末民初归化城已有一二百家粮业商号,并设有行业会馆组织——"六陈行"。⑦

---

① (清)张曾:《古丰识略》卷 40《税课》,《中国地方志集成·内蒙古府县志辑》第 6 册,凤凰出版社影印本 2012 年版,第 794—795 页。
② 古伯察:《鞑靼西藏旅行记》,中国藏学出版社 1991 年版,第 150—151 页;[俄]阿·马·波兹德涅耶夫:《蒙古与蒙古人》第 2 卷,刘汉明等译,内蒙古人民出版社 1983 年版,第 102 页。
③ (清)张曾:《古丰识略》卷 40《税课》,《中国地方志集成·内蒙古府县志辑》第 6 册,凤凰出版社影印本 2012 年版,第 184 页。
④ 黄丽生:《由军事征掠到城市贸易:内蒙古归绥地区的社会经济变迁(14 世纪中至 20 世纪初)》,台北:台湾师范大学历史研究所,1995 年,第 406—412 页。
⑤ (清)张曾:《古丰识略》卷 40《税课》,《中国地方志集成·内蒙古府县志辑》第 6 册,凤凰出版社影印本 2012 年版,第 796 页。
⑥ [俄]阿·马·波兹德涅耶夫:《蒙古与蒙古人》第 2 卷,刘汉明等译,内蒙古人民出版社 1983 年版,第 92—94 页。
⑦ 黄丽生:《由军事征掠到城市贸易:内蒙古归绥地区的社会经济变迁(14 世纪中至 20 世纪初)》,台北:台湾师范大学历史研究所,1995 年,第 397—400 页。

二 西包头镇

西包头镇原名包克图、西脑包,清代属萨拉齐厅,在归化城以西300里,萨拉齐以西90千米,濒临黄河,是西北水陆交通大埠。康熙亲征噶尔丹时,内地有一些肩挑负贩的小商人及一些手工业者随军进入该地区,从事一些与蒙古人有关的贸易活动,但此时的商人大都是春去秋来并不在此固定居住。随着交易的增多,至清乾隆元年,当地已经有了73户汉族的商民固定居住,其中较大的有山西定襄梁姓商人开设的如月号杂货店和如月鼓坊;定襄梁家和智家合开的永合成号。① 彼时包头城有三义公、丰联昌、东顺成、茂元升等著名字号。清乾隆二十年(1755),后来成为晋商代表的祁县乔家来到包头开设了复盛公字号。乾隆间乔家在包头经营粮油业起家,嘉、道以降陆续开设了复盛公、复盛全、复盛西以及其他复字号店铺,经营范围逐渐扩大。仅复盛公、复盛全、复盛西三大号在包头就有19个门面,伙计达四五百人之多。民间有"先有复盛公,后有包头城"之谚。②

清乾隆五十年(1785)包头已有居民600多户,约3500人。③ 随后包头的行业与商号愈加发展,特别是晋商在此开设的商号数量众多,其中较大的有东顺成、源茂升、祥盛瑞、广昌永、复兴魁、义和公、仁义全、广盛魁、义成员、祥盛元等。此时镇上的街道除了旧有的东、西两条大街以外,增加了前街、后街、召梁街、财神庙街、关帝庙街、荣寿街、南圪洞头道巷、二道巷等街巷。人口也有大幅度增长,至道光十四年(1834)城内已有1500余户,居民10490人左右。④

---

① 高春平:《晋商与明清山西城镇化研究》,三晋出版社2013年版,第61页。
② 刘静山:《山西祁县乔家在包头的"复"字号》,载穆雯瑛《晋商史料与研究》,山西人民出版社1996年版,第286页。
③ 《解放前的包头市人口概况》,载包头政协文史资料编辑部《包头文史会要》第十辑,1984年,第45页。
④ 邢有祯:《河东区大事记》,载包头市河东区政协文史委员会编《东河文史》第5辑,1987年,第10页。

清道光三十年（1850）原有的黄河货物集散码头托克托县河口镇被洪水冲毁，码头西迁至包头镇。包头南海子取代托克托县河口镇而逐渐成为黄河中上游的陕、甘、宁、青等地皮毛、药材和粮食的集散中心，包头商业更加繁盛。陕、甘、宁、青、新等地的皮毛、药材、粮食等都用牛皮筏子、木船装载经黄河运抵包头，再改装车辆、骆驼路运至东部及内地；而从东部运来的丝绸、布匹、茶叶等物也在这里集散运往西北。随着商业和运输业的发展，包头城内居民在清同治九年（1870）达到2800户，约2.5万人。① 官渡启用以后，包头的水路交通更加顺畅，水运从河曲经包头可达兰州，每年货运量达到50万吨。

西包头镇依托其区位优势，在清中后期迅速成长为西北—京津冀经济带上的皮毛牲畜转运中心。运到包头的皮毛经过筛选、整理、洗净、打包后，再由铁路运往天津出口，或流向河北、北平等地的皮毛加工市场。彼时，包头镇最发达的行业除粮食业外就是皮毛业。包头羊毛收购业始于清道光十八年（1838）晋商开设之公义店。西北所产皮毛的东销，大都经过包头。具体为"驼、羊毛绒销往天津，山羊、老羊皮销往大同，羔皮、狐皮、狼皮销往北京，狗皮、牛、羊、驴皮销往天津"②。

牲畜、皮毛是西包头镇集散的大宗商品。光绪中叶西包头镇的牲畜贸易等方面已逐渐取代归化城的地位，清光绪十九年（1893）的记载称："近十几年以来，归化城的牲畜交易比过去减少了一半以上。在购买牲畜和蒙古的各种原料方面，归化城的作用都已让位于包头和克克伊尔根。目前来自蒙古的牲畜和原料主要是运往后两个地方。"③ 有载，光绪年间包头开办的皮毛业商号有20多家，生皮庄十五六家，大小旅

---

① 《解放前的包头市人口概况》，载包头政协文史资料编辑部《包头文史会要》第十辑，1984年，第45页。
② 《包头市志》卷9《工商志》，选自《包头地方文献丛书》，内蒙古大学出版社2008年版，第238页。
③ [俄]阿·马·波兹德涅耶夫：《蒙古与蒙古人》第2卷，刘汉明等译，内蒙古人民出版社1983年版，第99页。

第七章 晋商与西北—京津冀商品通道的建立

蒙商300余户，骆驼户200余家。每年生产各种皮件5000套，皮衣皮褥7000件，皮鞋3万双，还有大量毛毯、毛毡、毛单、毛鞋、粘帽等。皮毛来源扩展到宁夏、肃州、青海、库伦等地。其中，广恒西店于清光绪十九年（1893）开业，资本5800两，伙计30余人，开业三年即盈利5万多两，雇工扩大到100余人，很快成为皮毛业之首户，[①]在雁门关碑刻中我们也见到该店的捐款。自清光绪十年（1884）始，外国洋行开始进入包头城，英、日、德、俄等国先后在包头开设的洋行有14家之多。[②]清末包头城内商业繁盛，店铺鳞次栉比，人口已逾6万，以至于后来增设的五原、东胜两个直隶厅都将厅治设在包头镇上，成为"塞外一大巨镇"[③]。民国十二年（1923）平绥铁路延至包头，包头因而水路交通之总汇，成为蒙、甘、新、青、宁夏货物吐出之巨口。

1922年，"经过包头的羊毛达2100万斤，驼毛800万斤，羊绒430万斤，狐、狼、狗、羊皮等245000张"[④]。1923年，铁路通车后，"凡新疆、青海、甘肃等省之皮毛，阿拉善旗、吉兰泰之食盐，额济纳、鄂尔多斯、乌兰察布盟西南部之牲畜皮毛与农产，多依黄河舟运至此（包头）起卸，再由火车运销绥、察、平津"[⑤]。包头由此成为平绥线西端最大的皮毛购买和运输中心，"大约西进（来）货物的70%，由这里经铁路转运到京、津地区"[⑥]。彼时，每年从五月起每天都有装羊毛的平板船、牛皮筏子络绎不绝地从兰州、西宁来到包头城。南海子码头停满了木船和皮筏子，上下排列长达10里左右，有300—400只，其中三

[①] 内蒙古自治区地方志编纂委员会：《内蒙古自治区志·商业志》，内蒙古人民出版社1998年版，第218页。

[②] 《解放前的包头市人口概况》，载包头政协文史资料编辑部《包头文史会要》第十辑，1984年，第45页。

[③] 绥远通志馆编纂：《绥远通志稿》卷17《城市·吕祖庙前筑台碑记》，内蒙古人民出版社2007年版。

[④] 政协内蒙古自治区委员会文史资料委员会：《内蒙古工商史料》，内蒙古文史书店1990年版，第222页。

[⑤] 黄奋生编：《蒙藏新志》，中华书局1938年版，第57—58页。

[⑥] 政协包头市委员会文史资料研究委员会：《包头文史资料选编（5）》，政协包头市委员会文史资料研究委员会，1984年，第101—102页。

分之一装满皮子。① 20 世纪 30 年代，包头城有皮毛运输业字号 9 家，皮毛业字号 15 家，生皮业字号 18 家。② 据 1925 年的统计资料估算，当年包头城转运羊毛 1100 万斤，羊绒 150 万斤，驼毛 800 万斤，各类皮 31 万张。1928 年，包头转运羊毛 1600 万斤，羊绒 55 万斤，驼毛 600 万斤，各类皮 20 万张。1935 年，包头转运羊毛 2600 万斤，驼毛 200 万斤，各类皮张 400 吨。③ 彼时，为了满足日益增长皮毛业发展需要，包头城出现了皮毛工人劳动力市场，在皮毛收购的旺季每天需要皮毛工人有约 1000 人到 1500 人。④ 到 20 世纪 30 年代，包头的"皮毛店已经达到了高度专业化的程序，它们专门在西边来的专卖羊毛的西路客及东边来的专买羊毛的东路客之间起调节作用"⑤。

三 张家口

明代的张家口只是"九边"的一个小堡，时至清代，这里成为晋商在西北—京津冀地区进行商贸活动重要商业节点城市，商人们在城内"经常进行着无数小额的交换、交易，行装配备和粮食供应"，张家口这种极为活跃的商业往来，在中国的其他地区是比较罕见的。⑥

张家口隶属直隶，位于省境北部，是通往蒙古地区的必经之路，因此为当地的商业中心。清康（熙）乾（隆）时已成为著名的"塞外商埠"。清人秦武域《闻见瓣香录》甲卷载："张家口为上谷要地，即古长城为关，关上旧有市台，为南北交易之所，凡内地之牛马驼羊多取给

---

① 政协内蒙古自治区委员会文史资料委员会：《内蒙古工商史料》，内蒙古文史书店 1990 年版，第 216 页。
② 叶祖灏：《宁夏纪要》，正论出版社 1947 年版，第 33 页。
③ 政协内蒙古自治区委员会文史资料委员会：《内蒙古工商史料》，内蒙古文史书店 1990 年版，第 216 页。
④ 政协内蒙古自治区委员会文史资料委员会：《内蒙古工商史料》，内蒙古文史书店 1990 年版，第 246—247 页。
⑤ ［美］詹姆斯·艾·米尔沃德：《1880—1909 年回族商人与中国边境地区的羊毛贸易》，《甘肃民族研究》1989 年第 4 期。
⑥ 姚贤镐：《中国近代对外贸易史资料》，中华书局 1962 年版，第 1291—1292 页。

第七章　晋商与西北—京津冀商品通道的建立

于此，贾多山右人，率出口以茶布兑换而归，而又有直往恰克图地方交易者，所货物为紫貂、猞猁、银针诸皮以及哈喇明镜、阿敦绸等物。"① 时人李廷玉在《游蒙日记》中也记录："城里就口上商户论之，俄设道胜银行，英德设皮毛行（办十七家，均华人充买办），中国上下堡，商一千零三十七家（铺伙多山西人），以票号为大宗，杂货等次之，""出口货，烟、茶、油为大宗，酒、米、麦、糖、枣、瓷、铁器及丝绸、杂货、绸缎、洋布等次之。运销库伦、恰克图、乌里雅苏台、科布多、乌梁海等处。而口外出产如驼马、牛羊及各色皮张、毛片、蘑菇并蓝白两旗之碱，乌珠穆沁之青盐，东西苏泥特之白盐，均为入口转售宣府十属三厅及京津或山西一带之货。其内地土货销售俄国者，以红茶各茶砖及大米为大宗，曲丝绸（河南鲁山绸）等次之。由俄销售蒙境及内地者，以哦噔绸（即哈喇），金线毕兔绒、回绒、牛皮并各色皮张、驼毛、黄芪、蘑菇、木板为大宗，口上设细皮作坊，凡由俄进口之水獭、海龙、银针、灰鼠、紫貂、白狐、元狐、红狐腿及乌城、库伦所来之黄狐、猞猁、沙狐、貂毛、羔儿皮等均由该作坊制之，乃能分批运销各处。其粗皮张以山羊、绵羊为最多。而鹿茸一项，口上设有专庄。广东、太谷帮收买金沙一项，口庄派众赴蒙界及俄境购来，销售京津一带，此张家口商业之大概情形也。"② 张家口作为商品集散地，其运输业十分发达。"所谓骆驼商队者，以张家口为中心，南至丰台，北至喇嘛庙、库伦、归化城，远或至科布多、乌里雅苏台、恰克图一带之穷边。"③

明末，晋商已经扎根张家口，并出现了著名的"八大家"商人，即"八家商人者，皆山右人，明末时以贸易来张家口"④。清顺治时期清政府就在张家口设立了税关，自清康熙二十八年（1689）《中俄尼布楚条约》签订以后，张家口更成为中俄贸易必经之路。乾隆十七年

---

① （清）秦武域：《闻见瓣香录》甲卷，乾隆末年刻本。
② （清）李廷玉：《游蒙日记·光绪三十二年四月十八日》，《中国边疆史地资料丛刊·蒙古卷之清末蒙古史地资料荟萃》，全国图书馆文献缩微复制中心1990年版。
③ 姚祝萱：《新游记汇刊续编（第5册）》，中华书局1923年版，第4页。
④ 道光《万全县志》卷10《志余》。

(1752）规定"恰克图、库伦等地方，商贩牛羊驼马另由张家口进关纳税"①，《俄罗斯互市始末》记载："其内地商民，至恰克图贸易者，强半皆山西人，由张家口贩运烟、茶、缎、布、杂货前往，易换各色皮张、租片等物。"②

晋商在张家口经营的行业主要有盐业、粮食业、棉布业、棉花业、丝绸业、茶叶、绒货业、颜料业、煤炭业、铁货业、木材业、烟草业、药材业、纸张业、干鲜果业、饮食业、书报业、鞋业、典当业、玉器古玩业、油业、铜业、洋货业、杂货业、账局、票号业等。晋商在张家口开设的著名商号有大玉川、锦泰亨、复兴功、大盛魁、德恒美、永福源、福恒美、永成明、德恒成、永兴和、瑞兴和、大义隆等。大玉川商号在张家口和归化城等地设有分号，负责中转运输，商品专供恰克图、库伦、多伦等地销售。太谷县曹家开设的锦泰亨商号主要经营茶叶、绸缎及俄国驼绒、毛毯、金沙等，该字号从湖南采购茶叶并加工包装，运到张家口后打上锦泰亨的标记，再运销蒙俄。复兴功字号主营绸缎、瓷器、皮毛、马匹、茶叶、干果、药材、红枣等商品，店铺设在大境门外，有字号自己的运输车队、驼队，零售、批发兼营，货物远销蒙俄。大盛魁总号设在归化城，主营放印票账，同时经营茶叶，出售日用百货，收购畜产品和药材等，在张家口大境门外设货仓，全国各地有分号24处，遍及浙闽、汉口、北京、大同、集宁、库伦、恰克图。③

第二节 山西境内的众多税关

清代的榷关，是政府设于交通枢纽上的关税机构。榷关设置于何处，对区域性商品流通格局的影响作用巨大。清前中期，晋北各厅之间

---

① 孟宪章：《中苏贸易史资料》，中国对外经济贸易出版社1991年版，第138页。
② 何秋涛：《朔方备乘》卷37《俄罗斯互市始末》，台北：文海出版社1972年版。
③ 王飞：《清代张家口经贸与商帮研究》，博士学位论文，山西大学，2020年。

的道路基本成型，后又因战略和经济发展需要，开辟了归化城至杀虎口的新路，"有善僧募款修筑凉城县①石匣子沟，即古参合陉，大道成功，向之崎岖山陉，至是宽平可行，于是士官、商旅由山西往来归化者，皆径行于此，旧道遂废"②。同时，"归化城口岸西包头镇、萨拉奇、托克托城三处皆滨黄河，商民贩运杂货有河路行走，程途较近"，因此，清朝在包头镇、萨拉齐、托克托城等设立归化城分税口。③

一 归化城税关

清乾隆二十六年（1761）清政府在该城设关，抽收"油、酒、烟三项与皮张、杂货税银，及土默特牲畜税钱"。城内设立四处税卡栅栏："其南栅系杀虎口孔道，北栅通山后部落喀尔喀扎萨克等处，东栅通察哈尔蒙古八旗，西栅通乌兰特、鄂尔多斯等地方。"④ 定例："凡商贩货物按驮科税为多，"也有按数量征税者；"油、酒铺房分上、中二则按年科税；土默特蒙古牲畜税每价银一两收制钱八文。"⑤ 归化城税关初由杀虎口监督兼管，清乾隆三十一年（1766）改为专设归化城监督管理，三十三年（1768）又定：归化城一带"出产油、酒、烟、皮张等项及关东等处发来商货，从草地行走，未经杀虎口征税者俱为口外土产，归化城按则抽收；其内地一切杂货贩运出口，经由杀虎口纳过税银，到归化城入铺零星发卖者不再重征。若货物运抵归化城以后，商贩车载驮运又贩往他处售卖者，则无论土产与外来货物，均于出栅时按则收税"。清乾隆三十五年（1770）定归化城落地税银15000两，牲畜税钱9000串；嘉庆四年增盈余银1600两。⑥

---

① 凉城县，民国时期设县，清代其地属宁远厅。
② 绥远通志馆编纂：《绥远通志稿》卷80《车驼路》，内蒙古人民出版社2007年版，第10册，第78页。
③ （清）张曾：《古丰识略》卷40《税课》，《中国边疆史志集成·内蒙古史志》第28册，全国图书馆文献缩微复制中心影印本2002年版，第812页。
④ （清）张曾：《古丰识略》卷40《课税三》，咸丰九年（1859）抄本。
⑤ 《大清会典事例》卷236、卷234，中华书局影印本1991年版。
⑥ 《大清会典事例》卷239、卷237、卷238，中华书局影印本1991年版。

清廷设立归化城榷关时制定了严格的相关交税则例,"乾隆四十一年(1776),复准归化城征收税银,四栅之外,商贩多有绕道偷越,责成该处营弁巡防之便,在和林格尔、东北塔儿二处查察,如有偷漏,拿送管税道官员查办。"① 严格的制度促使商人携货前赴归化城交税出关,也促使归化城成为区域性商贸中心。

二 归化城分税口的设立②

随着当地商品交易,特别是牲畜交易的繁荣,清政府于乾隆中叶在西包头镇"设立蒙古笔帖式二员并安设书役,抽收四项牲畜税钱"③,与绥远城、萨拉齐、和林格尔、托克托城等处所设征收牲口税的网点一并由归化城税关管理。清道光三十年(1850)间黄河土默川航段中心码头河口镇被淹,河运中心西迁至包头的南海子渡口。以此为契机,包头镇商业得以迅速发展,很快成为宁夏、甘肃、青海等地皮毛、药材和粮食的集散中心。④ 清咸丰四年(1854),清政府将西包头镇、萨拉齐、托克托城三处定为归化城的分税口,凡"口内贩来一切货物并从口外贩入土产等货",可以"就近在西包头等处税厅照例完纳,赴归化城入栅时即验明放行,毋庸再征"⑤。

三 杀虎口税关

清顺治八年(1651)清政府于此地设监督一员,经收税课,⑥ 办公地点在杀虎堡西门口中关街路北,内设户部抽分署、笔帖试署、驿传道

---

① 光绪《归化城厅志》卷7《关税》。
② (清)张曾:《古丰识略》卷40《税课》,《中国边疆史志集成·内蒙古史志》第28册,全国图书馆文献缩微复制中心影印本2002年版,第812页。
③ 光绪《大清会典事例》卷236,中华书局影印本1991年版。
④ 内蒙古自治区地方志编纂委员会:《内蒙古自治区志·商业志》,内蒙古人民出版社1998年版,第218页。
⑤ 光绪《大清会典事例》卷238,中华书局影印本1991年版。
⑥ 《雍正朝汉文朱批奏折汇编》第11册,雍正六年(1728)正月二十二日,第455—457页,中国第一历史档案馆编,江苏古籍出版社1986年版。

署、巡检司署、协镇署、中军都司署等行政机构,① 杀虎口税关正式设立。杀虎口税关以边墙及黄河为界,在东至天镇县新平口,西至陕西神木口,长达200多里的边线上多处设卡征税,并且规定"商人载运货物例须直赴杀虎口输税,不许绕避别路私行"②。起初,杀虎口设有6局3卡,清末增加到20个局卡,分别是杀虎口的大关总局、大同的得胜口局、河曲的河保营局、口外的归化城木税局、托克托木税局、西包头牲畜税局、左云的宁鲁分卡、陕西府谷的黄甫川卡、右玉朔平府南门分卡,以及其后增加的天镇新平堡局,兴和厅的高庙子局、阳高的镇门堡卡、小村卡,大同的东镇川堡局、拒羌堡卡,左云的助马堡局、杀虎堡南门卡,平鲁的西镇川卡,偏关的老牛坡卡,陕西神木的神木局等等。③ 较之于山海关、张家口关,杀虎口关的历年实征关税很大程度上能够反映北路蒙汉贸易的繁荣程度。④ 据统计,杀虎口关实际征收总税额1238252两白银,年均39944两。这表示仅从杀虎口出关的商品量就达每年数十万甚至百万两白银,也从一个侧面反映了商业繁盛。

值得注意的是,明代,油、酒、烟、盐、木材等并不进口销售。随着汉民的移居关外,以及蒙汉商贸活动的增多,上述物品可以运销,并开始交纳关税。大青山木植税银,归并杀虎口监督征收。河保营木税,由杀虎口监督解部复收。乾隆年间,归化城落地木税,以416两为定额,令杀虎口监督征收。清乾隆二十六年（1761）准许"归化城出产油酒烟三项,与皮张杂货税银及土默特牲畜税钱,归并杀虎口按则抽收"。嘉庆年间,准许鄂尔多斯盐斤进口销售,吉兰泰池盐由该处蒙民自行捞运,"兴贩入口者,由杀虎口驮,自陆路贩售,不准水运,其贩盐之人,照例收税"。杀虎口关市设立以来,进出口关市的货物数量众

---

① 雍正《朔平府志》卷4《建置·公署》。
② 《清穆宗毅皇帝实录（二）》卷88,同治二年（1863）十二月乙酉。
③ 高春平:《晋商与明清山西城镇化研究》,三晋出版社2013年版,第66—67页。
④ 丰若非、刘建生:《清代杀虎口的实征关税与北路贸易》,《中国经济史研究》2009年第2期。

多，但并未留下统计资料，但是可以从杀虎口税关年征税额窥见一斑。清顺治年间，杀虎口关税为 100 万两，清康熙二十四年（1685）为 120 万两，清雍正三年（1725）为 135 万两，清乾隆三十一年（1766）为 540 万两，清嘉庆十七年（1812）为 481 万两，清道光二十一年（1841）为 435 万两。

进出杀虎口税关的货物种类多样。明代只允许汉民以绸缎、布匹、茶叶等货物与蒙民之马驼牛羊相交易，为军事战略目的而严禁铁器及铜器的交易。清代，由于政府鼓励商民屯垦关外土地，因而加大关外犁、锹、镢等铁制、铜制生产工具和铁锅等生活用具的需求量，于是在清乾隆二十六年（1761）准许"铁器一项，杀虎口于商贩出口时详细查明，如系农具及民间日用器物，按则征税，将名色件数注于票内，令商持票赴口验放"。从而，除废铁及铁料之外，所有铁器均许出口。由杀虎口进关的货物，除蒙古地区所出牛、马、羊、驼等牲畜外，还包括油、酒、烟、盐，及木材等。彼时，杀虎口税收项目计有牲畜税，铜、铁、锡税，木植税，鞍、鞭、辔杂物税，乐器税，笔墨纸张税，冠、靴、履、袜和棉、毛、丝、麻织品税，皮、毛、骨、角税，珍玩、料器、钟表、屏镜器物税，米、面、油、糖、食物税，盐、烟、酒、茶税，海菜、香料、干鲜果品税等 12 个大项。此外，还有碛口、黑峪口等税收点。

第三节　近代西北皮毛市场系统

彼时，一位美国学者通过研究清末民初西北皮毛业指出："1. 生产羊毛的游牧民（或甘肃东部农区的羊毛生产者）可以在他们各自的城镇和市场直接和商人作交易。2. 商贩们将大批量的皮毛从生产者的城镇买来，然后再转卖给另外一些商人。3. 作为收购和转运中心的西宁，石嘴山和包头则不同。包头、西宁、石嘴山不仅位于主要的东西水路运输线上，同时羊毛在转运之前在一定程度上，而且能被加工。4. 天津是个出口城市，既有收购和出口羊毛的外国公司，也有中国自己的毛纺厂。"① 我们把近代西北皮毛流通市场划分为三个不同的层级,即产地市场、中转市场和出口市场。

一 产地市场

清末民初,随着皮毛进入国际市场,中国西北的广大地区的农牧民大量饲养畜类,当地的寺庙会集以及集镇成为输出皮毛的产地市场。产地市场在交易形式上大多数采取的是物物交换。例如在青海牧区,"羊毛多半先由本地商人用茶布等物与牧民交换,即在收毛前一年或数月前,将布茶先交于牧民,待届剪毛之期,商人即前往收毛,然后再转卖与直接运往天津之大商"②。此外,还活动着一些叫作"刁郎子"的小商贩,他们事先从中心市场的店铺赊买一些蒙、藏民需要的藏刀、珠串、木碗、鼻烟、腰带等杂货,带到牧区换取皮毛和其他土产。③ 蒙古草原上"每年归绥商贩运砖茶、棉花、米面等物,分赴各蒙旗,交易驼、马、牛、羊、皮张、绒毛等,春夏而去,秋冬而归"④。寺庙会集是西北地区广大牧民交换商品的重要场所。蒙古草原上庙会的召开时间大约在每年农历的一、三、六、九月,与牧民农历三月剪羊绒、五月剪第一次毛、九月剪第二次毛的时间大体吻合,因此庙会期间是皮毛交易的旺季。⑤ 在青海蒙藏牧区,牧民们会在寺庙会集期间将积攒下的皮毛换回日用品,青海"南部番人(藏民)会市多集聚于寺院,商贩不速而来,所市皆番地土产,皮张、茶、糖、布匹尤为大宗。"在黄河南岸的藏民"每年运牛羊、酥油、羊毛、牛皮等物,前往卡布恰、郭密、

---

① [美]詹姆斯·艾·米尔沃德:《1880—1909 年回族商人与中国边境地区的羊毛贸易》,《甘肃民族研究》1989 年第 4 期。
② 安汉、李昌发:《西北农业考察》,《国立西北农林专科学校丛书》,1936 年,第 129 页。
③ 蒲涵文:《湟源的"歇家"和"刁郎子"》,载政协青海省委员会文史资料委员会编《青海文史资料选辑》第 8 辑,1981 年,第 37 页。
④ 王公亮:《西北地理》,正中书局 1936 年版,第 211 页。
⑤ [日]吉村忠山:《内蒙古——地理·产业·文化》,日本公论社昭和十年(1935)版,第 429 页。

丹噶尔、塔尔寺等处贸易，回运青稞、布匹等物"①。据1930年代国民政府内政部调查统计，彼时在黄河上游的甘宁青地区，有集镇约570多个。② 这些人口相对集中的集镇是皮毛交易最主要的市场。牧民带上皮毛来到集镇，用皮毛换回所需日用品。

在广大的西北皮毛产地还形成了产地中心市场，且数量众多。如甘肃河西地区"一县最多者有三处，最少者亦有一处"③。清末到1930年代，这些产地中心市场的皮毛贸易盛极一时，如绥远临河县城"本地汉、蒙交易以粮米、布、茶、糖及牲畜、绒毛、皮张为大宗"，皮张、绒毛、牲畜"销数岁值约在四百万元左右"④。察哈尔省的多仑，输出多为牛羊皮毛骨角毡毯等，而马尤著名，沪上洋商多派员来此贩运，贸易总额年达数百万。⑤ 据1930年代调查，青海皮毛，主要通过湟源、循化、同仁、保安、鲁沙尔、上五庄、永安、俄博、贵德、鲁仓、拉加寺、郭密、恰布恰、大河坝、永昌、黄城滩等市镇或寺院运出。⑥ 甘肃南部皮毛主要通过临潭、夏河、卓尼等产地中心市场输出。⑦ 此处遍设收购皮毛的行庄和皮毛店，起着基层的皮毛中转功能。

活跃在产地市场的主要是牧民、小商贩，还有大商行、洋行的雇员、经纪人等。牧民既是皮毛的主要生产者，也是产地市场上的主要交易者。内蒙古阿拉善旗的"蒙民，常用骆驼载酥油、皮毛等来城交换米、面、茶叶等物"⑧。青海蒙藏牧民"每年秋、冬、春三季（即阳历七月至翌年三月底）将羊毛运至附近集市如贵德、湟源、大通、夏河、

---

① 周希武：《宁海纪行》，甘肃人民出版社2002年版，第38页。
② 黄正林：《近代甘宁青农村市场研究》，《近代史研究》2004年第4期。
③ 甘肃省银行经济研究室：《甘肃之特产》，甘肃省银行总行1944年版，第78页。
④ 民国《临河县志》卷中《纪略·商业》，台北：学生书局影印本1980年版。
⑤ 黄奋生编：《蒙藏新志》，中华书局1938年版，第56页。
⑥ 蒲涵文：《湟源的"歇家"和"刁郎子"》，载政协青海省委员会文史资料委员会编《青海文史资料选辑》第8辑，1981年，第37页。
⑦ 王志文：《甘肃省西南部边区考察记》，载苗普生编《中国西北文献丛书（135）》，兰州古籍书店影印本1991年版，第395—399页。
⑧ 叶祖硕：《宁夏纪要》，正论出版社1947年版，第87页。

第七章　晋商与西北—京津冀商品通道的建立

临夏等地，与汉民交换茶叶、布匹、青稞等生活用品"①。活跃在产地市场的各类商人有毛贩、毛客、兼营毛商、行商、歇家、跑合②、皮毛经纪行、公庄、分庄、洋行庄口等不同类型和规模的皮毛商人及组织。③ 其中，毛贩数量最多也最活跃，例如经营猪鬃的毛贩，他们"多系挑运杂货，往来四乡，或以杂货换取猪鬃，或以金钱收买，为数零星，随地交易"④。毛贩们长年累月在牧区游动经商，在察绥地区被称为"出拨子"，"绝大部分牧民生活用品经'拨子'之手销售，而绝大部分畜产品也经'拨子'转销出去"⑤。除毛贩或者"拨子"外，被称为"皮窝子"皮庄和兼营杂货的杂货铺数量也较大，他们广泛分布在西北地区，收购皮毛。他们通常会在寺院会集时收购或交换皮毛，"每于寺庙会期为交易之地，平晋皮商前来坐庄收货者，年数十家。牧地人民，以皮易粮及日用物，价值甚廉，鞣制成熟，每超过原值数倍。"⑥"（皮庄）资本要比杂货行丰富，一方（面）依据所在的市场，直接向蒙古人购其皮毛产料，另一（方）面又将'出拨子'从蒙旗中换得的皮毛产料收买过来，每年探取某种时间的市场需要，输送到内地大市场或国外去。"⑦"歇家"主要是活跃在青海皮毛产地市场上的经纪人，"洋行离开'歇家'的联系，难以直接收购大宗羊毛和皮张；牧民没有'歇家'也更无法与外商成交。"⑧ 因此，在青海"羊毛进口之处，均有歇家"⑨。此外，在察哈尔、绥远的皮毛牲畜产地市场上，经纪人也十分活跃。

---

① 李屏唐：《兰州羊毛市场之调查》，《贸易月刊》1943年第3期。
② 私人性质的牙人，从中抽取佣金。
③ 许道夫：《中国农业生产及贸易统计资料》，上海人民出版社1983年版，第316页。
④ 甘肃省银行经济研究室：《甘肃之特产》，甘肃省银行总行1944年版，第110页。
⑤ 苏赫：《赤峰地区（原昭乌达盟）早期商业活动》，载政协赤峰市委员会文史资料委员会编《赤峰市文史资料选辑》第3辑，1985年，第5页。
⑥ 《青海皮业调查》，《中行月刊》1934年第22期。
⑦ 贺扬灵：《察绥蒙民经济之解剖》，商务印书馆1935年版，第56—57页。
⑧ 蒲涵文：《湟源的"歇家"和"刁郎子"》，载政协青海省委员会文史资料委员会编《青海文史资料选辑》第8辑，1981年，第37页。
⑨ 周希武：《宁海纪行》，甘肃人民出版社2002年版，第20页。

产地市场的交易方式主要有预购交易和现货交易两种。预购交易，即"每届旧历三四月间毛客与牧民订立预购交易合同，按毛价先付40%订金；也可以布匹、茶叶折价抵付订金，价格分两种办法计算：一是按交货时市价结算；二是按预先约定的价格清算"。如常驻包头的洋行"常在二三月间就将货款预付给皮毛店和皮庄"，他们除自己直接收购皮毛外，又"支垫"一部分给旅蒙商跑乌、伊两盟的行商以及当地小手工业毡房、毛毯社等，由他们去抓剪羊绒、毛和购皮张。① 现货交易，也包括两种，"一种是通过跑合或经纪人介绍，一种是直接向牧民收购零星羊毛"。设在产地中心市场的公庄与外帮毛商之间的交易"均系先付款后交货，买卖双方事先签订合同，规定数量、价格及交货地点。②

二 中转市场

皮毛中转市场是指皮毛的收购和运输中心，主要进行皮毛转运、皮毛交易、皮毛初级加工。皮毛转运就是把皮毛从产地市场输送到出口市场等上一级市场去。皮毛交易主要是指中小商人与大商人之间的交易。皮毛初级加工是指在皮毛流通领域对皮毛分类、洗净、包装，皮张的鞣制、加工等工作。因此，皮毛中转市场不仅要靠近羊毛产地，而且坐落在连接边疆和内地的陆路和水路运输线上。③ 西北皮毛中转市场主要包括兰州、包头、张家口、归绥以及一些产地中心市场。

兰州，是西北最大的城市，辐射出的5条主要商路把兰州与全国市场紧密联系起来。在西北皮毛市场体系中，兰州是甘宁青地区最大的皮毛中转市场。据统计，1932年至1934年，甘肃皮毛输出总值分别是7088670元、6640272元和10058197元，分别占三年出口总值的

---

① 政协内蒙古自治区委员会文史资料委员会编：《内蒙古工商史料》，内蒙古文史书店1990年版，第221页。
② 许道夫：《中国农业生产及贸易统计资料》，上海人民出版社1983年版，第316页。
③ ［美］詹姆斯·艾·米尔沃德：《1880—1909年回族商人与中国边境地区的羊毛贸易》，《甘肃民族研究》1989年第4期。

48.37%、43.08%和52.01%,① 而其中绝大部分皮毛是从兰州市场上输出的。另据统计1930年代兰州资本在5000元到1万元的皮商有12家。兰州不仅承担皮毛转运和交易,同时还是西北皮毛初加工市场,各皮行每到皮毛上市季节,"携巨资赴各产地办货,所办之货,均系生货,剥割未久,血污狼藉,且极坚硬,此项生货运归兰州,即开始硝制"②。

包头是西北—京津冀地区的著名的商城。清道光年间,山西商人在此开设了第一家皮毛店—公义店。至光绪年间,包头的皮毛店已有20多家,③ 至民国初年发展到30家羊毛商行。④ 作为中转市场,包头的皮毛吞吐量是很大的。⑤

张家口"为商货转运总汇之地,北通内外蒙旗及库仑、乌里雅苏台、科布多等处,西通绥远、宁夏、新疆,为近边西北之咽喉。"⑥ 近代以来随着天津以及北方市场的开放,到20世纪初,张家口已经成为西北—京津冀地区最大的商品集散地,特别是1909年京张铁路通车后,西北的皮毛、药材集中到张家口后再由铁路转运天津口岸和其他市场。在张家口市场,每年"农历八月至年底,是畜牧产品集中上市的时候,各种皮毛货栈里皮毛堆积如山,中间只留一条车道,十里长街为之闭塞。"⑦ 据统计1925年输入张家口的各种皮张839万张,其中羔皮300万张,老羊皮150万张,山羊皮100万张,灰鼠皮50万张,狐狸皮20万张,狼皮10万张,灌子皮50万张,牛皮150万张,马皮9万张。各

---

① 朱镜宙:《甘肃最近三年间贸易》,《开发西北》1935年第5期。
② 潘益民:《兰州之工商业与金融(中央银行丛刊)》,商务印书馆1936年版,第68—69页。
③ 政协内蒙古自治区委员会文史资料委员会编:《内蒙古工商史料》,内蒙古文史书店1990年版,第219页。
④ 黄正林:《近代甘宁青农村市场研究》,《近代史研究》2004年第4期。
⑤ 政协内蒙古自治区委员会文史资料委员会编:《内蒙古工商史料》,内蒙古文史书店1990年版,第216页。
⑥ 王金绂:《西北地理》,北平立达书局1932年版,第193页。
⑦ 高学忠:《张垣蒙汉贸易史》,政协张家口委员会文史资料委员会编:《张家口文史资料》第21辑,1992年,第99页。

类毛1100万斤,其中羊毛900万斤,羊绒20万斤,驼毛150万斤,猪鬃30万斤。据1929年统计,张家口经营皮毛的有769家行店,从业多达3.2万余人。①

归、绥二城位于张家口与包头之间,"西经后套以通甘、新,北越蒙古而至库仑,为西北交通总汇"。清代,归化城就是内外蒙古草原上的牲畜和皮张交易中心。天津开埠后,各国洋行在天津设庄收购皮毛,归绥成为内外蒙古草原上主要的皮毛市场。皮商、毛商纷纷在归绥设立庄开店,经营皮毛生意,据统计,清光绪二年(1876)天津驼毛的95%来自归化城。② 1921年5月,平绥铁路通车后,归绥转运市场的地位更加凸显。作为西北皮毛的中转市场,归绥市场年销售西宁毛130万斤,销售归绥附近所产毛40万斤,套毛150万斤,羊绒160万斤。③

除上述大型中转市场外,许多产地中心市场兼有中转市场的职能。如青海的西宁、湟源、玉树、鲁沙尔镇。甘肃的肃州、夏河、张掖、河州、张家川镇。宁夏的石嘴子、磴口、定远营。陕北的榆林。新疆的哈密、奇台等地都是皮毛的中转市场。在青海,"羊毛之聚散,多由蒙藏人民用毛[牦]牛、骆驼运输于各大集聚地如大通、俄博、永安、玉树、鲁沙尔、上五庄、贵德、循化、湟源、隆武等地后,再以骡车、骆驼、皮筏等运输于甘肃、绥远、天津各大地,运售于洋商,或国内商家。"④ 据民国初期的调查,每年经湟源出口的皮毛数量为,羊毛220万斤,骆驼毛2万斤,羔皮16万张,大羊皮1.5万张,牛皮1.5万张,野牲皮5千张,马皮5千张,野马皮5千张,野牛皮5千张。⑤ 宁夏石嘴子"为阿拉善蒙古与宁夏道属平罗交界之地,黄河纵贯南北,大山

---

① 马清傲:《张家口皮毛业的由来及其兴衰》,政协张家口委员会文史资料委员会编:《张家口文史资料》第13辑,1988年,第3页。
② 姚贤镐编:《中国近代对外贸易史资料(1540—1595)》,中华书局1962年版,第1117页。
③ 贺扬灵:《察绥蒙民经济的解剖》,商务印书馆1935年版,第45页。
④ 陆亭林:《青海皮毛事业之研究》,《拓荒》1935年第1期。
⑤ 周希武:《宁海纪行》,甘肃人民出版社2002年版,第17—18页。

回抱东西，形势一束，诚要隘也"。当地早在清代就是蒙汉贸易之地，乾隆二十五年（1760）勒碑记载："蒙古一二月出卖皮张，三四月卖绒毛，五六月羊，七八月牛马，九月茶马毕，岁以为常。"① 近代以来，洋行和国内商人在这里设有行店，"各行专在甘、青一带收买皮毛，集中于此，待梳净后，包装，以骆驼或木船载赴包头。岁约皮百万张，毛三千万斤左右"②。皮毛集中于此后要经过简单的加工。1915 年，石嘴子的新泰和仁记外国公司联合开办了皮毛加工包装工厂，雇用 1500 多名工人，专事清理污物及冲洗和晒干羊毛。③

三 出口市场

出口市场是西北皮毛在国内流通的终端市场。近代西北地区的皮毛有两大主要出口市场：天津、新疆。皮毛运至天津后出口到欧美和日本；皮毛从新疆出口到俄罗斯及其他国家。此外，西北皮毛还通过汉口、上海、广州等口岸进入国际市场，但这在整个西北皮毛的出口贸易中并不占主要地位。

近代以来，随着中国北方地区外向型经济的兴起，天津成为西北皮毛最主要的出口市场，"至 1909 年京张铁路通车以前，以天津为终点市场的皮毛运销体系已初具规模"④。京张铁路以及平绥铁路的通车，加强了西北皮毛产地市场与天津出口市场之间的联系，西北皮毛运销"最末的市场就是天津，由此再合流于世界经济的大动脉上"⑤。1925 年前后，"天津输出之羊毛，青海、甘肃居其五成，山陕居其成半，蒙古居其二成半，直鲁约居一成"⑥。1930 年至 1932 年新疆经绥远转运到

---

① 林竞：《西北丛编·上编》，神州国光社 1931 年版，第 74 页。
② 林竞：《西北丛编·上编》，神州国光社 1931 年版，第 73—74 页。
③ ［美］詹姆斯·艾·米尔沃德：《1880—1909 年回族商人与中国边境地区的羊毛贸易》，《甘肃民族研究》1989 年第 4 期。
④ 樊如森：《天津开埠后的皮毛运销系统》，《中国历史地理论丛》2001 年第 1 期。
⑤ 李洛之、聂汤谷：《天津的经济地位》，经济部驻（天）津办事处 1948 年版，第 36—37 页。
⑥ 樊如森：《天津开埠后的皮毛运销系统》，《中国历史地理论丛》2001 年第 1 期。

天津出口的皮毛产品总计16种，价值4616700元。① 据相关研究，彼时每年运销到天津的羊毛约3858万斤，其中大多数来自西北皮毛市场。② 据1937年抗战爆发前夕的统计，天津羊毛市场年交易量约为40万担，其中来自青海、甘肃、宁夏、新疆的20万担；内蒙古的10万担；山西、陕西的6万担；河北、山东、河南的4万担。③ 可见，在天津羊毛市场，西北羊毛占70%左右的市场份额。近代西北羊毛经天津口岸出口后，主要销往美、日、英、德等国，而美国占有80%以上的份额。1911经天津口岸出口的西北羊毛有235016担，其中出口美国2224000担，占94.63%；1915经天津出口的西北羊毛270330担，其中出口美国228800担，占84.64%；1925—1929年占80%以上；1930—1934年达90%。④

西北皮毛的另一个主要出口市场是新疆的各开放口岸。清末民初，新疆出产的一部分皮毛经过北草地商路驼运到包头、绥远再转运天津出口，而大部分皮毛则在本地通商口岸直接出口到俄国、中亚各国及印度。同时，青海的"西宁毛"和甘肃"平番毛"的一部分，也经肃州转运到新疆市场出口。新疆对外贸易的出口市场主要有迪化（乌鲁木齐）、伊犁、塔尔巴哈台、喀什噶尔等地。以光绪末年迪化为例，根据"俄国商务表列载，镇迪道属皮毛出口数目，计羊毛五十一万六千卢布，羊皮、山羊皮、羔皮桶等共十九万六千九百卢布，驼毛二万八千七百卢布，牛马皮一万二千七百卢布，其余驼、马、牛、羊各牲畜约十万卢布"⑤。俄国十月革命期间，新疆出口市场受到严重影响，1917年底比1916年下降30%—50%。⑥ 苏联新经济政策实行后，对新疆入口苏联的皮毛等

---

① 陈赓雅：《西北视察记》，甘肃人民出版社2002年版。
② 李洛之、聂汤谷：《天津的经济地位》，经济部驻（天）津办事处1948年版，第36—37页，表32。
③ 李洛之、聂汤谷：《天津的经济地位》，经济部驻（天）津办事处1948年版，第36页，表31。
④ 渠占辉：《近代中国西北地区的羊毛出口贸易》，《南开学报》（哲学社会科学版）2004年第3期。
⑤ 钟广生：《新疆志稿》卷2《畜牧》，台北：学生书局影印本1967年版，第36页。
⑥ 王少平：《20年代新疆同苏联的贸易》，《史学集刊》1990年第4期。

原料实行免税政策，推动了新疆皮毛出口市场的恢复和发展，根据李寰的研究统计，1923 年到 1932 年的皮毛贸易额达到了 5163 万卢布。①

抗日战争爆发后，包括天津在内的东南沿海口岸被日军占领，中国几乎丧失了所有的海上运输线，从而中断了西北皮毛市场与天津等出口市场之间的联系，如时人针对甘肃羊毛市场状况所说："抗战以后，天津沦陷，本省羊毛，一度改销汉口、广州，旋以广州汉口又相继失守，羊毛遂陷于滞销状态。"② 1938 年 3 月，国民政府财政部贸易委员会西北办事处成立后，西北皮毛市场开始恢复。同时，1937 年和 1938 年，国民政府经济委员会和交通部分别在兰州成立了陕甘运输处（1938 年改为交通部西北公路运输局）和陕甘车驼运输所，兰州成为西北最大的转运市场，苏联援华的战略物资以及中国的土产大都通过兰州转运新疆出口。新疆成为中国对外贸易的主要口岸，也是西北皮毛最大的出口市场。从 1938 年秋起，陕、甘、宁、青、绥的畜牧农产品，以及江南的丝、茶、桐油以及金属矿产品都是经过新疆口岸出口。③ 经新疆出口的皮毛主要运销苏联。从 1938 年开始，截至 1942 年 10 月中国出口苏联皮毛数量是，羊毛 339600 关担，山羊绒 6156 关担，驼毛 16056 关担，猪鬃 7104 关担，羔皮 1450000 张，胎羔皮 9000 张，旱獭皮 349755 张，老羊皮 30902 张，山羊皮 3740693 张，山羊猾皮 126665 张，狐皮 12650 张，黄鼠狼皮 7000 张，黄牛皮 28441 张，水牛皮 8321。④ 这些皮毛绝大多数是通过西北交通运输线从新疆市场出口的。

第四节　晋商在西北—京津冀商品通道形成中的作用

一　商业城镇兴起与城市群发展

近代，西北地区的西安、榆林、咸阳、兰州、凉州、酒泉、拉卜楞

---

① 李寰：《新疆研究（边疆政教丛书）》，安庆印书局 1944 年版。
② 甘肃省银行经济研究室编：《甘肃之特产》，甘肃省银行总行 1944 年版，第 84—85 页。
③ 徐万民：《八年抗战时期的中苏贸易》，《近代史研究》1988 年第 6 期。
④ 国民政府行政院编：《国民政府年鉴》，国民政府行政院 1943 年版，第 98 页。

寺镇、临夏、银川、花马池镇、吴忠堡、西宁、乌鲁木齐、奇台、哈密、巴里坤、喀什、莎车、玛纳斯、昌吉、呼图壁、阜康、济木萨、古牧地、木垒等城镇随着晋商的贸迁而兴起并繁荣的同时，在一些地区出现了商业城镇集聚，城市群雏形开始显现。

城市集聚的重要特征是在经济区域中居于核心地位、对于区域内其他各类城市在经济上发挥主导作用的经济核心城市的出现。以近代新疆东部商业城镇——奇台为例，其建置虽只是位于疆东的一座县城，在晋商通过大草地进入新疆进行贸易之时，因其优越的地理位置，迅速成为一座"地方极大，极热闹"的城市，进而成为东疆第一大商埠。每年有大量商品由国外及东部的归化城（呼和浩特）源源不断地运往奇台，随后再发售至奇台周边的玛纳斯、昌吉、呼图壁、阜康、济木萨、古牧地、木垒等商业城镇。而由周边城镇收购的土特产品，则先在奇台集中后，再售往国外及归化城。以至于"奇台—归化城一线"成为众多驼队竞相行走的商路。由此，我们可以知道，奇台是当地的经济中心城市，其周边有数量众多的商业小城镇，这就形成了以奇台为中心的城市集聚。彼时，新疆东部除奇台外，还有"繁华富庶，甲于关外"的乌鲁木齐、"商贾云集，百货俱备"的哈密、"烟户铺面比栉而居"的巴里坤等商业繁荣的城市，与周边的玛纳斯、昌吉、呼图壁、阜康、济木萨、古牧地、木垒等商业发展较快的县镇，形成了近代新疆东部的城市群雏形。

二 主导产业及相关行业的发展

甘、宁、青、新等地盛产皮毛，皮毛业成为这一区域的主导产业始自20世纪初。彼时，晋商及多国洋行在甘肃的兰州、永登、永昌、张掖、酒泉；宁夏的银川；青海的西宁、湟源、大通；新疆的乌鲁木齐、奇台等贸易中心开设字号，这些字号又广设支店，支店又各地遍设门柜，既售货又收购皮毛及土特产品，并发运归绥，继而运至天津出口。彼时中国羊毛的年均总产量为49万担，其中约60%产自西北。

皮毛贸易的兴盛,直接带动了牲畜屠宰、加工及皮毛运输等相关行业的发展。以屠宰业为例,位于甘、川、青交界的河曲藏区,因屠宰业"获利甚厚"而吸引当地居民大量从事本业,使"屠户占全体商户百分之三十三强"。此外,围绕皮毛生产,还出现了专业的拣毛、洗晒、打包、装卸等分工更为细致的行业。再看皮毛运输业,西北皮毛的外运主要依赖黄河皮筏水运。20世纪20—30年代是黄河皮筏水运业发展最快的时期,甘、宁、青所产皮毛中70%以上通过筏运完成,因此黄河沿线出现了大量专营皮筏水运的"筏子客"。据1936年的调查,仅青海化隆县就有每只载重15000斤的皮筏300只、循化县有200只;青海民和县有专业筏客五六十户。此外,为皮毛运输提供服务的脚店、骆驼行、过载店、秤行、牙行等亦获得了较大发展。

三 加快西北地区融入全球经济

山西以西的陕、甘、宁、青、新等地区以畜牧为主;山西以东的京津冀、鲁、豫以及江南地区农业经济发达,两个经济地带产业结构不同,产品各异,山西优越的交通地理位置是实现区域间商品流通的理想场所。

甘、宁、青、新地区在近代以前是偏远的边地,很少被外界了解。近代,随着大量山西及其他地区商人的贸迁西北,当地商业城镇及皮毛贸易迅速兴起及发展,商品大量运销国内其他地区,当地所产"西宁毛""宁字套毛"更是享誉国内外市场。在与外界的经济联系中,甘、宁、青、新市场逐渐突破区域性封闭状态而进入全国经济的运转体系中。与此同时,随着近代中国开埠城市的大量出现,欧洲、美洲等外商势力逐渐从东部的天津;南部的汉口、上海;西部的塔城、喀什等地渗透至整个甘、宁、青、新区域,使我国的西北地区与国际市场建立了联系,进而改变了该区域在世界经济中的格局。如表7-2所示,山西边墙以北各地生产的牛羊骡马及其羊绒、皮张等商品,都是远销外地的商品。

表7-2　　清末民国山西边墙以北各县绒毛皮张商品销量表[①]

	商品	数量	商品	数量	销路
归绥县	羊毛	66450 斤	羊绒	12190 斤	销往天津
	驼毛	170000 斤			销往天津
	羊皮	28000 张	牛皮	5500 张	销往平、津
萨拉齐	羊毛	44000 斤	羊绒	1200 斤	运销天津
	羊皮	28000 张			多销本县
	牛皮	1300 张			多运往平、津
包头县	羊毛	70000 斤	羊绒	1200 斤	销往天津
	羊皮	95000 张	牛皮	1000 张	多销平、津
	驼毛	30000 斤			销往天津
丰镇县	羊毛	210000 斤	羊绒	10000 斤	销于天津
	马皮	400 张	驴皮	200 张	销于本县
	羔皮	1000 张			销于平、津
	猾子皮	1000 张			销于天津
	牛皮	2500 张			销于冀、晋
	羊皮	2500 张			销于天津、本县
托克托县	羊毛	5640 斤	羊绒	700 斤	多销于归绥县
	羊皮	7850 张	牛皮	1300 张	销于本县
清水河县	羊毛	1500 斤	羊绒	250 斤	多销于归绥县
	羊皮	9000 张	牛皮	300 张	本县自用
和林格尔县	羊毛	25000 斤	羊绒	7000 斤	销于归绥、天津
	羊皮	14000 张	牛皮	100 张	销于本县
陶林县	羊毛	4000 斤	羊绒	700 斤	运往丰镇转销天津
	羊皮	23000 张	牛皮	700 张	销丰镇、平、津
凉城县	羊毛	25000 斤	羊绒	5000 斤	运往丰镇转销天津
	羊皮	16000 张	牛皮	700 张	运往丰镇转销天津
兴和县	羊毛	10680 斤	羊绒	1000 斤	销张家口
	羊皮	3090 张	牛皮	260 张	销张家口
	马皮	50 张			销张家口

---

① 绥远通志馆编纂：《绥远通志稿》卷21《牧业》，内蒙古人民出版社2007年版，第3册，第252—257页。

续表

	商品	数量	商品	数量	销路
集宁县	羊毛	6000 斤	羊绒	400 斤	销张家口、天津
	羊皮	3000 张	牛皮	1200 张	多销张家口、天津
武川县	羊毛	50000 斤	羊绒	7500 斤	运归绥转运天津
	驼毛	2400 斤			运归绥转运天津
	羊皮	20000 张	牛皮	2500 张	多销归绥、平、津

清末民初，随着西宁逐渐成为区域中心城市，带动了青海碾伯县皮毛、药材等土特产品的贸易，如碾伯县的全成泰商号掌柜，在积累了雄厚资金的同时，控制了全县的市场和资金流通。[①] 至 20 世纪 30 年代，碾伯所销售的商品有十分之六为外国产品，国货只占十分之四。这些商品"率由青岛天津等地商人转运而来，九一八后稍迟滞，近数月来，奸商继续贩运，日货又复增加"[②]。彼时，除碾伯外，其周边又兴起了老鸦、高庙、碾伯、瞿昙等四个集镇。在青海川口镇，[③] 在 1930 年代"已有外籍坐商 20 余户"[④]。由上可知，西宁作为区域中心城市带动了下辖县、镇的商业发展。

晋商主导和繁荣了西北地区的市场。在西北经商是一个逐步深入的过程。在这个过程中，沿途经济得到了发展，并形成了几条著名的商路，带动了当地运输业的发展，古丝绸之路也由此重新焕发了生命，并且为茶叶的民族贸易增添了新的内容：西北与周边贸易国际化。清光绪七年（1881），清政府准许以嘉峪关为通商据点，通过嘉峪关，将由兰州等地运来的茶叶源源不断地输向俄国。当时俄国所需的茶叶，华茶就占了其所消费总量的三分之一，华茶在游牧民族比较多的俄国，消费十分可观，增加了西北当地人民的收入。西商深入西北腹地的过程

---

① 俞泰庆：《全成泰商号的变迁》，《乐都文史资料》第 3 辑，第 40 页。
② 顾执中、陆诒：《到青海去》，商务印书馆 1934 年版，第 219 页。
③ 川口镇，今属青海省民和县，1930 年建县前属碾伯（乐都县）和循化两县。
④ 转引自勉卫忠《近代青海民间商贸与社会经济的扩展》，博士学位论文，中央民族大学，2009 年。

不仅加强了我国内地同边疆各少数民族之间的密切联系，把我国西北边疆与内地政治、经济和文化有机地联系在一起，成为我国联系欧亚各国的纽带。

四 稳定西北政局并密切了与中原的联系

西北系祖国边陲，历来为民族角逐和兵家必争之地。战略地位非常重要。明清政府在西北地区的茶马互市等地实行民族贸易，除了经济方面的因素外，更重要的是基于政治方面的考虑。政府从初期茶盐官营到后来茶盐私化，使晋商在西北的资本愈来愈雄厚，晋商许多大贾往往因与政府联系紧密，而衍为官商，因此在西北地区，晋商在一定程度上又代表着政府的形象。故晋商通过茶、马、食盐、布匹等重要物资的商贸交流，与当地少数民族之间的感情也日渐浓厚后，西北少数民族对中央王朝的认同感也随之逐渐加深。

其次晋商所缴纳的巨额赋税，有力地支援了西北边防，减轻了西北当地农民的负担。西北战略地位十分重要，边防战事一直比较吃紧，用兵频繁，西北的军费开支一直是中央政府所面临的最棘手的问题之一。"清初以兵力削平西域，汉番杂处，联系弥合，多借商力。当西征之始……馈粮千里，转古百万，师行所至，则有随营商人奔走其后，军中牛酒之犒劳筐篚之颁，声色百会之娱乐，一切供取商，无行赍居送之烦，国不耗而饷足，民不劳而军赡。"[①] 晋商是西北地区的主要经营者，他们人数多，实力厚，所纳税款多。以茶税为例：雍正初年，陕西茶客银征收"汉中府属大小商五百九十名，额引二万七千二百八十道……榆林县……经知府额征茶课银三千九百两。神木县……额征茶课银七百八十两"[②]。晋商所缴纳的这些巨额税收，大部分被政府用于军事开支，有效地保证了政府对西北的经营及对西北边防的巩固。道光六年

---

① 民国《新疆志稿》卷2《商务》。
② 雍正《陕西通志》卷40《茶马》。

(1826)诏谕:"着北路商民专运售杂茶,并在古城设局抽税,即以所收银抵兰州茶商课……,至附茶仍由甘商运销。"① 以达"强中国"之目的。这些巨额税收一定程度上减轻了西北当地农民的负担,客观上有利于西北农业生产的正常进行,社会的稳定。此外晋商在西北的常年经营,丰富了当地百姓的生活,带动了周边边镇城市的繁荣与发展,人民收入增加,所以从这个层面说晋商在西北的经营在客观上有助于西北边防的巩固。

五 促进内蒙古地区居民职业多样化

随着晋商贸易活动的活跃与深入,带来了所到之处的地域经济发展繁荣,更形成了一些地域性特点的职业:农牧民、运输业、餐饮业、矿业、翻译等。例如出现了以农业为主要职业的内蒙古农民。在长期的蒙汉经济交往中,一部分靠近内蒙古中部地区,特别是土默特地区的蒙古人开始习惯于农业耕作,以至于在清末产生了"靠种地为生"的蒙古农民群体。② 此外,还出现了从事运输业的蒙古人。当代位于包头土默特右旗的东老藏营村,清末即成为蒙汉杂居之地。当地村民"从事马车运输业"。清同治前,从毛岱渡口,清同治年间黄河改道后,从包头南海子渡口,承揽皮毛货物运往张家口,再从张家口运回布匹、瓷器、茶叶等货物。③ 这些从事运输业的村民中,不乏蒙古人,由于游牧的习性,他们在路过城市时,更愿意住在城外。④ 至宣统年间,一些土默特蒙古族人经营的运输业已经颇具规模。随着商业的发展,还有一些蒙古官员、僧人投资入股经营餐饮业。例如著名老字号"义顺斋",就是由

---

① 赵尔巽:《清史稿》卷124《食货五》志99《茶法》,中华书局1982年版,第3659页。
② [俄]阿·马·波兹德涅耶夫:《蒙古及蒙古人》第2卷,刘汉明等译,内蒙古人民出版社1983年版,第143页。
③ 张俊义主编:《土默特右旗村史》,土右旗敕勒川文化研究会、土右旗史志办,2014年,第63页。
④ [俄]阿·马·波兹德涅耶夫:《蒙古及蒙古人》第2卷,刘汉明等译,内蒙古人民出版社1983年版,第62页。

土默特旗蒙民,以及乃莫齐召①的苏大喇嘛,和毕克齐的一位王姓汉族地主共同投资开设的,距今已有一百多年的历史。② 此外,一些蒙古民众于乾隆年间开始雇用汉人进行煤炭的开采和贩卖。内蒙古地区的熬盐技术最早由内地汉民于乾隆年间带到土默特地区。③ 当代位于包头固原县的中海流村,在清光绪年间,当地的蒙古人已经掌握了熬盐的技术,并将之作为副业,成为养家糊口的重要补贴。④ 还有一些蒙古族文人从事蒙汉语言文字翻译的差使。⑤

六 传播民族文化并巩固民族关系

晋商在西北广建会馆,搭戏台、唱晋剧以展示乡土文化。使得悠久的中原文化渐渐被当地百姓认可和接受,并予以传承。同时,沟通着西北与内地经济交流的晋商,在把中原文化带入的同时也将西北的优秀文化传入中原。西北少数民族社会差异性极大,游牧民族兴衰更替频繁,并由此而构成的民族关系有着不稳定性。晋商在西北贸易,足迹遍及甘青宁新的各个地方,不同的民族风俗习惯也随着他们的地域空间的转换而得以沟通。例如蒙汉饮食习惯趋同,砖茶成为西北地区重要的日用消费品。此外,土默特蒙古人以"游牧为生,初多肉食",随着晋商贸迁以及大量汉人进入蒙地从事各类活动,使得当地蒙古人"饮食起居与内地民人无异"⑥。再如,产生了多种地域性食品。清代在山西北部地区,当地人吃的饸饹、莜麦、黏糜子糕、炒米、砖茶烧麦等食

---

① 乃莫齐召,藏传佛教寺院名称。
② 刘映元:《"烧麦馆子"与"本地点心铺"》,载邢野主编《刘映元文集》,远方出版社 2012 年版,第 409 页。
③ 《为查报民间有无私自熬盐出卖情形札付办理蒙民事务同知》(满文),乾隆二十三年(1758)七月二十八日,土默特左旗档案馆藏归化城副都统衙门档案,全宗号:80,目录号:30,件号:第 67 件。
④ 云荫等主编:《中海流村史》,远方出版社 2002 年版,第 49 页。
⑤ 《兵司缮书兆喜呈控刑书郭岐受贿一案饬归厅审办的咨文》(汉文),光绪二十五年(1899)二月初九日,土默特左旗档案馆藏归化城副都统衙门档案,全宗号:80,目录号:4,件号:第 599 件。
⑥ 民国《归绥县志》(全),台北:成文出版社影印本 1969 年版,第 198 页。

物，均为该地区蒙汉各族人民长期地域生活实践的产物。① 最后，土默特地区的丧葬习俗逐渐趋于汉化。土默特蒙古人最早不设坟茔，而实行天葬、火葬等，随着晋商贸迁，丧葬习俗与汉人逐渐趋同，开始形成家族墓地等。

---

① （清）张曾：《古丰识略》，载王静主编《清代蒙古汉籍史料汇编》第1辑，内蒙古人民出版社2017年版，第234—235页。